La otra orilla

Marco Schwartz

Vulgata caribe

Grupo Editorial Norma
Bogotá   Barcelona   Buenos Aires   Caracas   Guatemala
Lima   México   Panamá   Quito   San José   San Juan
San Salvador   Santiago de Chile   Santo Domingo

Schwartz, Marco, 1956–
    Vulgata caribe / Marco Schwartz. — Bogotá : Grupo Editorial Norma, 2006.
    346 p. ; 22 cm. — (Colección La otra orilla)
    ISBN 958-04-9150-X
    1.   Novela colombiana 2. Vida en el campo - Novela 3. Vida
    cotidiana - Novela I. Tít. II. Serie.
    Co863.6 cd 19 ed.
    A1075755

        CEP-Banco de la República-Biblioteca Luis Ángel Arango

Diseño de cubierta: Jordi Martínez
Ilustración de portada: Raúl
Armada: Blanca Villalba Palacios

Primera edición: Taller de Mario Muchnik, 2000
Segunda edición: Septiembre de 2004
Tercera edición: noviembre de 2005
Cuarta edición: marzo de 2006

CC 72010
ISBN 958-04-9150-X

Orígenes 7

La alianza 81

El registro 107

La travesía 135

La ocupación 147

La junta 173

El libro de Helga 243

La Casa del Pueblo 277

Amor de amores 317

"Los aleluyas" 329

Orígenes

La creación de El Trapiche

Al comienzo no existían estas calles de polvo por las que ahora deambulan perros hambrientos y predicadores que anuncian entre cánticos el fin del mundo. Ningún ladrillo se había puesto, ninguna casa se había construido, ninguna iglesia había sido erigida, ningún cuartel político había sido edificado. La Tres, morada del guaguancó y el son montuno, refugio de la rumba brava, no estaba hecha; la Casa del Pueblo no estaba creada. Los treinta mil colonos no habían venido; Chibolo no se había fundado. Tampoco existían Lipaya y Ciudad Sandino, Malasuerte y Los Olivos, La Chinita y Me Quejo. Todo lo que se ve y cuanto escapa a la mirada era monte, espesura sin límites donde revoloteaba la mariposa blanca y reinaba la mapaná. Hubo luego una guerra larga y sangrienta, que los vencedores llamaron de la Emancipación, y el mercader Gamarra, el Gavilán Mayor, se convirtió en el dueño de la tierra. Y llamó el mercader a sus dominios El Trapiche, porque se dijo: Donde hoy brota la maleza tendré el cañaveral más grande que se haya visto jamás.

Desde los andurriales de Malambo llegó entonces Primitivo Barrios, cruce de criollo con negra liberta, que tenía corpulencia de toro y manazas de desbrozador. Cuando arribó a El Trapiche, el mercader Gamarra lo escudriñó de la cabeza a los pies mientras daba vueltas a su alrededor, como se examina a un caballo en el ferial, y después de entregarle un machete y un sombrero de bijao, le dijo: Tumbarás todo el monte que tienes ante tus ojos hasta convertirlo en tierra limpia. Mientras dure tu trabajo te construirás una cabaña y sembrarás para tu subsistencia en el terreno que te señalaré. Ese será tu pago;

y anotó en un libro el nombre del aparcero junto a la descripción del territorio que le asignó para desbrozar y la parcela que le cedió para subsistir.

El toche

Una mañana en que recorría a caballo su hacienda para supervisar el trabajo de los aparceros, el mercader Gamarra encontró a Primitivo Barrios intercambiando silbidos con un pájaro negro, de pecho amarillo, que tenía un ala lastimada y no podía volar. Atraído por el brillo de su plumaje, dijo el mercader: A mi hijo le gustará ese animal. Atrápalo.

Pero Primitivo Barrios le dijo: Señor, mejor déjelo, que es un toche.

El mercader Gamarra no estaba acostumbrado a impartir dos veces una misma orden. Mirando con furia al aparcero, le dijo: Me da lo mismo lo que sea. Te he dicho que lo cojas.

Entonces Primitivo Barrios atrapó el pájaro y lo entregó a su patrón, que lo encerró en una pequeña jaula de caña que siempre llevaba amarrada a la montura de su caballo. Pero el ave, al encontrarse en cautiverio, comenzó a golpearse contra los barrotes profiriendo unos chillidos escalofriantes, y como los barrotes no cedían la emprendió a picotazos contra su propio pecho como si intentase arrancarse el corazón, y no paró de chillar y lacerarse hasta que quedó convertida en un amasijo inerte de sangre y plumas. Impresionado por la reacción del animal, el mercader Gamarra miró a Primitivo Barrios en busca de una explicación. Y el aparcero le dijo: Los toches no resisten la jaula, señor. Siempre han sido así y siempre serán así, porque esa es su ley.

A lo que dijo el mercader: Pues vaya ley estúpida. Por

terrible que sea el cautiverio siempre queda la esperanza de escapar. Matarse no resuelve nada.

Y Primitivo Barrios dijo: Eso según se mire, señor. El hombre pone cabestro al burro porque sabe que lo resiste. Si supiera que se mataba, no trataría de dominarlo. Lo mismo vale para la gente. Si los hombres por naturaleza no soportaran el yugo, unos no tratarían de dominar a otros, porque sería trabajo vano. Por eso los toches son libres de verdad. Nadie que conozca la naturaleza del toche pensaría meterlo en jaula.

Tras escuchar el razonamiento del aparcero, dijo el mercader Gamarra: Comparas a los hombres con los burros como si aún viviéramos en la colonia. Ahora los ciudadanos de la república son libres. Nadie somete a nadie.

A lo que dijo Primitivo Barrios: Si usted lo dice, señor; y se alejó con el pájaro muerto entre las manos.

Primitivo Barrios consigue mujer

Un domingo llevó el mercader Gamarra a su esposa y sus tres hijos a conocer El Trapiche, porque ya se podían apreciar los extensos cultivos de caña y los pastizales resplandecientes donde pacían tres mil vacas lecheras. Recorrieron en tartana el territorio civilizado, y al mediodía fueron en busca de Primitivo Barrios para que los guiara hasta la orilla del río por la vereda que había abierto con su machete. Pero al llegar a la barraca del aparcero presenciaron un espectáculo que los llenó de estupor. Encaramado a un taburete, con los pantalones bajados hasta los tobillos, Primitivo Barrios estaba copulando con una burra que comía plácidamente unas hojas de maíz. El mercader Gamarra le gritó: Bájate de ahí ahora mismo, degenerado, y espérame que enseguida vuelvo;

y dio vuelta al carruaje para marcharse a la estancia, aturdido por los gritos de espanto que profería su mujer. Sin saber qué otra cosa hacer, Primitivo Barrios se cubrió con las manos el miembro erecto hasta que la tartana desapareció en el horizonte.

Después de dejar su familia, el mercader Gamarra volvió a la cabaña del aparcero, al que dijo: Date un baño en el río, ponte la ropa más limpia que tengas y vamos a resolver este asunto de una vez por todas.

Primitivo Barrios obedeció en silencio, sin adivinar los planes de su patrón. Cuando estuvo dispuesto, montaron sendos caballos y cabalgaron durante cuatro horas por el Camino Real hasta la hacienda Los Nogales, propiedad de un amigo del mercader Gamarra llamado Cornelio Suárez. El mercader relató entonces el suceso de la burra a su amigo, y este, sin mostrar la menor señal de sorpresa, porque él mismo había desentrañado los misterios de la carne copulando con burras, cabras y gallinas, condujo al aparcero a la alquería, donde a esa hora descansaban los empleados de la finca. Una vez allí llamó a voces a todas las muchachas núbiles, que eran diecisiete, y cuando las convocadas estuvieron de pie bajo el frondoso matarratón dijo a Primitivo Barrios: Elige;

y Primitivo Barrios se fijó en una púber de pechos incipientes y ojos de piedralipe llamada María Fernández, que agachó la cabeza en señal de consentimiento. Don Cornelio Suárez, hombre de poca ceremonia, se acercó al padre de la muchacha, que descansaba en una mecedora de mimbre en el cobertizo, y le pidió el beneplácito para que su hija se fuera a vivir a la finca del mercader Gamarra. Abanicándose con el sombrero, el empleado contestó: Qué le voy a decir, don

Cornelio. Si alguien se va a llevar algún día a la muchachita, mejor que sea este joven que parece honrado y que trabaja para don Eparquio;

y después miró a Primitivo Barrios, y le dijo: Trátame bien a la niña, que es buena y hacendosa.

La expulsión

María era muy joven, pero en la finca de don Cornelio ya había aprendido las artimañas de los peones para obtener más dinero del que percibían del patrón por su trabajo. Cuando tuvo suficiente confianza en su marido, le dijo: Llevas años trabajando estas tierras, ¿y qué has conseguido? El señor es cada vez más rico, tiene más reses y cultivos, y en cambio tú sigues tan pobre como el día en que llegaste. El señor no se dará cuenta si cogemos algunos sacos de caña y un par de terneras y las vendemos en el mercado de Sabanalarga. Yo sé quiénes compran reses sin preguntar de dónde han salido.

Azorado por las palabras de su mujer, dijo Primitivo Barrios: ¿Robarle a don Eparquio? ¿Eso es lo que dices que hagamos?

A lo que María Fernández respondió: Yo no he dicho que robemos, sino que cojamos las sobras.

Primitivo Barrios vaciló unos instantes; pero cuando contempló su choza primitiva y se miró las manos sepultadas bajo una costra de callos cedió a los razonamientos de su mujer. Un domingo en que los trabajadores de la finca descansaban, Primitivo Barrios y María Fernández entraron a escondidas en el establo y tomaron dos terneras. Después fueron al campo para llenar diez sacos de fique con troncos de caña. Pero cuando acababan de colmar los sacos, escucharon a sus espaldas la voz ronca del mercader Gamarra, que les dijo: ¿Qué están haciendo?;

y ellos quedaron paralizados por el susto, sin saber qué contestar.

Dijo entonces el mercader desde lo alto de su caballo: ¿Por qué te quedas callado, Primitivo? ¿No tienes nada que decir?

A lo que Primitivo Barrios respondió con voz temblorosa: Yo no quería hacerlo, pero ella me dijo que eso no era robar.

Entonces dijo el mercader: Aquí han tenido todo cuanto han necesitado. Han tenido techo, huerto, gallinas, y cuando se han enfermado les he procurado médico. ¿Qué más querían? Hace menos de diez años les dimos la independencia, pero eso ya no les basta. Ahora quieren ser iguales a quienes les hemos dado la libertad;

y mirándolos con furia, les dijo: Recojan ahora sus cosas y váyanse de mis tierras, y ¡ay de ustedes! si vuelvo a verlos por aquí. Mañana mismo haré saber que necesito un machetero, y llegarán miles desde todos los rincones de la comarca a ofrecerse. Nunca comprenderás, Primitivo, el privilegio que tenías al trabajar aquí; ahora vas a ver lo dura que es la vida fuera de esta hacienda. Y tú, muchachita perversa, prepárate para lo que se te viene encima. Cuando quedes preñada deberás andar día y noche con los ojos bien abiertos, sin permitirte un descuido, porque a partir de ahora vas a morar en tierra inhóspita donde abunda la mapaná.

Entonces Primitivo Barrios y su mujer prepararon un fardo con sus pertenencias, y salieron de la hacienda El Trapiche hostigados por la jauría de mastines del mercader Gamarra. Abriéndose paso entre la manigua, caminaron durante tres días con sus noches hacia el sur sin rumbo fijo, hasta que en la mañana del cuarto día arribaron a las orillas de un pantano enorme en cuya superficie flotaba una maraña de troncos blanquecinos y hojas muertas. Una inmensa nube negra de mosquitos revoloteaba en la humedad opresiva emitiendo un zumbido infernal. Primitivo Barrios inspeccionó el territorio, y tras comprobar que había indicios de asentamientos humanos en los alrededores, dijo: Esto es lo que hay, aquí nos quedaremos;

y cortó con su machete troncos de matarratón y hojas de palma, y construyó su cabaña al pie de la Ciénaga del Guájaro, que hoy pertenece al término municipal de Repelón. Después de levantar la vivienda sembró junto a ella un puñado de semillas de totumo, como hacen desde tiempos inmemoriales los hombres del campo.

Onofre y Evaristo Barrios

Al comienzo, Primitivo Barrios vivió resentido con María Fernández, a la que culpaba de la expulsión; apenas le dirigía la palabra y no compartía con ella el lecho. Pero pasado un tiempo, cuando los primeros tomates brotaron en la huerta, la agarró una mañana por las caderas, y le dijo: Ven para acá;

y ella, riendo, se dejó arrastrar.

En el mes de los aguaceros, María alumbró un varón, al que llamaron Onofre, por el santo. Poco tiempo después volvió a concebir, y en el mes de las brisas parió otro varón, que recibió por nombre Evaristo, como el Libertador. Aunque eran hijos de los mismos padres, y se alimentaban de la misma comida, y respiraban el mismo aire, los muchachos llegaron a ser tan distintos como el día de la noche. Onofre, el primogénito, tenía temperamento arisco y detestaba las labores del campo. Cada vez que su padre le pedía que lo acompañara a la parcela donde cultivaba maíz y yuca, él se agarraba chillando a la falda de su madre, porque prefería quedarse con ella en casa ayudándola en las tareas domésticas y en el cuidado de las aves de corral. Disgustado por la actitud del niño, Primitivo Barrios decía a su mujer: Lo estás echando a perder, mira que te lo vengo advirtiendo.

Evaristo, por el contrario, era contemplativo y tenía apego a la tierra. Llegó a interpretar con tal habilidad las señales de la naturaleza que podía predecir una plaga de gorgojo por el aleteo de un colibrí o vaticinar con meses de antelación una creciente con sólo observar la conducta premonitoria de los remolinos del río. Eran tan fiables sus intuiciones que los campesinos de la Ciénaga del Guájaro lo consultaban desde que era un niño para amortiguar los efectos de las catástrofes. Primitivo Barrios no ocultaba su predilección por el hijo menor. Cada noche le contaba las proezas del Libertador, y al terminar le decía con orgullo: Por él te pusimos el nombre que llevas;

sin darse cuenta de que alimentaba los celos de Onofre, el primogénito.

Primitivo Barrios se vuelve a juntar

Por la época en que Evaristo comenzó a mudar de dientes, María Fernández volvió a concebir, y en el mes de las moscas parió una hembra, a la que llamaron Cayena, por la flor. El alumbramiento de Cayena, que parecía uno más en el infalible historial reproductivo de María Fernández, se complicó de repente al enredarse el feto en el cordón umbilical. En su angustioso forcejeo por precipitar el parto, María sufrió una hemorragia interna, y la explosión de sangre desató a su vez un cataclismo orgánico que la comadrona no supo contener con sus ungüentos y plegarias. El calvario se prolongó durante más de medio día. Cuando por fin consiguió alumbrar, y comprobó que su hija estaba viva, María Fernández profirió un gemido ronco, como el que producen los cerdos cuando reciben la puñalada sacrificial, y murió anegada en un charco de sangre.

Primitivo Barrios enterró a su mujer junto a la huerta de tomates, porque en esos días aún no había cementerio en los alrededores de la Ciénaga del Guájaro. Al día siguiente del sepelio, viéndose con dos hijos pequeños y una hija en edad de mamar, fue a la barraca de la viuda Presentación Camacho, que carecía de descendencia, y le propuso que se arrejuntasen. La mujer aceptó, porque consideraba que ya había demostrado con creces su lealtad al marido difunto.

En el mes de los tornados parió Presentación Camacho un varón, al que llamaron Aristides, por el general. El muchacho amaba con fervor la música y no tardó en adquirir fama como intérprete de la flauta de millo. Con el paso de los años se estableció en Campeche, que entonces era un bohío de veinte casas de bahareque y hoy es corregimiento de Baranoa; allí difundió su arte y creó estirpe. Desde entonces, cuando alguien interpreta con maestría la flauta de millo, la gente dice con admiración: Toca como campechero.

Onofre abandona el hogar

Onofre, el primogénito de Primitivo Barrios, nunca pudo sobreponerse a la ausencia definitiva de su madre. El nuevo hogar le resultaba cada día más ajeno, y ante los ojos de su padre él era un holgazán incorregible que no servía ni para colar guarapo. Apenas empezaron a salirle gallos en la voz, abandonó la Ciénaga del Guájaro sin despedirse de nadie y se marchó a buscar fortuna en la villa de Sabanalarga, donde había agitación comercial; allí consiguió trabajo en el bar La Estrella, el más concurrido de la comarca, que se levantaba junto a la plaza central. Al enterarse de la marcha de Onofre, Presentación Camacho intentó consolar a su marido, diciéndole: Déjalo, que ya volverá;

pero pasaron los días y el muchacho no volvió.

La vida junto a la Ciénaga del Guájaro estaba llena de dificultades en aquellos días. Si no eran las epidemias, eran las inundaciones; si no eran las inundaciones, eran las plagas; si no eran las plagas, era la sequía; si no era la sequía, eran las alimañas del monte; y si no eran las alimañas del monte, eran las leyes de la república, que casi siempre perjudicaban a los más débiles aunque se promulgaran en nombre del progreso. Fue lo que sucedió con la matrícula, un impuesto infame que obligaba a los campesinos a trabajar varios períodos al año en haciendas particulares o en obras públicas, sin derecho a remuneración. En el borde remoto de la ciénaga, atrapado en un círculo vicioso desolador, Primitivo Barrios trabajaba para sobrevivir y sobrevivía para trabajar, y hasta el día de su muerte no consiguió entender cuál era la gracia de la independencia.

El fratricidio

Cuando Evaristo Barrios tuvo los primeros pelos en el pecho, ya era el líder natural de los catorce bohíos dispersos que circundaban la Ciénaga del Guájaro. Además de confiar en sus predicciones meteorológicas, los campesinos alababan su entereza de carácter que siempre lo llevaba a ponerse al frente de las causas comunes, como ocurrió durante el tiempo en que estuvo en vigor la matrícula.

Un día surgió un conflicto de linderos con el mercader Gamarra, porque la hacienda El Trapiche se había expandido hasta el borde occidental de la ciénaga y sus reses descontroladas estaban causando destrozos en las huertas de los campesinos. Evaristo Barrios, que por ese entonces ya era un hombre hecho y derecho, montó su burro y fue a Sabanalarga para entrevistarse con Alirio Gamarra, hijo del mercader, en busca de un arreglo que pusiera fin a la confrontación. El encuentro se celebró al mediodía en el bar La Estrella, que era el sitio convencional para cerrar tratos y dirimir querellas. Tras una larga discusión, viendo que las partes no llegaban a un acuerdo y que los ánimos se habían exaltado al calor de los aguardientes, intervino desde la barra Onofre Barrios, diciendo: Eso le pasa, don Alirio, por tratar de entenderse con un reformador;

y pronunció esta palabra con perversidad, porque en esos días la república se había dividido en dos bandos, y esa división se propagaba hasta las aldeas más remotas separando a padres de hijos y a hermanos de hermanos y sembrando el odio entre los compatriotas.

Dijo Evaristo Barrios: Yo no soy reformador.

A lo que replicó Onofre: Tampoco eres nacional.

Tampoco.

Entonces, ¿qué eres? En este país hay que ser algo.

Yo sólo soy un campesino que quiere vivir en paz.

Evaristo Barrios hablaba con cautela, sopesando cada palabra que salía de su boca. Sabía que su hermano lo odiaba desde la infancia porque era el preferido del padre. Y sabía que aquel rencor de niño se había convertido en despecho de hombre después de que él, Evaristo, se arrejuntara con Francisca Gómez, la zamba aplomada que Onofre había pretendido en vano desde el instante en que puso el pie en Sabanalarga.

La discusión en La Estrella se prolongó hasta el mediodía sin que las partes alcanzaran un arreglo. Entonces Alirio Gamarra se levantó iracundo de su silla, apuró el último trago de aguardiente y salió del establecimiento seguido de su séquito. Desde la puerta gritó a Evaristo Barrios: Dile a tu gentuza que yo controlaré mis reses cuando ellos cumplan con la matrícula como ordena la ley, porque la ley está para ser cumplida. Mientras tanto, como aparezca muerta otra de mis vacas, no respondo de lo que pueda pasar a sus casas y sus sembrados.

Evaristo Barrios se sintió humillado por la forma en que le habló el hijo del mercader, pero no respondió, porque sabía que en esta atmósfera combustible bastaba la chispa de una réplica para desatar un incendio de efectos devastadores. Para descargar su ira, apretó con las manos la botella de aguardiente que permanecía sobre la mesa, y presionó con tal fuerza que la reventó en añicos, hiriéndose en los dedos. Entonces Onofre se burló de él delante de los parroquianos, llamándolo con sorna Libertador de la Ciénaga. Como su hermano no contestaba, pasó a insultarlo, y le preguntó en voz alta por qué no quedaba preñada su mujer Francisca Gómez si llevaban ya bastante tiempo juntos. Le dijo: Tráemela, y verás cómo te inflo a la india;

y los parroquianos celebraron sus palabras con risas estrepitosas.

Evaristo Barrios no replicó a los agravios. Sin abrir la boca, se levantó de la silla, se caló el sombrero y caminó hacia la puerta de La Estrella dispuesto a marcharse. Pero antes de alcanzar la salida recibió un fuerte golpe en el hombro que estuvo a punto de tumbarlo al suelo. Al volver el rostro se encontró con la mirada desquiciada de Onofre, que lo amenazaba con una estaca mientras le decía: De aquí no te vas tan tranquilo, Libertador de la mierda;

y antes de que Evaristo pudiera reaccionar, un estacazo le reventó la cabeza. Onofre se quedó mirando durante unos instantes el cuerpo inerte de su hermano, del que manaba un torrente de sangre, y al tomar conciencia del crimen soltó la estaca y corrió como un enajenado a su casa; allí tomo sus escasas pertenencias y huyó a las tierras inhóspitas de oriente, donde crece el genequén. Años más tarde llegaron a esa región los Fontalvo, los Meza, los Orozco y los Polo, cada cual por su lado, cada uno por sus razones, y fundaron Pitalito, que hoy es corregimiento de Polonuevo.

Dolor y muerte de Primitivo Barrios

Cuando Primitivo Barrios volvió del maizal y se enteró de lo ocurrido entre sus hijos, cayó en una depresión profunda de la que nunca pudo reponerse. El insomnio, enfermedad pavorosa, se cebó en él. Todas las noches salía a vagar por los alrededores de la ciénaga, profiriendo a su paso gemidos de dolor, y al alba regresaba a la barraca con los ojos abotagados y se tumbaba en la hamaca a esperar el esquivo sueño. Hasta que una vez, en una de sus rondas nocturnas, salió a la intemperie con el torso desnudo, y en el sereno de la madrugada atrapó una pulmonía que su corpachón de toro no fue capaz de resistir. Mientras agonizaba en la hamaca, abrasado por una fiebre que le sacaba candela de los ojos, empezó a farfullar con voz quejosa. Cada vez que terminaba una frase, su mujer aumentaba la intensidad de su llanto, repitiendo: Ay, mi madre; ay, mi madre;

porque sabía que cada frase era un nuevo paso en la desconexión de su marido con el mundo de los vivos.

De pronto, poseído por un extraño vigor impropio de un moribundo, Primitivo Barrios procedió a sacudir con furia la cabeza hacia abajo, una y otra vez, como si intentara clavarse el mentón en el pecho. En ese trance se mantuvo durante un largo rato, ajeno por completo a los lloriqueos desconsolados de su familia. Al final, extenuado por el esfuerzo e impotente por su incapacidad para emular a los pájaros indómitos que se suicidan en cautiverio, dijo jadeando: Ni modo. Para ser toche, hay que nacer toche. Lo demás es mierda;

y entonces se volteó hacia un costado, se acurrucó como un bebé, cerró los ojos, tosió un par de veces y murió.

Presentación Camacho lloró a su marido y lo enterró a un lado de la huerta, junto a las tumbas de María Fernández, su primera mujer, y Evaristo, su hijo predilecto.

La ciudad

Por los días en que Onofre Barrios mató a su hermano se estaban produciendo los acontecimientos que cambiaron para siempre el destino de la provincia de Barrantes. Chibolo no existiría si no hubieran sucedido aquellos hechos fundamentales. Todo empezó el día en que el alemán Juan B. Elbers hizo navegar el primer barco de vapor por el río Largo, que atraviesa de sur a norte la república. En su viaje inaugural, Elbers gritó por megáfono a los hombres, mujeres y niños que lo contemplaban estupefactos desde el improvisado amarradero de Bellavista: Damas y caballeros, señores y señoras, se acabó el transporte a lomo de burro en la república;

y Bellavista, que hasta ese momento era una humilde aldea de agricultores amodorrada junto al estuario, se convirtió de la noche a la mañana en una de las ciudades más agitadas del hemisferio. Por sus muelles empezaron a entrar montañas de productos extranjeros, que eran transportados en vapores por el río Largo al resto de la república; y en sentido inverso salieron toneladas de tabaco, quina y café hacia los grandes mercados. Gentes de todos los confines del mundo llegaron atraídas por el ritmo frenético de la ciudad; entre ellas vinieron los De Sola, los Salzedo, los Curiel, los Álvarez Correa, los Senior y los Cortissoz, llamados en las crónicas los seis sefarditas de Curaçao, que fundaron casas comerciales y compañías de navegación fluvial. También llegaron miles de ciudadanos desde todos los rincones de la comarca y la república, desatando un torrente migratorio que no ha cesado desde entonces.

Bellavista se expandió con el ímpetu del tigre que acaba de huir del cautiverio, y en poco tiempo desbancó a Sabanalarga como ciudad principal de la provincia. Por cada barrio que surgía en el centro urbano brotaban veinte en los arrabales. Por cada niño que nacía en la villa llegaban cientos en los brazos de los inmigrantes. La ciudad creció en todas las direcciones: hacia Malambo, al sur, bordeando el río Largo; hacia Salgar, al norte buscando el mar; y hacia Tubará, el oeste, adentrándose en la sabana; al este no podía crecer porque estaba el río caudaloso.

Los descendientes de Primitivo Barrios

Estos fueron los descendientes de Primitivo Barrios, según consta en los libros del registro:

Tras la proclamación de la independencia, el mercader Gamarra contrató a Primitivo Barrios como aparcero. Primitivo se unió a María Fernández y engendraron a Onofre, Evaristo y Cayena. Más tarde se juntó con la viuda Presentación Camacho, que alumbró a Aristides, fundador de una estirpe de músicos.

Cayena se unió a un labriego de Suan llamado Honorio Cárdenas y engendraron ocho hijos e hijas. Uno de ellos fue Pedro, el antepasado de los mamadores de gallo. Fue él quien acuñó la frase: "Al que venga de gallito, cogerle el culito; y si viene de gallo, partirle el papayo", que constituye hoy el principio doctrinal de los habitantes de Barrantes para bajar el humo a los presumidos y soberbios.

Pedro Cárdenas sedujo a numerosas mujeres que sucumbieron a sus promesas falsas de amor y dejó desperdigada por la región más descendencia que los corozos de un gajo. De su torrente seminal nació María del Tránsito, que se apellidó Sandoval, por su madre.

María del Tránsito Sandoval fue preñada por un vendedor ambulante de abalorios que pasó por el pueblo, y el día del maremoto alumbró una hembra, que recibió el nombre de Eulogia, como la santa.

Eulogia Sandoval se juntó con Belarmino Lara, un carpintero que venía huyendo de la violencia del interior de la república, y después de dar tumbos por media región se instalaron en Pivijay, en la provincia de San José. Siendo Belarmino Lara de cuarenta años engendró a Abelardo, su primogénito.

El soldado Abelardo Lara

En los tiempos del presidente Heredia estalló una nueva guerra civil, la número 52 en los anales de la república, conocida como la Guerra de las Flores. Nacionales y reformadores se enfrentaron con un odio nunca visto, sembrando el país de cadáveres y condenándolo para el resto de su existencia a navegar en un océano de sangre y dolor. En el transcurso de la contienda bajó desde el altiplano el legendario general Forero, caudillo rebelde, con la misión de conquistar la desembocadura del río Largo y combatir al ejército regular en las siete provincias del norte. Y en el camino se unieron a sus huestes cientos de hombres, entre ellos un joven de ojos rasgados y pómulos salientes llamado Abelardo Lara, hijo de Belarmino, carpintero de Pivijay. Cuando cabalgaban de Tubará a Bellavista, rumbo al estuario, pasaron por un vasto territorio cubierto de matorrales, donde no se asomaban cultivos y apenas pastaban unas cuantas reses escuálidas. Mientras contemplaban el paisaje, dijo el soldado Lara: Así están las vainas, en este país hay mucha tierra sin gente y mucha gente sin tierra.

Al escuchar las palabras de su subordinado, el general

Forero hizo un alto y preguntó de quién eran esas tierras. Un informante oriundo de la comarca contestó: Todas estas tierras pertenecen al doctor Felipe Gamarra, comerciante, nieto del prócer Eparquio Gamarra. Dicen los viejos que en los tiempos del prócer había plantaciones de tabaco o de caña o de algo así y pastaba ganado del bueno; pero el doctor Felipe como que no le jala mucho a esto del campo y tiene la tierra dejada a la buena de Dios.

Dijo el general Forero: El tal Gamarra, ¿es nacionalista o reformador?

Y el informante contestó: La verdad, él es de los que encienden vela en cualquier entierro, pero para mí que en el fondo es nacional, porque aquí ha organizado banquetes para el senador Armenta, que como usted sabrá es el nacional que más manda por estos lados.

La promesa de la tierra

El general Forero se volvió entonces hacia Abelardo Lara, valiente de Pivijay, y le dijo: Ha sido usted un buen soldado, abnegado y leal, y ha demostrado, a pesar de su juventud, una entereza de la que carecen los prohombres que hoy dirigen nuestra república. No le oculto, soldado Lara, que las cosas no nos están saliendo como quisiéramos, porque los nacionales tienen la ventaja de que controlan desde hace veinte años el poder; pero le juro en este lugar y en este momento que si ganamos la guerra le quitaremos la tierra al tal Gamarra y se la daremos al pueblo. Y yo velaré para que usted reciba una parte que corresponda a su coraje.

Y el soldado Lara, que en transcurso de la campaña por la provincia se había juntado con una india de Sibarco, agradeció las palabras del general Forero, diciendo: Todo lo que quiero para después de la guerra es empezar una nueva vida, y sé que aquí puedo hacerlo porque la violencia no está tan arraigada como en el resto de la república. En esta tierra he encontrado mujer y quiero levantar a mis hijos. Espero que nunca olvide, mi general, la promesa que ha hecho este día;

y apenas terminó de hablar, desenvainó el machete y grabó en el tronco de una ceiba las cuatro letras de su apellido; así localizaría después de la guerra el sitio que le había prometido el general Forero.

Pero sucedió que en el cuarto año de la guerra, al ver que el conflicto se les estaba escapando de las manos, los patricios nacionales y reformadores se unieron en el sitio llamado Calatrava, firmaron unos documentos y proclamaron el armisticio. Todos los hombres que se estaban descuartizando a lo largo y ancho de la república recibieron de repente la orden de deponer sus armas y volver a casa, sin que nadie les informara con claridad si habían ganado o perdido la contienda. Cuando el general Forero anunció a la tropa que la guerra había terminado, Abelardo Lara, que para ese entonces ostentaba el rango de alférez, le preguntó en voz alta para que todos escucharan: ¿Qué pasará ahora con la tierra que usted prometió para el pueblo?

Y el general Forero dijo: Los jefes han firmado un pacto de respeto mutuo y de buena convivencia para salvar a la república de los odios fraternos. Tenemos órdenes de no tocar ninguna propiedad de nuestro enemigo, y ellos han recibido la misma orden con respecto a nuestras propiedades.

A lo que contestó el alférez Lara: ¿Y los que no tenemos propiedad? Supongo que debemos respetar a todos.

El general Forero, molesto por la insolencia de su subordinado, dijo: Un país en paz ofrece más oportunidades que uno marcado por el odio. En este país habrá a partir de ahora futuro para los ciudadanos de bien que trabajen con tesón y honradez;

no dijo más. Después de impartir instrucciones a sus capitanes para que desmantelasen la tropa y retornaran a lo que el Tratado de Calatrava llamaba la normalidad institucional, partió a galope hacia Bellavista para tomar allí el vapor que lo llevaría a la capital de la república. El presidente Heredia, en un gesto de reconciliación nacional, había decidido integrar a reformadores en su gobierno, y el general Forero era uno de los elegidos.

El alférez Abelardo Lara, valiente de Pivijay, sintió en ese momento que la guerra en la que había sacrificado cuatro años de su existencia no había sido más que una trifulca entre patricios por el reparto del poder, y cuando vio perderse en el horizonte al general Forero se sumió en un estado de amargura y desengaño del que no logró salir el resto de su vida. Vendió entonces el caballo que había recibido en compensación por su participación en la guerra y se marchó a buscar a su mujer Micaela Sampayo al sitio llamado Sibarco, que entonces era un villorrio de doce chozas y hoy es corregimiento del término municipal de Baranoa.

Nace Demetrio Lara

Cuando el alférez Abelardo Lara llegó a Sibarco, unas mujeres que lavaban ropa en el arroyo a la entrada del pueblo le anunciaron que dos días antes había nacido su primogénito. Fue la última vez que una sonrisa halló albergue en su cara.

Abelardo Lara llamó a su hijo Demetrio, en recuerdo de un amigo que había perecido en los tremedales de Periguá durante la Guerra de las Flores. El bautizo del niño se celebró con una fiesta en la casa de sus abuelos maternos, donde vivían también sus padres. Todo el pueblo fue invitado. La abuela colocó una mesa de madera en el patio y preparó sancocho de gallina en una olla gigantesca que no paró de borbotear. En el calor del jolgorio, el padrino levantó un vaso de aguardiente, y gritó: Pido un brindis por el alférez Abelardo Lara, mi compadre;

y los asistentes levantaron sus vasos de aguardiente y brindaron con estrépito.

Entonces gritó una voz: Que hable el alférez.

Abelardo Lara, valiente de Pivijay, no era amigo de pronunciar discursos; pero ante la insistencia de los convidados apuró de un trago su vaso de aguardiente, y dijo: Gracias a la guerra he ganado una mujer, un hijo y un pueblo. Al menos algo bueno me ha dejado esta guerra. Les agradezco que me estén acompañando en este día tan importante para mí, y quiero aprovechar la ocasión para pedirles encarecidamente un favor: que a partir de este momento dejen de llamarme alférez. Durante cuatro años respondí a ese nombre y casi olvidé el mío propio, todo por meterme en una guerra que no era mi guerra. Quiero volver a llamarme Abelardo, a secas, como me bautizaron mi papá y mi mamá, y tener solamente ese título para la única guerra que reconoceré de ahora en adelante: la de levantar a mi familia y ayudar a mis paisanos.

Los invitados escucharon en silencio solemne las palabras de Abelardo Lara. Al terminar el discurso, gritó un anciano con la lengua empegostada por la borrachera: Usted no será alférez si no le da la gana, pero para este pueblo usted va a ser desde ahora general. Viva el general Abelardo Lara;

y toda la concurrencia respondió lanzando vivas. De ahí surgió el rango que Abelardo Lara arrastró contra su voluntad hasta el día de su muerte.

Forzado por los acontecimientos a emprender una nueva vida ajena a sables y fusiles, Abelardo Lara aprendió de los más viejos del pueblo los secretos del fique. Con una paciencia a prueba de moscas que le nació al aposentarse su amargura, extraía durante horas la fibra de la penca y, tras someterla a un minucioso proceso de maceración y secado, tejía mochilas y hamacas que causaban admiración entre los campesinos de la comarca. Pero viendo que era poco lo que ganaba con ese oficio, Abelardo Lara se ofreció de aparcero en una finca donde ya trabajaban dos hermanos de su mujer, y como retribución recibió en préstamo una parcela de una hectárea para explotarla en su propio beneficio. Abelardo Lara y Micaela Sampayo engendraron después una hija, a la que llamaron Adelfa.

El predio

En la época en que Demetrio Lara empezó a hacer preguntas sobre las cosas, su padre decidió llevarlo a conocer el predio que el general Forero le había prometido durante la Guerra de las Flores. Abelardo Lara vivía obsesionado con la idea de que él era el dueño legítimo del terreno, y en su fantasía había llegado a delimitarlo con medidas precisas, asegurando que tenía treinta fanegadas de extensión. Antes de que partieran, Micaela Sampayo advirtió a su marido: Tú sabrás lo que haces. Después no quiero oír arrepentimientos;

porque ella presagiaba malas venturas si Demetrio conocía el suelo que le habían prometido en vano a su padre.

Abelardo Lara subió a la mula en silencio para no encender la mecha de un altercado, y después de acomodarse en la montura de fique alzó a su hijo y lo sentó delante de él. Cabalgaron durante siete horas por trochas y veredas, y lo hicieron sin descanso para evitar que los sorprendiera el sol del mediodía. Demetrio Lara llevaba los ojos bien abiertos y los labios sellados, consciente de estar participando en una aventura trascendental. Del torrente de sensaciones que le quedaron grabadas en esa travesía, la que permaneció con más fuerza en su memoria fue la respiración excitada de su padre golpeteando en su nuca a lo largo de todo el trayecto.

Cuando llegaron a la finca de Felipe Gamarra, Abelardo Lara retorció con el machete la alambrada de púas que cercaba la propiedad. Una vez adentro, recorrieron bajo la canícula una extensa superficie de matorrales entre los que revoloteaban miles de maripositas blancas, hasta que localizaron la ceiba imponente que tenía grabada en su tronco la palabra Lara. Jadeando por el cansancio y la emoción, Abelardo Lara buscó afanoso las incisiones, y al encontrarlas dijo con voz triunfal: Esto lo escribió su papá.

Demetrio dijo: ¿Y por qué?

Y Abelardo Lara respondió: Porque quería marcar la tierra que me habían prometido.

Y dijo Demetrio: ¿Y por qué?

Y su padre contestó: Porque quería tener una tierra buena para el cultivo, para decidir yo mismo qué siembro y qué dejo de sembrar.

¿Y por qué?

Porque yo no quiero ser aparcero de nadie, que a nadie le pido que sea aparcero mío.

¿Y por qué?

Porque yo soy así, y cada uno es como es.

¿Y por qué?

Porque el hombre está hecho de arcilla, pero la arcilla no es la misma en un sitio que en otro. En unos lados es más porosa y se embomba con la primera lluvia, y en otros es tan apretada que tiene que caer un diluvio para romperla por dentro.

¿Y por que?

Justo cuando Abelardo Lara empezaba a ser desbordado por la preguntadera de su hijo, se acercó un hombre armado con una escopeta, que gritó: Eh, ustedes dos, ¿qué hacen aquí metidos?;

era el guardián de la finca. Abelardo Lara le respondió: Pregúntele más bien a su patrón qué hace en este sitio, porque este terreno es mío.

Al escuchar esas palabras, el guardián les apuntó con la escopeta, porque pensó que eran invasores, y dijo: Voy a contar hasta diez para que se larguen; si no, empiezo a disparar.

Entonces Abelardo Lara puso detrás de sí a su hijo, y dijo: No pasé cuatro años en una guerra para que ahora venga un huevón y me amenace con una escopeta de matar pajaritos. Si va a disparar, dispare, pero quiero que sepa que esta tierra es mía, y si no la recupero yo, la van a recuperar mis hijos o mis nietos.

Al ver al intruso tan firme en sus palabras y sus actos, el guardián se turbó y no supo qué hacer. Dijo: Yo no sé de quién carajo será este terreno; sólo sé que me dan los tres golpes diarios por echarle un ojo. Así que hazme el favor de irte con el niño, para que no me obligues a hacer cosas que no quiero hacer. Si quieres el predio, espera a que esté el patrón aquí y se lo reclamas a él, y a mí me dejan fuera de este pleito.

A lo que respondió Abelardo Lara: Esta vez sólo he venido a contarle algunas historias a mi hijo. Pero me le dice a su patrón cuando lo vea que por aquí estuvo el verdadero dueño del predio, y que si no ha oído hablar de Abelardo Lara, que le pregunte al general Forero por él;

y después de decir esto tomó a su hijo de la mano y salieron del terreno.

Cuando Felipe Gamarra se enteró de lo ocurrido en su finca, pidió a un congresista amigo que preguntara al general Forero, en la capital de la república, si conocía al tal Abelardo Lara. Pero justo el día en que se lo iban a preguntar, el general Forero fue asesinado por alguno de sus enemigos, que eran muchos en esos días turbulentos. Los nacionales lo acusaban de ser un radical peligroso, porque reclamaba más poder para los obreros y menos para la Iglesia, y sus compañeros reformadores lo tachaban de oportunista, porque mientras lamentaba las miserias del pueblo se prodigaba una vida principesca como ministro plenipotenciario del dictador nacional y educaba a sus hijos en academias refinadas de Francia.

El precio de Magdalena Tejada

Mirando a su padre, Demetrio Lara aprendió desde niño a manipular la fibra de la penca, y su fama de tejedor no tardó en propagarse por toda la región. Siendo ya un muchacho de pelos en el pecho, fue a Baranoa a vender un lote de mochilas que habían tejido él y su padre. Y mientras discutía el precio con un minorista en la plaza del mercado, vio aproximarse una muchacha de ojos dulces como la panela, y le pareció muy hermosa. Dijo el minorista: Es mi hija menor, Magdalena.

Demetrio Lara cortejó desde ese mismo instante a Magdalena Tejada, aprovechando los momentos en que el padre de la muchacha se alejaba para atender a los clientes. Le dijo: ¿Te gustan las mochilas?;

le dijo: ¿Vas a la fiesta de Santo Tomás?;

le dijo: ¿Conoces el volcán de Galeras?;

y a cada pregunta ella contestaba con la cabeza, dilatando las fosas de la nariz como ensancha sus ollares la yegua en celo. A partir de ese primer encuentro concertaron muchos más y cumplieron al pie de la letra un riguroso calendario pasional concebido por Magdalena Tejada para calibrar las intenciones de su acompañante. Pasearon por los montes aledaños a Sibarco, asistieron a fiestas patronales, se cruzaron sonrisas bobas en la plaza de Baranoa, empezaron a manosearse y besarse, hasta que un domingo, mientras caminaban por el matorral, Magdalena Tejada se levantó por sorpresa la falda dejando al descubierto su pubis lozano, y como una diosa de la fertilidad extendió hacia adelante los brazos mientras sujetaba la orilla de la falda con los dientes. Al contemplar ese cuerpo desnudo y macizo que lo invitaba a entrar, Demetrio Lara quedó aturdido unos instantes, petrificado por unos miedos primordiales más poderosos que el deseo. Cuando pudo por fin reaccionar, se quitó los pantalones y avanzó en silencio hacia la muchacha, que lo tomó de las manos y lo guió con suavidad por el camino ignoto de la concupiscencia. Después de desvirgarse recíprocamente entre la maleza, Demetrio dijo con voz jadeante mientras arrancaba los cadillos que se le habían pegado a la camisa: Quiero que te vengas a vivir conmigo;

y ese mismo día tras ataviarse con sus mejores ropas, fue a casa del padre de Magdalena para pedirle a su hija.

Antonio Tejada lo recibió en la terraza sentado en un mecedor, con una botella de aguardiente sin estrenar y dos vasos colocados sobre un taburete. Espantando las moscas con una bayeta que no paraba de agitar, dijo: Me parece muy bien que quieras sacar a la niña, porque es cosa natural, pero debes saber que ella me ayuda en la casa y en el trabajo, porque yo soy viudo; y si ella se va de mi lado tendré que pagar a alguien por ocuparse de las tareas que ella hace ahora.

A lo que dijo Demetrio Lara: Lo entiendo, pero no veo qué puedo hacer por usted.

Y Antonio Tejada le contestó: Tú eres buen tejedor, y por eso te propongo un acuerdo. Durante dos años me darás cada mes tres hamacas y veinte mochilas a cambio de mi hija. Una vez cumplas tu obligación, quedarás libre de toda carga.

Dijo Demetrio Lara: Lo que usted me pide es más del doble de lo que yo hago ahora.

Y Antonio Tejada respondió: Te entiendo, muchacho, pero también tú debes entenderme a mí. Mi hija es buena prenda, y las buenas prendas cuestan. Yo me he sacrificado por ella, la he criado todos estos años con mi trabajo. Si de verdad la quieres como dices, demuéstralo haciendo tú también un sacrificio por ella.

Sus palabras exasperaron a Demetrio Lara, que dijo: Yo soy un hombre pobre; gano para sobrevivir.

Y contestó Antonio Tejada: No voy a competir sobre

quién es más pobre. Si no aceptas el trato que te propongo, tendrás que esperar dos años para tener a mi hija, porque hasta entonces será menor de edad y tendré potestad sobre ella.

Temeroso de perder a Magdalena, Demetrio Lara aceptó las condiciones impuestas por el padre de la muchacha, y se comprometió a proporcionar cada mes, durante dos años, tres hamacas y veinte mochilas a Antonio Tejada. Cerrado el trato, Demetrio y Magdalena se establecieron en Sibarco, que tenía por ese entonces cuarenta chozas de adobe y una parroquia desconchada en la que oficiaba el cura itinerante cada seis meses. Micaela Sampayo habilitó una habitación de su casa para que su hijo y su nuera vivieran allí el tiempo que quisieran, esperando que fuese toda la vida, porque las madres de las siete provincias del norte son como gallinas que siempre quieren mantener a los polluelos debajo del ala. Demetrio Lara siguió tejiendo mochilas y hamacas para ganar el sustento y pagar la deuda contraída con su suegro; pero al cabo de unos meses, viendo que ese oficio no le garantizaba la supervivencia, trabajó también de aparcero en la finca del senador Fajardo, como lo hacía su padre. Magdalena Tejada no se cruzó de brazos, y ayudó a cuidar las aves de corral y la huerta de pancoger que cultivaban los Lara en el patio de la casa.

Nace Reynaldo Lara
Poco tiempo después Magdalena quedó preñada, y en el mes de las brisas parió un varón, al que llamaron Reynaldo, por el cantante. La fiesta del bautizo se celebró en la casa de

los abuelos, donde vivían también los padres. Micaela Sampayo sacó la mesa y los taburetes al patio, y pidió más mesas y asientos prestados a los vecinos, y durante todo el día se sirvió a los invitados sancocho de pescado en una olla gigantesca que Magdalena Tejada y su cuñada Adelfa Lara se turnaban para revolver.

En medio de la celebración, Micaela Sampayo se acercó a su marido Abelardo Lara, que permanecía sentado en un mecedor de mimbre, mirando a lo lejos, y le dijo: Bueno, a ver si con el nieto vuelves a sonreír, que ya está bien de tanta amargura.

Demetrio Lara se marcha a Magüira

Antes de que su hijo empezara a gatear, Demetrio Lara decidió buscar fortuna en la provincia de Magüira. A Sibarco habían llegado las historias fabulosas de que en Rioverde, Guayabal, Tres Cruces, Punta Guijarro, Mataupe y otras poblaciones de Magüira la gente se estaba volviendo muy rica con el negocio del carbón y que, en las noches, el pueblo se volcaba en las calles a bailar en ruidosas verbenas que se prolongaban hasta el amanecer. Dijo Demetrio Lara a su mujer: El niño es muy pequeño todavía para moverlo de un sitio a otro. Primero iré yo a ver cómo es la vaina, y si me va bien mandaré por ustedes. Cada vez que pueda les enviaré plata y noticias mías.

El día de su partida, toda la familia peregrinó hasta Sabanagrande para despedirlo. Cuando Demetrio Lara ya estaba en la canoa que lo había de transportar a la otra orilla del río, su padre le dijo: Usted es ya un hombre y hace lo que cree correcto. Lo único que le pido es que si yo llego a faltar piense en su mamá. No olvide que usted es el único hijo varón y ella es su única mamá.

Demetrio Lara contestó, riéndose: No digas pendejadas, papa. Tú eres fuerte como un matarratón. Al final, tú nos vas a enterrar a todos, ya lo verás.

Apenas terminó de hablar, zarpó la canoa impulsada por el boga musculoso, y al cabo de un rato se perdió de vista en el horizonte fluvial.

Pero sucedió que un año y ocho meses después de llegar Demetrio Lara a la mina de Mataupe, el precio del carbón se desplomó en los mercados internacionales. La American Coal anunció un plan para despedir a más de la mitad de sus empleados y, con intención de escamotearles las prestaciones, adulteró los contratos de modo que los trabajadores figuraran como si hubiesen sido subcontratados por medio de una red de empresas fantasmales. Alertados de la maniobra, los sindicatos convocaron la huelga. Cuando el conflicto entraba en su segunda semana, el gobierno se puso de parte de la American Coal con el pretexto de que las motivaciones de los trabajadores no eran económicas, sino políticas. Envalentonada por el apoyo del gobierno, la compañía trajo en sus camiones cuadrillas de braceros de toda la comarca para mantener la producción. Pero los huelguistas no se rindieron, y al día siguiente marcharon sobre las dunas del desierto hacia la mina de Mataupe con el propósito de sabotear la extracción de carbón. Cuando se aproximaban a su destino, un rugido ensordecedor retumbó en el aire puro de la mañana, y al cabo de unos instantes apareció en el horizonte un convoy de vehículos acorazados y camiones militares, que se desplegaron aparatosamente en una amenazante fila. Cuatro soldados bajaron de uno de los camiones una vieja ametralladora y la colocaron con delicadeza sobre un montículo, apuntando a los trabajadores. Sin aviso previo, una intensa lluvia de balas y metralla empezó a caer sobre la muchedumbre, que se dispersó en medio de gritos de terror buscando un refugio imposible en la inmensidad de arena.

Demetrio Lara sobrevivió a la hecatombe, pero recibió un tiro que le destrozó dos dedos de la mano; así volvió a Sibarco, mocho y desengañado, después de ser expulsado de la American Coal por su participación en la huelga. Nunca más pudo tejer mochilas. Con el escaso dinero ahorrado en la mina de carbón compró una parcela en las afueras de Sibarco, a una hora en burro del pueblo, y se dedicó a la siembra de tomate, porque el tomate es de cultivo fácil y brota dos veces al año. Por esos días, unos empresarios del interior de la república habían fundado en Baranoa la fábrica de jugos San Francisco y mandaban camiones por los pueblos para comprar a los agricultores sus cosechas. También adquirió Demetrio Lara un solar cerca del cementerio, donde levantó su casa de adobe y techo de palma.

El senador Chocontá cautiva al pueblo

La Matanza del Carbón provocó un debate tempestuoso en el Congreso de la república, y en ese debate ganó fama un senador de verbo encendido que se refirió no sólo a los sucesos de Mataupe, sino que habló durante catorce horas consecutivas sobre todas las tragedias que atormentaban entonces al país. Dijo: La patria está en manos de extranjeros que sólo buscan la expoliación de nuestros recursos y de una oligarquía local parásita a la que sólo interesa enriquecerse al amparo de su influencia. Mientras tanto, el pueblo está abandonado a su suerte, sin futuro ni esperanzas, muriendo de desnutrición y de enfermedades, porque a los que han manejado este país nunca les ha importado el destino de sus desgraciados compatriotas.

En todos los rincones de la república se comenzó a hablar de Félix Gabriel Chocontá, el político que usaba palabras que la mayoría de los ciudadanos ansiaba escuchar. El pueblo, encandilado, siguió por la radio los debates del Senado con el fervor con que escuchaba un partido de fútbol. Cuando en cierta ocasión el gobierno intentó prohibir la transmisión de las sesiones, con el pretexto de que entorpecía el desarrollo de la labor parlamentaria, se produjeron disturbios en toda la república que obligaron a levantar la censura. Pasado un tiempo, las cadenas de radio y los periódicos también empezaron a difundir los juicios en que intervenía como abogado el senador Chocontá, porque él tenía la habilidad para convertir los estrados judiciales en tribunas de agitación.

Un domingo se celebraba una reunión familiar en casa de Abelardo Lara, con motivo del cumpleaños de su nieto Reynaldo. Cuando estaban todos sentados bajo el totumo del patio, dijo Demetrio Lara: Ese senador Chocontá sí que tiene los pantalones bien puestos. ¿Se han enterado de las cosas que anda diciendo en el Congreso y en los tribunales?

Y contestó Abelardo Lara, espantándose las moscas con una bayeta: El general Forero también hablaba así de bonito. Los políticos saben hablar muy bonito.

Demetrio Lara dijo: Chocontá es diferente, papa. Él viene del pueblo y sabe lo que necesita el pueblo. Se le siente cuando habla.

Y dijo su padre: Si tiene los pantalones que usted dice, no estaría en el partido reformador, porque por más cuentos que echen de que es el partido del pueblo, ahí mandan y mandarán siempre los ricos a los que Chocontá dice estar atacando. ¿Por qué el senador no tiene pantalones y funda un partido nuevo, del pueblo de verdad, que no sea ni reformador ni nacional? Ahí es donde lo quiero ver yo.

Entonces intervino Micaela Sampayo, diciendo: Ya basta de hablar de política. ¿Es que no saben hablar de otra cosa?;

y mirando con furia a su hijo Demetrio, le dijo: Y tú, no le des cuerda a tu papá, que eso es lo que él busca para seguir amargándose.

Después les dijo desde la mesa, mientras agitaba la bayeta para espantar las moscas que revoloteaban sobre la comida: Como no vengan enseguida se les va a enfriar el pescado, y nadie se los va a volver a calentar.

Cuando estuvieron sentados a la mesa, no hablaron más de política, sino de trabajo. Por esos días una terrible sequía había asolado la tierra, y los campesinos de secano, que eran mayoría en Sibarco, estaban hundidos en la ruina. Dijo Demetrio Lara: ¿Sabes lo que nos dice la Caja Campesina? Que no nos va a prestar para una nueva siembra si antes no cancelamos el crédito que nos dio para la anterior. Pero yo pregunto, ¿con qué plata le vamos a pagar si no hemos sacado cosecha?;

y dijo después: Menos mal que tenemos gallinas y pancoger para ir tirando mientras dure la mala racha.

Cuando terminó de relatar sus cosas, preguntó a su padre

por las suyas. Y Abelardo Lara contó que la situación en la finca donde trabajaba de aparcero había empeorado hasta extremos insoportables tras la muerte del senador Fajardo, porque su hijo era un joven refinado, con abundantes estudios y diplomas, pero sin conocimiento de las cosas del campo. Unos días atrás el nuevo patrón había decidido incursionar en el negocio del azúcar, sin escuchar las advertencias de que la tierra de la finca no era fértil para la caña. Desde entonces no cesaba de repetir que para su nueva empresa agrícola necesitaba trabajadores jóvenes y fuertes.

Dijo Demetrio Lara: ¿Ha amenazado con echarte?

Y su padre respondió: Todavía no, pero ya ha empezado a buscarme el bajito. Ayer no más me echó la culpa del gorgojo que le ha caído a los palos de guayaba. Cuando le dije que el gorgojo vino de la finca de don Guillermo Arrieta, y que fuera a pedirle explicaciones a él, la emprendió contra mí y me dijo que yo estaba viejo y no servía para nada. Pero todavía no me ha echado, y no creo que lo haga por más ganas que me tenga, porque él sabe que en esta región nadie sabe de campo como yo.

Preguntó Demetrio Lara: ¿Te deja seguir sembrando tus cosas?

Y su padre respondió: Sí, ahí sigo con la parcelita, pero ahora el señorito sale con que no va a correr más con los gastos del abono de los aparceros, dizque porque está muy caro. Y nos ha dicho también que a partir de ahora, si nos falla la cosecha, no nos va a dar compensación, porque él no tiene por qué responder por los caprichos de la naturaleza.

Micaela Sampayo escuchó la conversación que mantenían su marido y su hijo, y no supo ya qué era peor, si dejarlos hablar de política o de trabajo, porque política y trabajo eran como dos ríos que desembocaban en el mismo mar de amargura. Alzó entonces a su nieto Reynaldo, y sentándolo sobre la mesa, dijo: ¿Por qué no le prestan un poquito de atención al cumpleañero? ¿Es que no le van a hacer caso en todo el día?

Los otros descendientes de Demetrio Lara

Poco tiempo después parió Magdalena otro varón, al que llamaron Félix Gabriel, por el senador; pero el niño murió a los dos meses en una epidemia de gastroenteritis que se cobró cuatrocientas vidas en la región.

Y Magdalena volvió a quedar preñada, y esta vez alumbró una niña, que recibió por nombre Ana María, en memoria de la abuela materna. Cuando empezaron a crecerle los pechos, Ana María conoció en el carnaval de Baranoa a un labriego joven llamado Miguel García, y después de un breve noviazgo se casaron. Al día siguiente de la boda se instalaron en Puerto Giraldo, que es corregimiento de Ponedera, donde moraba la familia del esposo. Demetrio Lara les dijo antes de partir: La vida está muy dura, pero si están juntos puede ser menos dura. No se olviden de que aquí tienen a su familia para cualquier cosa.

Miguel García y Ana María Lara engendraron cinco hijos en Puerto Giraldo. Primero nació Duait Miguel, llamado así por el general de los aliados, que hoy trabaja en un taller de mecánica en Bellavista y reside en el barrio de invasión La Esperanza con su mujer y sus tres hijos adolescentes. Uno de ellos, Wilber, juega en la segunda división del Sporting Bellavista;

después nació Magaly, la albina, que un día se marchó sin

decir a dónde y fue a parar a un burdel de Barquisimeto, en Venezuela, donde la matrona la promociona como gringa por su piel desteñida y el color amarillento de su pelo;

después de Magaly nació Hernando, que murió de gastroenteritis siendo un niño;

después vino Calixto, más conocido como Cali, compositor de "La Guayabita".

La última en nacer fue Danubia, que había de ser la mujer de Moisés Cantillo.

El senador Chocontá llega a Bellavista

Por la época en que se casó Ana María Lara, Félix Gabriel Chocontá acumulaba una fama inmensa que nunca tuvo nadie en esta república desde los días del Libertador. Los campesinos sin tierra, los obreros oprimidos, los estudiantes sin porvenir, los artesanos arruinados, todos lo reverenciaban. Y él enfervorizaba a sus acólitos, diciendo: Tenemos que construir una sociedad nueva, donde haya de verdad igualdad y justicia. Y eso no será posible mientras sigan los mismos con las mismas.

Los patricios comenzaron a inquietarse por la popularidad del senador Chocontá. Desde los periódicos nacionales se advertía que era un peligroso comunista. Los directores de los diarios reformadores evitaban atacarlo, porque pertenecían al mismo partido, pero lo exhortaban a que moderase su lenguaje incendiario. Pero de nada sirvieron los argumentos; ya era tarde para contener el torrente desbordado.

Un día decidió Félix Gabriel Chocontá presentarse como candidato a la Presidencia de la república, y comenzó su campaña en Bellavista, porque él sentía aprecio por esta ciudad y quería honrarla con el gesto. Más de medio millón de personas acudieron en buses, en camiones, a lomo de bestia y a suela de abarca desde todos los rincones de la provincia para escuchar en el Paseo de las Palmas al caudillo, que habló durante horas bajo un aguacero pertinaz sin que nadie se moviera de su sitio. Después pidió Chocontá un encuentro con la gente humilde para escuchar sin intermediarios los problemas que atribulaban al pueblo. La noticia se propagó como la varicela por toda la comarca, y miles de personas desfilaron por el cuartel del movimiento chocontista durante tres días con sus noches, embriagadas con la idea de que sus padecimientos iban a terminar para siempre.

Cuando estuvo por fin sentado frente al senador, Demetrio Lara se quitó el sombrero de bijao y habló con voz entrecortada, porque el caudillo le infundía un respeto grande. Dijo: Doctor, he venido para decirle que saliendo de Bellavista como quien coge para Tubará hay muchas tierras descuidadas, que pertenecen al señor Armando Gamarra, usted sabe, hijo de don Felipe Gamarra, que fue un terrateniente muy conocido en la provincia. Mientras esas tierras están así, sin dar trabajo ni nada, los campesinos no tenemos dónde sembrar, o cultivamos parcelas malas que, cuando hay suerte, apenas dan para sobrevivir. El general Forero, usted sabe, el de la guerra, dijo una vez que repartiría esas tierras y prometió una parte de ellas a mi papá, pero no se cumplió la palabra. Yo le pregunto a usted si puede hacer justicia;

y mientras Demetrio Lara hablaba, Félix Gabriel Chocontá permanecía en silencio, escuchando con atención y moviendo afirmativamente la cabeza, al tiempo que su secretario tomaba notas en una libreta.

La segunda promesa de la tierra

Cuatro meses después, cuando ya empezaba a pensar que la visita del senador Chocontá no había sido más que una monumental tomadura de pelo, Demetrio Lara recibió una carta sellada en la capital de la república, que contenía estas palabras: Estimado compatriota, he estudiado el caso por usted expuesto, y tengo el convencimiento de que se trata de una injusticia más entre las miles de iniquidades que atormentan a nuestra amada patria. Si llego a la Presidencia de la república, con su ayuda y la de otros ciudadanos, tomaré las medidas oportunas para que la finca de propiedad del señor Armando Gamarra sea repartida entre el pueblo, e intercederé personalmente para que usted reciba una parte y pueda vivir con dignidad.

La misiva llevaba la rúbrica del senador Félix Gabriel Chocontá; con su puño y letra estaba firmada.

Esa misma tarde, Demetrio Lara leyó la carta a toda su familia, con la voz turbada por la emoción, y al concluir la dobló cuidadosamente y la introdujo en una caja de cartón donde guardaba sus documentos. Después de las elecciones, ese papel le servirá de título para reclamar la tierra que le habían negado a su padre, porque nadie en el país dudaba de que Chocontá sería el próximo presidente de la república.

Pero unas semanas antes de las elecciones, Félix Gabriel Chocontá fue asesinado a balazos mientras arengaba a cientos de miles de seguidores en la capital de la república. El hombre que lo mató, un tal Agripino Rojas, fue linchado hasta la muerte por la multitud enardecida; por eso nunca se supo la identidad de quienes planificaron el magnicidio. Chocontá tenía muchos enemigos en esos días; los nacionales lo acusaban de ser un comunista disfrazado de reformador, y los patricios reformadores desconfiaban de él porque era de humilde cuna y hablaba con ira contra los ricos. Esa misma noche, cuando se anunció oficialmente la muerte de Chocontá, empezó la época más espantosa de la historia de la república. Durante diez años reformadores y nacionales se exterminaron con una saña inaudita; por tener distintas ideas llegaron a matarse padres e hijos, hermanos y hermanos. En esa guerra que estremeció a todo el país y lo dejó marcado para siempre destacaron por su ferocidad los chicharros, matones del bando nacional, que sometían al enemigo a horrendos suplicios y lo descuartizaban con las propias manos.

Muerte violenta de Demetrio Lara

Demetrio Lara fue arrastrado por la locura colectiva. Con otros reformadores de la provincia salió a incendiar fincas de nacionales y a saquear sus comercios y a apedrear los edificios públicos. Su madre y su mujer le gritaban que no participara en esas correrías, porque los nacionales andaban mejor armados; pero él estaba ciego por la ira y no las escuchó. Salió Demetrio Lara con sus amigos un día tras otro para vengar la muerte del caudillo y vengar también sus propios desengaños. Quemaron fincas, se enfrentaron a bala con los nacionales, asaltaron comercios, atacaron iglesias, incendiaron buses, hasta que una tarde llegó una mujer a la choza de Magdalena Tejada, gritando: Han matado a tu marido;

y Magdalena, que estaba barriendo la terraza, se derrumbó sobre la mecedora sin soltar la escoba.

Abelardo Lara y su nieto Reynaldo fueron en burro a Baranoa, al lugar que la mujer les indicó, y encontraron a

Demetrio Lara tirado con los ojos abiertos entre los escombros de una construcción derruida. Tenía el cuerpo surcado de machetazos, y en su boca colgaba su miembro viril ensangrentado; era la marca típica de los chicharros, que llamaban a esa muerte El tabaquito. Reynaldo Lara se arrojó sobre su padre, y tras retirarle el pene de la boca y guardárselo en el bolsillo, gritó: Esto me lo van a pagar, papa, te lo juro que me lo van a pagar;

y se quedó un largo rato llorando sobre el cadáver. Cuando quedó exhausto de penar, su abuelo lo ayudó a incorporarse, mientras le decía: Vamos a llevarlo al pueblo antes de que se haga de noche, que ya tendremos mucho tiempo para llorar por las desgracias pasadas y las que están por venir.

Demetrio Lara fue sepultado en el cementerio de Sibarco. Para enterrarlo con decencia, lo ataviaron de traje y corbata, lo rociaron con pachulí, y le pusieron sendos alambres recubiertos de algodón y esparadrapo en el lugar de los dedos que le faltaban; nunca estuvo tan elegante como ese día. También le cosieron el miembro para que se fuera completo a su nueva morada. Durante el sepelio, Micaela Sampayo abrazó a su nieto Reynaldo, que tenía los primeros vellos en el pecho, y le dijo: Toda la culpa es de la maldita política. Tu abuelo está loco y va a morir loco con el cuento ese de que el general Forero le dio una tierra. Con esa historia le revolvió la vida a tu papá desde que era chiquito, y mira lo que pasó. Así terminan las cosas cuando uno se mete en líos de política;

y después le dijo: Por lo menos ten tú la cabeza bien puesta, Naldito, y no hagas disparates. Olvídate de todo lo que has visto y lo que has oído. Cultiva el terreno de tu papá, cásate, ten hijos, y sigue tu vida sin importarte si mandan los reformadores o si mandan los nacionales, que ellos son la misma cosa. Hazlo por tu mamá, por mí, por tu pobre papá.

Micaela Sampayo y su nieto Reynaldo lloraron abrazados el uno al otro, y lloraron más fuerte cuando oyeron caer las primeras paladas de tierra sobre la tapa del ataúd. Magdalena Tejada, la viuda, permaneció en silencio junto a ellos, meneando la cabeza como una enajenada. Y Abelardo Lara se mantuvo cabizbajo a una distancia prudencial, porque sabía que su mujer lo consideraba el único culpable de la tragedia y no tardaría en sacárselo en cara.

El burro Chon

Reynaldo Lara se hizo cargo de la parcela de su padre, y en los ratos libres tejió mochilas y hamacas que llevaba al mercado de Baranoa. También heredó un pollino gris llamado Chon. Y el pollino creció hasta convertirse en un burro descomunal, y su miembro reproductor era tan grande que las campesinas jóvenes se acercaban en el crepúsculo para mirarlo a escondidas. Todo el día estaba en calor el animal. Campesinos de los municipios, corregimientos y caseríos vecinos le traían sus burras para que las fecundara con su prodigioso esperma, y por cada montada de Chon, Reynaldo Lara cobraba una pequeña suma. Pero el dinero no duraba ni un día en sus manos, porque se lo gastaba bebiendo con sus amigos en El Gavilán, la única cantina de Sibarco que tenía en esos días mesa de billar.

Una noche en que Reynaldo Lara se arreglaba para ir a El Gavilán, le dijo su madre: Hijo, ahorra hoy para que tengas mañana y no seas un miserable como lo hemos sido toda la vida.

49

Pero Reynaldo Lara la besó en la frente, le palmoteó las nalgas, y le dijo: Miserable voy a ser siempre, vieja, pero al menos voy a ser un miserable contento, y eso no me lo va a quitar nadie;

y mientras terminaba de abotonarse la camisa ante el espejo de la sala, Magdalena Tejada miró a su hijo con compasión, porque ella sabía que no era alegre como decía y que tenía el alma torturada por un inmenso dolor.

Por esos días, el gobernador de Barrantes quiso ganar fama entre los agricultores, porque se aproximaban las elecciones, y promovió la campaña 'Un Campesino-Un Burro' para que cada campesino tuviera una bestia de apoyo en las labores de labranza. Habiendo escuchado acerca de las hazañas de Chon, el gobernador mandó comprar el fogoso animal, y ordenó que lo encerraran en el establo provincial con las doscientas burras vírgenes que la gobernación había importado de Australia, y dispuso que lo enviaran después en camión por todos los rincones de la provincia para que preñara a las burras de los labriegos.

Reynaldo Lara recibió por el burro Chon nueve mil pesos, que era lo que ganaba entonces en un año de trabajo. Apenas tuvo el dinero en sus manos, separó una parte y compró un par de zapatos de charol a su madre, una vajilla de porcelana a su hermana Ana María, un camión de madera a su sobrino Duait Miguel y una muñeca a su sobrina Magally. Compró también un Almanaque Mundial para su abuelo Abelardo Lara.

Abelardo Lara era entonces un hombre viejo y lleno de arrugas. Desde la muerte de su mujer Micaela Sampayo vivía solo en su choza y ganaba algún dinero con las mochilas que tejía sentado en su mecedora de mimbre. Su nuera Magdalena Tejada le llevaba todos los días la comida, lo ayudaba a bañarse y le limpiaba la casa; pero cada vez que su nuera, su hija Adelfa o su nieta Ana María le insinuaban que fuera a vivir con alguna de ellas, él se negaba, diciendo: Una cosa sí tengo clara, y es que nunca seré una carga para nadie.

Cuando su nieto le entregó el Almanaque Mundial, lo primero que hizo Abelardo Lara fue buscar en sus páginas el artículo dedicado a la república. Muy despacio, porque no sabía leer con fluidez, leyó en voz alta: El sector agrario es la base de la economía nacional. El 75 por ciento de la población vive en el campo. Los grandes hacendados son dueños del 63 por ciento de la tierra cultivable del país.

En este punto cerró el libro y murmuró con displicencia: Alguna vez lo dije, y lo vuelvo a decir ahora: en este país hay mucha tierra sin gente y mucha gente sin tierra.

Su nieto lo reprendió, diciendo: Hombre, abuelo, deja ya de amargarte y lee otras vainas. Te traje este libro porque me dijeron que es como un baúl que tiene adentro de todo. Los ríos más largos, las montañas más altas, las ciudades más grandes, los futbolistas más famosos.

A lo que Abelardo Lara lo interrumpió, diciéndole: Pero le aseguro que no aparece el pueblo más triste;

y sus ojos carcomidos por el pterigio miraron hacia la calle de tierra, encharcada por la última lluvia, donde a esa hora jugaban unos niños desnudos, deambulaban dos perros escuálidos, se revolcaba un cerdo en el lodo y revoloteaba un tropel de gallinas escapadas de algún patio.

Con el resto del dinero que ganó por la venta del burro Chon, Reynaldo Lara organizó tragantonas y parrandas con sus mejores amigos, que eran Burrociego, Conejo, Monstruo-bello y Cara de Muela. Reynaldo Lara, al que apodaban Chino por sus ojos ligeramente rasgados, los invitaba noche tras noche al bar El Gavilán, donde consumían cajas enteras de cerveza y jugaban con gran estropicio al billar. Siempre que estaban achispados por el alcohol, levantaban sus vasos y brindaban: Por San Chon Pichalegre.

Pero sucedió que el burro Chon, apenas fue encerrado en el establo provincial, se volvió impasible y no quiso montar a ninguna de las burras australianas que se arremolinaban ansiosas en torno suyo. Y cuando lo llevaron en camión para que se apareara con las burras de los campesinos, tampoco quiso cubrirlas. Pasaron días, semanas, meses, y el burro Chon permaneció indiferente a los cortejos de las hembras de su especie. Entonces dijo el gobernador: Nos han estafado. Traigan al dueño de este burro maricón para que nos explique qué pasa.

Reynaldo Lara vistió sus mejores ropas para acudir al despacho del gobernador: Cuando estuvo frente a él y supo por qué lo habían convocado, dijo: Le puedo asegurar, señor gobernador, que este burro era bien macho cuando yo lo tenía, y de ello le pueden dar fe los campesinos de los lados de Baranoa. Antes de venir acá me llevaron a ver a Chon en el establo, y para mí que está bien sano.

A lo que dijo el gobernador: Entonces, ¿qué carajo le pasa al bendito burro?

Y respondió Reynaldo Lara: Con todos mis respetos, y sin ánimo de ofender, creo que el problema es que se ha vuelto vago desde que entró en nómina. No le encuentro otra explicación.

Al escuchar estas palabras, el gobernador estalló en cólera y echó a Reynaldo Lara de la oficina. Después se marchó a su casa, porque ya era la hora del almuerzo. Cuando se disponía a entrar en el ascensor, su secretario le preguntó desde la puerta del despacho: Perdone, señor gobernador, ¿qué hacemos con el burro?

Y dijo el gobernador: Dónalo al zoológico, para que aprenda a no burlarse de las autoridades.

El zoológico era entonces un recinto tormentoso donde los animales se atrofiaban y enloquecían en cubiles diminutos que apenas les permitían el movimiento; algunos años después, cuando murió Mariana, la macacus rezus albina que atrajo a científicos y curiosos de medio mundo por ser la única de su especie en cautiverio, el periodista Juan Gossaín descubrió que el primate no había fallecido de muerte natural como sostenía la versión oficial, sino que se había ahorcado con su propia cola al no soportar un día más la estrechez del encierro. En ese zoológico pasó el burro Chon el resto de sus días, y cuando expiró lo partieron a hachazos y lo echaron a los leones. Desde entonces, cuando un empleado baja su rendimiento después de entrar en nómina, la gente dice: A ese le pasa lo del burro Chon.

La deshonrada

El domingo siguiente a su encuentro con el gobernador, Reynaldo Lara estaba jugando al billar con sus amigos en el bar El Gavilán cuando de pronto irrumpieron en el establecimiento dos hombres de Santo Tomás, uno joven y otro mayor, arrastrando por los brazos a una adolescente. El mayor dijo: Estoy buscando a Reynaldo Lara.

Y éste respondió, mientras untaba tiza a su taco: Para servirle;

y habló con cautela, porque el otro llevaba un machete envainado al cinto.

Entonces el hombre levantó por el mentón el rostro de la muchacha para que mirara, y le preguntó: ¿Es él?

Y la muchacha, llorando, asintió con la cabeza.

Dijo entonces el hombre a Reynaldo Lara: Has deshonrado a mi hija.

Reynaldo Lara quedó atolondrado, sin saber qué hacer. Cuando pudo articular palabra, preguntó: ¿Cómo está tan seguro de que fui yo?

Y el hombre dijo: Hace cuatro meses fue el carnaval de Santo Tomás; y esta muchacha tiene cuatro meses de embarazo. Tú estuviste en el carnaval disfrazado de vampiro, y durante el desfile de carrozas te llevaste a mi hija al monte, detrás del cementerio. ¿Quieres que siga o lo dejamos aquí?

Reynaldo Lara miró a la muchacha, que era casi una niña, y sintió remordimiento. Después se dirigió al hombre con el que estaba hablando y le dijo con respeto: Váyase tranquilo, que le doy mi palabra de honor de que mañana a primera hora, cuando esté con menos tragos en la cabeza, pasaré por su hija a recogerla;

y después de hablar así, los dos hombres se marcharon con la muchacha.

Entonces se armó en El Gavilán una discusión ruidosa sobre la responsabilidad del varón en los embarazos imprevistos. Dijo Cara de Muela: Nojoda, Chino, ¿te has vuelto loco? Yo que tú hubiera mandado a la mierda a esos dos, porque tú no tienes la culpa de lo que ha pasado. Si una mujer queda preñada es cosa de ella. Nadie la obliga a abrirse de patas.

Habló seguidamente Briceño, el dueño del bar, que era de la provincia de Calarcá y tenía experiencia en amores pasajeros: Dijo: Yo me he movido mucho por la república, porque la vida me ha empujado a andar de un sitio a otro, y en cada parte que he pisado he dejado hijo. Pero, eso sí, a todos les he dado mi apellido, para que puedan decir con orgullo que tienen papá, y cada vez que puedo les mando una platica. Lo mismo puede hacer usted, Lara, dejar a su hijo con la madre y que ella lo críe, pero sin olvidarse usted del niño como si no existiera.

Después habló Burrociego, y dijo: No vayas mañana a la cita, que si se ponen gallitos aquí estamos nosotros para dejarlos sin plumas. Tú sabes que somos como los mosqueteros, todos para uno, uno para todos.

Pero Reynaldo Lara no atendió consejos. Tal como había prometido, al día siguiente fue a lomo de burro al municipio de Santo Tomás para recoger a la muchacha, que se llamaba Matilde Fonseca. Ella lo esperó en la terraza de su casa, ataviada con un traje floreado de popelina y con el cabello recogido en un moño; a sus pies tenía un pequeño baúl con sus pertenencias que le había preparado su madre. Al verla así arreglada, Reynaldo Lara pensó que no estaba del todo mal.

Gilberto Fonseca, el padre de la muchacha, sólo salió a la terraza en el momento de llegar Reynaldo Lara. Sin invitarlo a pasar ni mostrarle la menor señal de aprecio, le dijo: Por lo menos trátala bien, para ver si así reparas el daño que has hecho;

y después entró de nuevo en la casa y mandó callar a su

mujer, que desde el momento en que se enteró del embarazo de su hija no había parado de llorar.

Matilde Fonseca llega a Sibarco

Reynaldo Lara y Matilde Fonseca recorrieron a pie el camino entre Santo Tomás y Sibarco, porque utilizaron el burro para transportar el baúl; y mientras avanzaban por las trochas y veredas se fueron inquiriendo por sus cosas para conocerse mejor. A media tarde, cuando arribaron a Sibarco, Magdalena Tejada estaba sentada en una mecedora en la terraza de la casa, remendando una camisa de su hijo. Intrigada, dejó de coser y fijó la mirada en la muchacha.

Dijo Reynaldo Lara: Me la traigo a vivir conmigo.

Magdalena Tejada observó a su hijo en silencio, esperando la segunda parte de la frase. Él agachó la cabeza, y dijo: Está preñada.

Entonces dijo Magdalena Tejada: Quiera Dios que no aparezcan más diciendo lo mismo;

y reanudó la costura, farfullando en voz baja.

En la época de las lluvias parió Matilde Fonseca una hembra, a la que llamaron Micaela en memoria de la bisabuela. Magdalena Tejada, que llevaba varios meses quejándose sin cesar de lo terrible que era su existencia, se alegró con el nacimiento de la nieta, porque fue como un soplo de aire fresco en la familia. También se alegró Reynaldo Lara cuando tuvo a su hija en los brazos. Dijo: Tiene la cara de la abuela y el genio del bisabuelo.

Por ese entonces Abelardo Lara estaba casi ciego, pero seguía viviendo solo en su choza porque era orgulloso y no quería despertar compasión. Cada semana le entregaba a su nuera Magdalena una mochila deshilachada para que la vendiera en el mercado. Ella le seguía piadosamente el juego, y le llevaba de su casa las tres comidas del día haciéndole creer que había comprado el alimento con el dinero producido por la venta de la mochila.

El día del bautizo de su bisnieta, cuando le colocaron la mano sobre la cabeza de la recién nacida, Abelardo Lara dijo: No sé si tendrá plata, pero pelo sí que va a tener; y todos rieron con la broma, menos él.

La paternidad tuvo un extraño efecto en Reynaldo Lara. Al comienzo no se despegaba de su mujer y la colmaba con todo tipo de atenciones; pero de pronto, sin que existiera un motivo evidente, empezó a redoblar las salidas con sus amigos y a juntarse con otras mujeres. Al verse despreciada por su marido, Matilde Fonseca perdió el apetito. Todo el día lo pasaba lloriqueando e implorando a Dios que la matara con un rayo. Su suegra trataba de consolarla, porque la quería como a una hija y temía que muriera de inanición. Le decía: Tranquila, son cosas de hombres, ya se le pasará, todo se va a arreglar.

Pero Matilde Fonseca no sólo perseveró en su ayuno, sino que un día lluvioso decidió vestir de negro, diciendo que estaba tan sola como una viuda. Reynaldo Lara pasó entonces a dormir a una hamaca bajo el cobertizo del patio, con el pretexto de que tenía dificultades para respirar dentro de la habitación. Preocupada por el rumbo que estaban tomando los acontecimientos, Magdalena Tejada dijo una noche a su hijo: ¿Por qué te portas así con Matilde? ¿Qué te ha hecho la pobre?

Y él contestó: ¿Pero qué pasa? ¿Es que ya uno no puede dormir en hamaca?

Reynaldo Lara se marcha a Bellavista

Una tarde en que acudió a la Caja Campesina a sacar dinero, Reynaldo Lara comprobó con estupor que ya no quedaba un centavo en la cuenta. Por esos mismos días quebró la fábrica de jugos San Francisco y una nueva sequía destruyó los cultivos de secano. Reynaldo Lara tenía experiencia en adversidades, pero esta vez sintió una angustia grande al sobrevenirle tres de un solo golpe. Desesperado, habló con su madre, y le dijo: Esto del campo es para los pendejos. Te exige mucho sacrificio y no te deja más que sufrimientos. A la mierda;

y tomó la decisión de marcharse a Bellavista, a buscar empleo en el Terminal Marítimo. Allí trabajaba un viejo amigo de su padre llamado Nicanor Barrena, que aguardaba su inminente jubilación. Reynaldo vendió la parcela a un inmigrante de San Jacinto, y del dinero que recibió por la transacción se guardó la mitad y entregó la otra mitad a su madre, que en esos días ganaba unos centavos fabricando conservitas de panela que vendía por las tiendas de Baranoa.

La noche antes de partir, Reynaldo Lara dijo a su mujer: Tú y Micaela se van a quedar aquí mientras tanto. Vas a ayudar a mi mamá en lo que haga falta y la vas a obedecer. Espero no oír que le están dando problemas;

y después de impartir estas órdenes introdujo en un baúl toda su ropa, y guardó también la carta que Félix Gabriel Chocontá envió años atrás a su padre prometiéndole la tierra y que él conservaba como recuerdo.

A la mañana siguiente, Reynaldo Lara se marchó en bus a Bellavista. Una vez en el Terminal Marítimo buscó a Nicanor Barrena, que lo recibió con un fuerte abrazo y lo condujo sin demora hasta el jefe de las cuadrillas de braceros, un negro fornido de apellido Parra. Este observó al recién llegado de la cabeza a los pies, y le dijo: No eres ya un muchachito, pero pareces fuerte;

y lo contrató para la carga y descarga de bultos en el muelle.

Nicanor Barrena le solucionó a Reynaldo Lara el problema de la vivienda, alquilándole a bajo precio una habitación de su casa en La Alboraya, que era entonces un barrio con calles de tierra donde brotaba por los grifos un chorrito de agua media hora al día. Para acudir al trabajo, Reynaldo Lara tenía que coger muy temprano en la mañana un bus destartalado, que ya venía abarrotado de pasajeros, y viajar todo el trayecto agarrado al racimo humano que se desgajaba por la puerta. Pero él soportaba sin quejarse las dificultades, porque cualquier padecimiento le parecía nimio al compararlo con la vida sin horizonte de Sibarco.

Edith Miranda

Poco tiempo después de iniciar su trabajo en el Terminal Marítimo, Reynaldo Lara conoció a una muchacha bastante más joven que él llamada Edith Miranda, que se ocupaba de las tareas de limpieza en el muelle, y le pareció hermosa. La cortejó con palabras que la hicieron ruborizar, y fueron a Sabanilla, donde se manosearon bajo las olas, y se revolcaron en el parque del Sagrado Corazón, al que la gente llama el Santo Cachón porque es refugio de amantes furtivos y lo preside un Cristo enorme de cemento con una corona de espinas que parecen cuernos. En uno de los arrebatos amatorios, Reynaldo Lara trató de bajarle los calzones a Edith

Miranda, pero ella se lo impidió, diciéndole: Quieto, que apenas nos conocemos;

mientras lo besaba con lascivia en la boca. Reynaldo Lara temió por un momento perder el control de sus actos; pero en medio del terremoto glandular desatado dentro de su cuerpo conservó dos dedos de frente que le permitieron tumbarse civilizadamente sobre la hierba y esperar a que le pasara la calentura. De esa manera calibró Edith Miranda a su pretendiente y dictaminó que era hombre de fiar.

Por la época de Navidad, la empresa organizó una fiesta de fin de año para los trabajadores y sus familias. En la velada, celebrada en un galpón inmenso del Terminal, tocaron dos orquestas, los directores pronunciaron discursos floridos, se repartieron regalos y fueron rifadas diez bicicletas. A media noche, cuando bailaban abrazados un bolero, Reynaldo Lara dijo a Edith Miranda: Mi amor, no estemos separados más tiempo; vente a vivir conmigo hoy mismo.

Pero Edith Miranda le susurró al oído, mordisqueándoselo: Eres casado.

Reynaldo Lara dijo: Casado, no. He estado viviendo con mi mujer, pero ya no la quiero, y tú lo sabes. En verdad nunca la he querido.

Dijo Edith Miranda: Y tienes una hija.

Reynaldo Lara replicó: ¿Y eso qué? Seguro su mamá se quedará con ella cuando nos separemos. Mira gordi, no compliques las cosas. Tú me quieres y yo te quiero. Sólo te pido que te vengas a vivir conmigo;

y Edith Miranda, que vivía de alquiler en una habitación, porque sus padres eran campesinos en la provincia de San José, hizo lo que quería hacer desde el momento en que conoció a Reynaldo Lara. Esa misma madrugada recogió sus motetes y se fue a vivir con el hombre que le turbaba el corazón.

Reynaldo Lara espació cada vez más sus idas a Sibarco. Hasta que un día en que estaba de visita en el pueblo se armó de valor y dijo a su mujer: En Bellavista estoy viviendo con otra mujer. Además debes saber que está esperando;

y le dijo: Te puedes quedar viviendo con mi mamá. Si quieres, yo me hago cargo de Micaela para que estés más libre y puedas rehacer tu vida.

Pero Matilde Fonseca lo miró con despecho, y le dijo a gritos: Con la niña me quedo yo, porque yo la parí. Y si piensas que me voy a quedar aquí cuidando a tu mamá te equivocas, cabrón de mierda, porque eso es lo que quieres, largarte por ahí con quién sabe qué puta y que yo me ocupe de tu mamá. Pues te vas al carajo con tus planes;

y recogió en un bulto sus pertenencias y se fue a Santo Tomás, a la casa de su parentela. Su madre y su hermano la recibieron con calor y le brindaron apoyo en ese trance amargo, pero su padre nunca le volvió a dirigir la palabra, porque decía que ella lo había cubierto de oprobio.

Matilde Fonseca no olvidó a su suegra. Cada vez que podía la visitaba y le llevaba a su nieta Micaela para que la viera crecer. Y las dos mujeres se llegaron a querer mucho más que antes, porque ahora sufrían la ausencia del mismo hombre y se sentían aliadas en la desventura.

Nace Wilson Lara

En el mes de las moscas Edith Miranda parió un varón, al que su padre llamó Wilson, por el beisbolista. Poco tiempo después Edith Miranda alumbró otro varón, que recibió por nombre Fidel, porque en esos días se hablaba de un hombre así llamado que había hecho una revolución.

Reynaldo Lara cayó de pronto en la cuenta de que su familia se había multiplicado y de que carecía de dinero para mudarse a una casa más amplia. Su sueldo en el Terminal Marítimo era exiguo, y debía destinar una parte a la manutención de su hija Micaela. Abrumado por la carga que pesaba sobre sus hombros, Reynaldo Lara habló con Nicanor Barrena, que siempre encontraba una solución para cada trance. Nicanor Barrena le propuso que construyera una habitación para los niños en un pedazo del patio, y le dijo que, con un poco de maña, podría sacar también una pequeña cocina y un baño. Además le permitió construir una entrada independiente para que su familia tuviera intimidad y se sintiera morando en casa propia. La única condición que le puso fue que aportara los gastos de la reforma y que renunciara a recuperar el dinero invertido si más adelante se mudaba a otra casa. Tras escuchar la propuesta, Reynaldo Lara dijo con los ojos anegados de lágrimas: Gracias, viejo. Espero poder pagarte algún día todo lo que me has ayudado desde que llegué a esta ciudad.

A lo que Nicanor Barrena respondió: Es lo menos que puedo hacer por ti;

Y habló con voz emocionada, porque él estuvo con Demetrio Lara el día en que fue asesinado en Baranoa durante los años terribles que siguieron al asesinato de Félix Gabriel Chocontá.

Pasado un tiempo Edith Miranda quedó preñada por tercera vez y parió otro varón, al que bautizaron Fiyéral, por un presidente extranjero que tenía una esposa joven y hermosa.

Dijo entonces Reynaldo Lara a su mujer: Bueno, nos quedamos sin la hembrita, qué le vamos a hacer;

porque él consideraba una imprudencia tener más hijos.

Pero Edith Miranda lo invitó a yacer con ella una noche fresca haciéndole creer que estaba en sus días de infertilidad, y lo excitó con sus caricias, y durante la tempestuosa sesión venérea, que se prolongó hasta la madrugada, quedó preñada de nuevo. Al confirmar que se hallaba en estado de gravidez, Edith Miranda cogió un bus y fue a la iglesia de San Nicolás. Allí encendió una vela al patrón de la ciudad, al que imploró: Que sea hembra, que sea hembra;

porque ella temía una vejez solitaria y triste sin una hija a su lado. Esta vez sus deseos se vieron cumplidos, y en el mes de los huracanes parió una hembra, a la que llamó Miriam, por la bellavistera que acababa de ganar el concurso nacional de belleza.

El plan municipal de vivienda

Poco tiempo después del nacimiento de Miriam Lara, el alcalde de Bellavista anunció un plan para construir cuatro mil casas subvencionadas en las afueras de la ciudad, que se rifarían entre los ciudadanos que carecieran de vivienda propia y cuyos ingresos no duplicasen el salario mínimo. El alcalde pretendía ganar fama en vísperas de las elecciones y, a la vez, repartir contratos entre políticos y empresarios que apoyaban su movimiento. También buscaba la oportunidad de efectuar un negocio personal con su amigo Heliodoro Gamarra, dueño de las tierras que el senador Félix Gabriel Chocontá había prometido que expropiaría y repartiría entre el pueblo si llegaba a la Presidencia de la república.

El alcalde expuso su plan a Heliodoro Gamarra en el transcurso de una cena en un reservado del restaurante La Petite Maison. Le dijo: Yo me encargo de que se escojan terrenos tuyos para construir las viviendas, inflamos el precio como hicimos cuando la carretera a Salgar y nos repartimos la ganancia. Además, podemos llamar a la urbanización Ciudadela Gamarra, o cualquier vaina parecida, para que la gente se grabe el apellido y tu hijo Julio Alberto tenga esa publicidad si al final se decide a entrar en la política.

Heliodoro Gamarra, que era ya un hombre entrado en años, escuchó con interés la propuesta. Sirviéndose un vaso de whisky, dijo: ¿Cuánta tierra quieres que ponga?

El alcalde desplegó un pequeño plano sobre el mantel, y dijo: Podemos empezar con unos doscientos sesenta mil metros cuadrados por este lado, para hacer la primera etapa de la urbanización;

y señaló una zona bastante apartada del núcleo urbano, mucho más distante que los barrios La Libertad y El Silencio, que eran entonces el límite de Bellavista en dirección a Tubará.

Dijo Heliodoro Gamarra: El problema que veo es que el terreno queda lejos de todo. Imagínate, más allá de El Silencio, que es el culo del mundo. La gente se puede mosquear.

El alcalde le dijo: Tú tranquilo. La idea es presentar el plan como un polo de desarrollo urbano que tire de Bellavista hacia Tubará y descongestione las otras zonas de crecimiento. Los gremios, los periódicos, todo el mundo estará de acuerdo, te lo aseguro.

Preguntó entonces Heliodoro Gamarra: ¿Y cómo se va a hacer con los servicios?

Y el alcalde contestó: Eso ya lo tengo pensado. Para cuando se construyan las casas ya debe haberse inaugurado la nueva planta del acueducto; tiramos tubería, y ya está. Por lo menos su par de horas de agua al día tendrán. En cuanto a la luz, la Compañía Eléctrica va a anunciar estos días un programa para reforzar el servicio por los lados de Tubará. Por ese lado no hay problema. Tampoco habrá problemas de comunicación. Sacamos un desvío de la carretera del Algodón, le echamos una capa de brea, y listo. Lo del teléfono es lo de menos. Ponemos línea a una tienda, y el que necesite llamar que vaya a la tienda, como se hace en todos esos barrios.

Heliodoro Gamarra quedó pensativo unos instantes, y dijo: Queda un problema.

El alcalde preguntó: ¿Cuál?

Dijo Gamarra: El terreno no es urbanizable.

A lo que dijo el alcalde, riéndose: Creí que hablabas de un problema de verdad.

La tercera promesa de la tierra

El sorteo de las futuras viviendas se celebró durante todo un fin de semana en el viejo estadio de fútbol, en un ambiente de jolgorio popular, y contó con la presencia de las autoridades civiles, militares y eclesiásticas de Bellavista. Entre orquesta y orquesta, diez voluptuosas muchachas en minifalda se turnaban para anunciar por megafonía los nombres de los agraciados, que un grupo de niños de la alta sociedad, entre los que se encontraban cuatro nietos del alcalde, extraía de una tómbola. Sentada en la gradería con su hija Miriam en brazos, Edith Miranda no cesaba de mover los labios, con los ojos cerrados. Cada vez que se iba a proclamar el nombre de un nuevo ganador, elevaba el volumen de la plegaria y pellizcaba el brazo de su marido.

Cuando ya quedaban sólo dos casas por adjudicar, Edith Miranda se incorporó con el propósito de abandonar el estadio, convencida de que, una vez más, sus oraciones quedarían sin respuesta. Pero justo en el momento en que se disponía a movilizar a su familia, una de las muchachas de minifalda anunció con voz cansada: Lara Tejada, Reynaldo. Muchas felicidades.

Reynaldo Lara sufrió un fuerte mareo al escuchar por primera vez su nombre de manera tan altisonante y quedó aturdido unos instantes. Cuando pudo por fin reaccionar, bajó corriendo la escalera del graderío y llegó a la tarima de las autoridades, donde el alcalde le entregó el documento que lo acreditaba como futuro propietario de una casa sin cuota inicial. Esa noche, Reynaldo Lara se emborrachó en su casa para festejar la buena fortuna. Abrazando a su mujer y a sus hijos, les dijo: Por fin vamos a tener una casa de verdad, nojoda, y podremos vivir como la gente.

El fin de semana siguiente, Reynaldo Lara viajó a Sibarco para visitar a su madre y su abuelo. Los encontró como los encontraba siempre que iba a verlos, sentados a la terraza en sendas mecedoras de mimbre, ella cosiendo algún harapo, él mirando al vacío. Al verlo llegar tan contento, su madre le dijo: ¿Ha pasado algo?

Y él contó con alborozo el episodio del sorteo de las viviendas, citando hasta los detalles más insignificantes en su afán por realzar la magnitud del acontecimiento. Al concluir el relato, miró inquisitivamente a su abuelo y a su madre a la espera de una explosión de júbilo. Pero Abelardo Lara, que para ese entonces sólo veía sombras y comenzaba a confundir el presente con el pasado, se limitó a decir con su voz quebrada de anciano: Saliendo de Bellavista por el Camino del Mamey hay una tierra que el general Forero me prometió y que el senador Chocontá prometió a mi hijo Demetrio. Está marcada en una ceiba. Fíjese a ver, no sea que lo estén tomando por pendejo y vendiéndole una cosa que en verdad es suya.

A lo que dijo Reynaldo Lara: Otra vez con el cuentico ese, como si no hubiera otra tierra en el mundo;

y elevando la voz para que su abuelo lo escuchara, dijo: Todo eso del general Forero y el senador Chocontá era pura paja, pura promesa de politiquero, métetelo de una vez en la cabeza. Lo de ahora no es palabrería. Esta vez la vaina es con papeles, con títulos de propiedad y todo, como se deben hacer las cosas;

e hizo una mueca de resignación por el estado de senilidad de su abuelo, que su madre le correspondió arqueando las cejas y ladeando suavemente la cabeza.

Pasado un tiempo, los adjudicatarios de las viviendas comenzaron a inquietarse, porque al visitar el predio no veían albañiles, ni mezcladoras de cemento, ni montones de ladrillos, ni cualquier otro indicio de actividad constructora. Entonces el periodista Juan Gossaín, que acababa de llegar de un pueblo de la provincia de Valenzuela llamado San Bernardo del Viento y carecía aún de la fama que ahora tiene, se propuso investigar las causas de la dilación. Y en el curso de sus indagaciones detectó el fraude perpetrado por el alcalde y su amigo Heliodoro Gamarra al sobrevolar el terreno, y descubrió además que el presupuesto del proyecto se había despilfarrado en estudios fantasmales encargados a arquitectos e ingenieros amigos de los concejales, de modo que no había quedado dinero ni para limpiar de maleza el suelo. Tal fue el revuelo causado por las informaciones del periodista, que Gamarra devolvió el dinero al municipio y recibió de nuevo sus tierras; pero nadie ingresó en prisión, porque las cárceles no estaban hechas entonces, ni lo están hasta el sol de hoy, para encerrar a los poderosos.

Enterados por la prensa de la formidable trama de corrupción, los adjudicatarios de las casas acudieron a la alcaldía con el propósito de exigir una explicación oficial sobre lo ocurrido. Ante la negativa del alcalde a recibirlos, la emprendieron a pedradas contra la fachada del edificio y profirieron insultos contra el gobierno. Entonces intervino el ejército con porrazos, gases lacrimógenos y disparos al aire, y tras una refriega violenta que dejó decenas de heridos sofocó la manifestación. En medio del caos, un periodista se acercó a Reynaldo Lara, que se encontraba apoyado a una pared intentando contener con el pañuelo un hilo de sangre que le manaba de la frente. Colocándole el micrófono junto a la boca, le pidió que relatara su versión de los hechos. Con voz jadeante, Reynaldo Lara dijo: Sólo vinimos a reclamar lo que nos pertenece. Eso es lo que pasó.

Dijo el periodista: El ejército sostiene que ustedes provocaron la violencia por tirar piedras contra la alcaldía.

A lo que Reynaldo Lara respondió: La violencia empezó hace mucho tiempo. Si en este país hubiera justicia, la gente no tendría que pedir su vivienda con palos y piedras.

Dijo entonces el periodista: ¿Qué piensan hacer ahora?

Y Reynaldo Lara contestó: La Constitución dice que cada

ciudadano tiene derecho a una vivienda digna. Exigiremos que se cumpla la Constitución.

Dijo el periodista: ¿Y si no se cumple?

Y Reynaldo Lara respondió: La haremos cumplir, así sea a balazos.

El caso de las cuatro mil viviendas desapareció al cabo de unas semanas de los periódicos, cuando los editores dictaminaron que ya no era de interés público. Pero Reynaldo Lara nunca olvidó el engaño. Todas las noches sacaba de un cajón del armario el documento que lo acreditaba como propietario de una casa sin cuota inicial, y decía: Voy a hacer que este bendito papel se cumpla, aunque me cueste la vida.

El sindicato

Algunos años después, Reynaldo Lara se afilió al sindicato comunista Sintramar, el más poderoso en el Terminal Marítimo, porque su amigo Nicanor Barrena le había advertido que los tiempos estaban enrarecidos y no convenía a los trabajadores andar sueltos. Cuando firmó el acta de inscripción, el presidente del sindicato, un mulato corpulento llamado Celestino Pérez, le dijo: Desde este momento no eres sólo un sindicalista, sino un soldado de la revolución proletaria;

y Reynaldo Lara contestó: Pues que sea lo que Dios quiera.

Casi un año después del ingreso de Reynaldo en Sintramar, aparecieron en el Terminal Marítimo cuatro hombres de traje y corbata, portando sendos maletines de cuero. Los trabajadores observaron con desconfianza a los recién llegados, convencidos de que sus rostros inexpresivos presagiaban malos augurios. Bajo la protección permanente de un pelotón de soldados, los cuatro hombres se encerraron con doble llave en las oficinas administrativas de la empresa y permanecieron allí recluidos como monjes de clausura durante dos semanas, alimentándose de la comida que les llevaba una sirvienta dos veces al día. En el crepúsculo del decimoquinto día se marcharon envueltos en la penumbra, sin pronunciar palabra.

Al enterarse del motivo de la visita de los personajes, Celestino Pérez convocó una asamblea extraordinaria de trabajadores. Desde una tarima improvisada con barriles junto al muelle, el dirigente sindical vociferó: Compañeros y compañeras, soplan vientos de tempestad. Esos tipos que estuvieron en las oficinas son funcionarios del Fondo Monetario Internacional. Y todos sabemos para qué van a los sitios los funcionarios del Fondo Monetario Internacional. Van a exigir que se saneen las finanzas. ¿Y saben qué significa sanear las finanzas para esos señores? Significa echar trabajadores. Ponerlos en la calle. Esa es la receta que siempre llevan en sus brillantes maletines de cuero los del Fondo Monetario Internacional, porque echar trabajadores es lo más fácil cuando se presentan problemas. Mejor dicho, porque creen que es lo más fácil. Pero nosotros les vamos a demostrar a los gringos y a sus lavaperros locales que aquí se van a tropezar con el mismo diablo. Tenemos que prepararnos para resistir. Que sepan que de aquí no van a sacar por las buenas a ni uno de nosotros.

Dos semanas después de la asamblea, la dirección del Terminal Marítimo anunció de manera oficial el plan de saneamiento. El jefe de personal colocó en el tablero de comunicados la lista de trabajadores prescindibles, una relación

extensa en la que predominaban los afiliados al sindicato comunista. Cuando Reynaldo Lara leyó su nombre, los ojos se
le aguaron de la rabia. Dijo: Grandísimos hijueputas, lo que
me faltaba.

Esa misma tarde comenzó la huelga. Los trabajadores se
atrincheraron en las instalaciones del Terminal y paralizaron
por completo las actividades del puerto. Los barcos que se
aproximaban a sus muelles tuvieron que ser desviados a Santa
María, en la vecina provincia de La Concha. Temeroso de que
el conflicto se propagara a los demás puertos de la república,
el gobierno declaró ilegal la huelga cuando entraba en su segunda semana y envió un batallón de soldados de élite para
que expulsaran por la fuerza a los sublevados. Después de una
semana de tensiones, durante la cual el gobierno utilizó la
amenaza militar y los sobornos para romper la unidad sindical, el ánimo de los trabajadores mostró sus primeros sín-
tomas de quebranto. Los sindicatos afines a los partidos
reformador y nacional, persuadidos por los patricios, levantaron por fin la huelga y aceptaron las condiciones de los des-
pidos. Cuando la derrota total era inminente, Celestino Pérez
accedió a negociar, pero ya era demasiado tarde para que sus
exigencias surtieran efecto. La inmensa mayoría de los trabajadores del sindicato comunista, entre los que se encontraba
Reynaldo Lara, fueron despedidos con causa justificada por
haber promovido una huelga ilegal, y no recibieron indemnización.

Edith Miranda trabaja de lavandera

Reynaldo Lara, que por ese entonces tenía el pelo salpicado de canas, se vio de pronto sin saber qué hacer ni a quién

consultar, porque el viejo Nicanor Barrena, que siempre lo aconsejaba en los trances difíciles, había muerto unos meses atrás. Su mujer Edith Miranda le dijo, acariciándole el pelo: Tranquilízate, mi amor, que yo no soy mocha;

y empezó a trabajar como lavandera en casas del norte de la ciudad.

Al comienzo, Reynaldo Lara aceptó con resignación la nueva realidad. Pero con el paso de los meses se fue agriando su carácter, porque sentía que la gente del barrio murmuraba a sus espaldas diciendo que era un inútil y que lo mantenía su mujer. Cuando Edith Miranda volvía extenuada a casa al final de la tarde, después de fregar ropa ajena y desplazarse en buses abarrotados, Reynaldo Lara la recibía con una sarta de quejas: que los niños no habían parado de chillar todo el día; que para qué se había venido del pueblo si allí era feliz; que maldita la hora en que entró en el Terminal Marítimo; que qué hijos de puta los comunistas, que lo habían metido en la huelga y después lo habían abandonado a su infortunio. Edith Miranda intentaba consolarlo asegurándole que ya aparecería algún empleo, pero el empleo no aparecía por ningún lugar. Reynaldo Lara se volvió tan irascible que creía ver mensajes sutiles en cada frase que pronunciaba con inocencia su mujer. Si ella comentaba que había visto al gobernador en una de las casas donde lavaba ropa, él le gritaba que por qué no se había quedado a vivir en esa casa que tanto le gustaba; si ella, por poner cualquier tema de conversación, le contaba que el bus había tardado en pasar, él le replicaba con los ojos relampagueantes de rabia que dejara las indirectas y dijera sin rodeos que su marido no cogía buses porque era un miserable holgazán. El hogar se convirtió en un infierno.

No pasaba día sin que Wilson, Fidel, Fiyéral y Miriam Lara presenciaran una discusión violenta entre sus padres.

Pero la desgracia acechaba también desde otros frentes. Una tarde se encontraba Reynaldo Lara en el bar Los Sauces, completamente borracho, cuando la radio transmitió un mensaje que retumbó como un trueno en su cerebro inundado de alcohol: Atención. Aviso urgente para el señor Reynaldo Lara, en el barrio La Alboraya. Que se ponga inmediatamente en contacto con su familia en Sibarco, por causa grave.

Reynaldo Lara se levantó como pudo de la silla y fue trastabillando hasta la tienda El Venado, que gestionaba un teléfono público. Estaba seguro de que la mala noticia guardaba relación con su abuelo, que semanas atrás había sufrido unas complicaciones en la próstata. Cuando entró en comunicación con la ferretería Don Tiburcio, que funcionaba como terminal telefónica de Sibarco, y pidió que buscaran a su madre, el dependiente le dijo con voz nerviosa: Reynaldo, es que no te puedo poner a tu vieja, no sé, es mejor que vengas, creo que es lo mejor.

Reynaldo no tuvo que formular otra pregunta para saber qué había sucedido. Mientras colgaba el auricular, dijo con los ojos llenos de lágrimas: Ahora sí que quedé frito;

y fue a su casa para cambiarse de ropa, coger dinero y viajar a Sibarco para el entierro de su madre.

A partir de entonces, Reynaldo Lara se entregó por completo a la bebida. Dormía toda la mañana, sin levantarse siquiera a despedir a su mujer, y por las tardes acudía a Los Sauces para beber con un grupo de vecinos ociosos, a quienes contaba una y otra vez, con pelos y señales, hasta caer derrumbado por la embriaguez, las historias de la casa sin cuota inicial y la huelga del Terminal Marítimo. Angustiada, Edith Miranda imploraba a san Judas Tadeo, patrón de los imposibles, un milagro que permitiera a su marido volver a encontrar trabajo.

Reynaldo Lara vuelve a trabajar

Y sucedió que una tarde se presentó en casa un vecino llamado Beto Zamora, que informó a Reynaldo Lara de un puesto vacante en una remontadora de llantas situada junto al matadero municipal, muy cerca del barrio La Alboraya. Dijo Beto Zamora: Te advierto de antemano que no es la gran vaina, pero algo es algo.

Esa noche, Edith Miranda encendió en su alcoba una vela a san Judas Tadeo. Cuando vio a su mujer postrada ante la estampa del protector, Reynaldo Lara le dijo: Si ese señor me hubiera querido ayudar, lo habría hecho hace tiempo. Mejor guarda esa vela para cuando se vaya la luz, que no estamos para gastos.

Reynaldo empezó a trabajar en la remontadora La Unión, arreglando neumáticos pinchados. Aunque carecía de contrato y su sueldo era mucho menor del que percibía en el Terminal Marítimo, el hecho de sentirse nuevamente útil lo ayudó a apaciguar su carácter, y él fue el primero en notarlo; pero nunca volvió a ser el hombre vivaz y afectuoso que conoció Edith Miranda recién llegado a Bellavista. Cada vez que Reynaldo Lara evocaba con nostalgia aquellos tiempos tan borrosos que parecían no haber existido nunca, su mujer intentaba consolarlo, diciéndole: Entonces éramos jóvenes, gordo. Todo se veía distinto.

Por la época en que Reynaldo Lara encontró ocupación, su hijo Wilson trabajaba como ayudante en un taller de mecánica. Más adelante entró a formar parte de una cuadrilla de obreros de construcción, bajo las órdenes de un capataz de apellido Araújo. Por su juventud y fortaleza física, a Wilson Lara le asignaron el puesto de concretero. Los días señalados para el vertido del hormigón, el capataz le entregaba al comienzo de la jornada su ración de panela y marihuana para que pudiera sobrellevar el fatigoso trabajo y soportar la inclemencia del sol. Wilson empezó así a fumar marihuana, pero nunca se aficionó a la hierba.

También salió Fidel Lara a buscarse la vida cuando tuvo el primer bozo. Al comienzo trabajó en el supermercado Albertico, donde recibía propinas por guardar en bolsas las compras de los clientes. Pero al supermercado empezó a acudir un contrabandista oriundo de la provincia de Calarcá llamado Poncho Santacruz, dueño de catorce tenderetes ambulantes diseminados por el Paseo de las Palmas, y un día, cautivado por la gracia natural de Fidel Lara, le propuso que atendiera uno de sus baratillos. De ese modo Fidel Lara abandonó su trabajo en el supermercado Albertico. Todas las mañanas, antes de la salida del sol, debía recoger el tenderete en un solar en el barrio Las Malvinas y arrastrarlo durante más de una hora hasta el Paseo de las Palmas; a la caída de la tarde hacía la operación inversa. En este trabajo, Fidel Lara tampoco tuvo contrato, y el sueldo que devengaba no le permitía una vida independiente; pero lo confortó percibir un ingreso fijo y sentirse a cargo de un negocio.

Los ojos rojos de Fiyéral Lara

Fiyéral Lara, el menor de los varones, no mostraba el menor interés en buscar ocupación. Pasaba todo el día con sus amigos en las esquinas del barrio, conversando de fútbol y mujeres. Iba siempre ataviado con buenas ropas, meticulosamente peinado y oloroso a perfume, y volvía a la casa con puntualidad británica para almorzar y cenar. Cada vez que su padre lo tachaba de zángano y le reprochaba que tomase la casa por hotel, Edith Miranda salía en su defensa, diciendo: Déjalo en paz, que todavía es un niño.

Una madrugada se presentó Fiyéral en su casa con los ojos muy rojos. Su padre, que estaba desvelado, lo miró fijamente y le dijo: Conque dándole a la marimba, ¿no?

Y Fiyéral contestó con una sonrisa boba: Qué marimba ni qué nada. Es conjuntivitis.

Reynaldo Lara miró a su hijo con suspicacia, pero no se atrevió a replicar porque carecía de más información sobre los efectos del canabis, aparte de que enrojece los ojos. Con voz incrédula, se limitó a farfullar: Conjuntivitis, sí, conjuntivitis;

y pegó un puñetazo de impotencia contra la pared.

Miriam Lara, a quien todos llamaban Nena, se ocupaba de las tareas domésticas. Todo el día, mientras barría, cocinaba o lavaba la ropa, mantenía encendida a todo volumen la radio en la emisora de las baladas, cuyas letras conocía de memoria. Los fines de semana, para salir con su pandilla del barrio, se bañaba en perfume, se pintaba con colores estridentes los ojos y la boca, se calaba una camiseta que sólo le llegaba hasta el esternón y embutía sus piernas en unos pantalones ajustados que resaltaban su trasero protuberante.

Cuando Reynaldo Lara veía así ataviada a su hija, le decía con los ojos llameantes de furia: ¿Vas a misa?

Y Edith Miranda la defendía, diciendo: Déjala que se vista como quiera, que esa es la moda de los jóvenes.

La vida de Reynaldo Lara se convirtió en una rutina, como la de casi todos los seres que pueblan la tierra. Por las mañanas acudía a la remontadora, con el portacomidas en una mano, y el maletín con la ropa de trabajo, en la otra. En las noches, después de cenar, sacaba a la terraza un par de mecedoras y se sentaba con su mujer a charlar y mirar a la gente. Los fines de semana los compartía con sus amigos en las tiendas del barrio, bebiendo cerveza, hablando de política o siguiendo por la radio los partidos del Sporting Bellavista. De vez en cuando acudía a El Rinconcito, una cantina ruidosa donde había una mesa de billar y atendían jovencitas con minifalda.

Los altercados familiares formaban parte sustancial de la rutina. En ocasiones la discusión desembocaba en gresca, como la vez que Reynaldo Lara encontró debajo de la cama de Fiyéral una bolsa llena de marihuana y supo tras unas indagaciones que su hijo menor se había metido a jíbaro. Pero de todos los momentos difíciles, el peor fue cuando su hija Miriam anunció que estaba embarazada y que se iba a vivir con el hombre que la había preñado, un serenatero borrachón llamado Dumar Palomino. Al enterarse de la noticia, Reynaldo Lara sufrió un arrebato de ira, y gritó a su hija que eso le había sucedido por puta, y recriminó a su mujer por haber defendido a la muchacha cuando salía pintorreteada a la calle. Esa misma noche, Miriam Lara se fue a vivir con Dumar Palomino, que la maltrató el resto de sus días.

El accidente

Y sucedió que un día recibió Reynaldo Lara la noticia de que su nieta Evelsy, hija de Micaela, iba a ser bautizada. Cuando terminó de leer la tarjeta de invitación, ilustrada con un angelito azul, Reynaldo adquirió por primera vez conciencia de que se había convertido en abuelo. Por su mente desfilaron en atropellada sucesión cientos de imágenes brumosas, como la de su padre marchándose a buscar suerte en la provincia de Magüira, el totumo frondoso que dominaba el patio de sus abuelos, el cadáver de su padre tirado entre los escombros de un edificio en Baranoa, su atareada madre preparando sancocho en el patio de Sibarco o su encuentro con el gobernador cuando surgió el problema del burro Chon, y tuvo la sensación melancólica de que todo había ocurrido hacía siglos, si es que había sucedido alguna vez. Al observar los ojos llorosos de su marido, Edith Miranda le dijo con voz nerviosa: ¿Ha pasado algo?;

y él respondió: Sí, el tiempo.

El día del bautizo de su nieta, Reynaldo Lara se levantó bien temprano, se bañó con totuma, desayunó con un hambre inusual mientras escuchaba las noticias por la radio, orinó por última vez para que no lo asaltara esa necesidad en el camino, besó en la frente a su mujer y salió de casa. Afuera se asomaba el alba. Cargando con delicadeza el regalo para que el envoltorio no llegara arrugado, Reynaldo Lara fue a pie hasta el Paseo de las Palmas, donde tomó el bus que cubría la ruta a Sibarco. Micaela se había criado en Santo Tomás a raíz de la separación de sus padres, pero desde hacía algunos años residía en Sibarco, porque su marido era nativo de ese pueblo y trabajaba allí como tejedor de iraca. Para ese entonces vivía con ellos Abelardo Lara, que ya sobrepasaba los cien años de edad y había entrado en una fase terminal de decrepitud tras la muerte de su nuera Magdalena Tejada.

El bus emprendió sin contratiempos el viaje. Pero hacia la mitad del camino, en la curva Dios Santo, llamada así porque es peligrosa y la gente se persigna al tomarla, el vehículo se estrelló contra un camión que transportaba reses. En el accidente perecieron catorce personas; Reynaldo Lara quedó aplastado por un amasijo de chatarra.

Al día siguiente, Reynaldo Lara fue enterrado en el cementerio municipal de Bellavista, en una ceremonia colectiva en la que recibieron sepultura ocho víctimas de la tragedia. Una llovizna súbita empujó al cura a abreviar el oficio litúrgico y acelerar la inhumación, lo que provocó algunos comentarios de reprobación entre los deudos. Cuando concluyó el acto fúnebre, Matilde Fonseca pasó junto a Edith Miranda y le dijo con un viejo rencor que intentó disfrazar de desprecio: Ahora no es de nadie;

fue la primera y la última vez que las dos mujeres se cruzaron en la vida.

La alianza

Nace Moisés Cantillo

Al sur de la provincia de Barrantes, en el término municipal de Ponedera, había una finca inmensa llamada El Porvenir, propiedad del diputado Leónidas Zambrano Horscht. En la finca, con otros doce trabajadores, vivía una púber de rostro virginal y cuerpo de potranca llamada Josefa Cantillo, que se ocupaba de las tareas de limpieza. Cierto día la muchacha descubrió que estaba encinta, y bajó angustiada a casa de sus progenitores para confesarles el tropiezo; y cuando reveló la identidad del hombre que la había preñado, su padre la miró con severidad y le ordenó que guardara esa información en secreto para evitar males mayores.

Por los días en que mataron en la capital de la república al senador Félix Gabriel Chocontá, Josefa Cantillo rompió aguas en la alquería de El Porvenir. Alertado del acontecimiento por el griterío de los trabajadores, el capataz mandó buscar en el corregimiento de Santa Rita a Felicidad Medrano, la comadrona que llevaba más de medio siglo atendiendo los partos en la finca del diputado Zambrano Horscht. Pero lo que debía ser un alumbramiento rutinario en la dilatada hoja de servicios de Felicidad Medrano sufrió una inesperada complicación. La primera señal de alarma fue un hilo de sangre que brotó de la vulva de la parturienta. La comadrona intentó detener la hemorragia con hojas de equiseto, pero el flujo, en vez de amainar, manó cada vez con mayor fuerza. Abrasada por una fiebre repentina, Josefa comenzó a delirar y a sacudirse en violentos espasmos mientras expulsaba por la boca una materia verdosa. Felicidad Medrano intuyó que no disponía de tiempo suficiente para salvar ambas vidas, así que, sin pensarlo dos veces, introdujo sus brazos hasta los codos en la vagina de la parturienta y tiró con fuerza, saliera lo que saliese en el feroz barrido. Apenas expulsó la criatura de su vientre y comprobó que estaba viva, Josefina Cantillo exhaló un suspiro hondo y quedó inerte en un charco de vómito y sangre.

El diputado Zambrano se hallaba en su casa de Bellavista cuando lo informaron del suceso. Mandó llamar al capataz de la finca y, cuando lo tuvo enfrente, le entregó un fajo de billetes y le dijo: Se lo das a los padres de la muchacha para que paguen el entierro y se hagan cargo del niño, y les das mis condolencias. Les dices que estoy muy ocupado con esto de las elecciones, pero que ya pasaré a verlos;

y después lo acompañó hasta la puerta, y le dijo pasándole el brazo sobre el hombro: ¿Cómo van las cosas, campeón? Si necesitas algo, no dudes en decírmelo.

Orgulloso de que el patrón lo considerara un hombre de confianza, el capataz guardó el dinero en la mochila y dijo: Usted tranquilo, doctor, deje el asunto en mis manos, que todo se hará como usted ordene.

Josefa Cantillo fue enterrada al día siguiente en el cementerio municipal de Ponedera. Después del sepelio, sus padres recogieron en la finca El Porvenir al nieto recién nacido y se lo llevaron a vivir con ellos a Puerto Giraldo, que es corregimiento de Ponedera. El niño fue llamado Moisés, por su abuelo, y recibió el apellido de su madre. El diputado Zambrano no asistió al bautizo, pero envió dinero a los padres de Josefina Cantillo para que pagaran la ceremonia y comprasen ropa nueva para la ocasión. De este modo Moisés Cantillo fue criado por sus abuelos, y él los consideró sus progenitores, y llamó papá a su abuelo y mamá a su abuela. Y a él lo llamaron todos Mono, porque su pelo era del color de la arropilla.

Por ese entonces los Cantillo poseían una pequeña parcela junto al río, donde cultivaban tomate y patilla. Al igual que la mayoría de las familias de la ribera, vendían sus cosechas a un intermediario de apellido Solano que recorría periódicamente el río y los caños a bordo de una chalupa.

El ferry

A medida que fue madurando su entendimiento, Moisés Cantillo acumuló dudas de que su padre hubiera perecido durante la época del Fratricidio, como sostenían sus abuelos cada vez que él inquiría sobre su filiación. Las sospechas se tornaron serios indicios una tarde en que riñó con un condiscípulo a la salida de la escuela, y el niño le gritó delante de todos los amigos: Si tuviste papá ¿por qué llevas el apellido de tu mamá?

Moisés Cantillo quedó azorado ante tan elemental pregunta y fue corriendo a su casa para que alguien le explicara de una puñetera vez, sin más rodeos, el origen misterioso de su existencia. Su abuela le dijo: Tu papá murió, ya te lo he dicho mil veces. Y deja de hacer preguntas que no debe hacer un niño. Anda a jugar por ahí y déjame tranquila, que estoy ocupada y hace mucho calor.

Pero Moisés no quedó conforme. Dijo: Llévame a la tumba de mi papá.

Y su abuela le dijo: No tiene tumba, porque los que lo mataron lo echaron al río, y el río se lo llevó al mar.

Moisés preguntó entonces a quemarropa: ¿Cómo se llamaba mi papá?

Y su abuela, vacilando, contestó: Se llamaba Bautista.

¿Y cuál era su apellido? Dímelo rápido.

Mira, niño, ya basta, de verdad. A los muertos hay que dejarlos en paz, porque al que pregunta mucho por ellos, vienen ellos y se lo llevan.

Moisés dejó de preguntar sobre su padre, pero no por temor a los muertos, sino porque en esos días se inauguró una ruta de ferry entre Puerto Giraldo y Remolino, que está del otro lado del río, en la provincia de San José.

La llegada del ferry provocó una agitación extraordinaria en la zona. Todos los días se formaba en Puerto Giraldo una hilera estrepitosa de camiones, volquetas, buses, tractores, automóviles y carromatos que esperaban su turno para abordar el transbordador amarillo de la Dique Company. La cola era tan larga que rebasaba los límites del pueblo y se prolongaba varios kilómetros sobre la carretera Oriental; también era muy lenta, porque el ferry tenía poca capacidad y tardaba cinco horas en cursar el trayecto de ida y vuelta. Puerto Giraldo se abarrotó en un santiamén de fritangas y estaderos donde los viajeros fatigados saciaban su hambre durante la larga espera. Entre los que instalaron puestos de fritanga estuvieron Petronila Mendoza, abuela de Moisés Cantillo, y Ana María Lara, nieta del alférez Abelardo Lara, que en esa época estaba embarazada de su última hija, Danubia. Apareció también una cantina llamada El Descanso, propiedad de Domingo Santos, y los hermanos Vizcaíno abrieron una sala de billares llamada La Escala. Algunas familias colgaron hamacas en sus casas para hospedar a los forasteros que se veían obligados a pernoctar en el pueblo. Del municipio de Candelaria llegó un comerciante llamado Héctor Valderrama, oriundo del interior de la república, que puso un surtidor de gasolina junto a la plataforma de embarque del ferry; cuentan que se volvió muy rico con el negocio y que años después murió a machetazos en Vélez, su pueblo natal, al enfrentarse a una banda de atracadores que querían arrebatarle sus ahorros de toda la vida.

Fascinado por la agitación de Puerto Giraldo, Moisés Cantillo dejó de ayudar a su abuelo en las labores del campo y, al igual que muchos otros muchachos, se buscó la vida en el trasiego febril que se producía alrededor del ferry. Ayudaba a cargar y descargar bultos, hacía recados a los camioneros, llevaba clientes a las casas donde alquilaban hamacas, empujaba automóviles averiados, recorría la fila de vehículos ofreciendo gaseosas y cervezas heladas, y por cada trabajo recibía una propina. Por las noches entraba en el bar El Descanso o en la sala de billares La Escala para sentirse hombre entre los hombres, y escuchaba embelesado las historias fabulosas que relataban los viajeros.

La revelación

Por la época en que alcanzó la edad de votar, Moisés Cantillo entró en amores con Danubia García, bisnieta del alférez Abelardo Lara, valiente de Pivijay, el hombre que recibió la primera promesa de la tierra. Y un día en que se encontraban en la fila para entrar en el circo Royal Stember, que estaba de paso en el pueblo, se acercó a ellos un hombre malencarado de apellido Urueta, que llevaba meses pretendiendo en vano a Danubia García. Señalando a la muchacha, Urueta se dirigió a Moisés Cantillo y le dijo en voz bien alta para que todos escucharan: No me extraña que me la robes. De padre ladrón sale hijo ladrón.

Moisés Cantillo le contestó: Mi papá está muerto, cabrón, y a los muertos se les respeta.

A lo que dijo Urueta, con una sonrisa de perversidad: ¿Muerto? Bien vivo que está. Te lo presento;

y señaló un cartel político pegado a una pared en el que aparecía la fotografía del diputado Leónidas Zambrano Hoscht bajo la leyenda "El pueblo, al poder".

Moisés Cantillo dijo furioso: Estás jugando con candela. Más te vale que sepas bien lo que estás diciendo.

Y Urueta dijo: Lo sé yo y lo saben todos los que han pasado por la finca El Porvenir, ¿Por qué crees que te salió el pelo mono? ¿O es que nadie te ha dicho que el diputado Zambrano se culeaba a tu mamá a su antojo?

Conmocionado por la magnitud de la revelación, Moisés Cantillo sintió que un torrente de sangre le inundaba la cabeza. Quiso abalanzarse al hombre que le había desvelado de manera tan brutal el misterio de su genealogía y matarlo con sus propias manos, pero una extraña fuerza superior a sus instintos se apoderó de él, anulándolo por completo, y lo condujo como un loco manso hacia su casa. Cuando su abuela lo vio llegar con el rostro desencajado, le preguntó: ¿Qué te pasa, muchacho?

Él dijo: Cuántos años engañándome, abuela, cuántos años engañándome. Y lo peor es que tuvo que ser ese grandísimo hijueputa el que me lo contara todo;

y golpeó con su puño la pared, gritando: Mierda. Mierda. Mierda.

Entonces su abuela se le acercó, y acariciándole el pelo le dijo: Ya, mijito, ya.

Cuando hubo vertido todas sus lágrimas y se encontraba más sereno, dijo Moisés Cantillo: Lo que no entiendo es cómo mi propia familia ha podido votar todos estos años por ese malparido, cómo.

Su abuela le respondió: Lo hacemos por tu tío Heber. Si no pone los votos, pierde su trabajo en la Contraloría;

y dijo después con resignación: Son cosas de la política.

Moisés Cantillo planea vengarse de su padre

En esos días estaba en su apogeo la campaña para la elección de la Asamblea Provincial, y el Mono Cantillo decidió urdir un plan para vengarse del diputado Zambrano cuando pasara por el pueblo. Acudió entonces a Roberto Villa para pedirle consejo, porque era su mejor amigo y tenía la virtud de mantener siempre la mente serena.

Tumbado sin camisa en la terraza de cemento de su casa, Roberto Villa escuchó con atención el plan de Moisés Cantillo, mirando a las estrellas con las manos enlazadas bajo la cabeza. De tanto en tanto acompañaba las palabras de su amigo con señales de asentimiento. Cuando le llegó el turno de hablar, dijo: Yo que tú no me metería en líos, que esas vainas siempre terminan mal. Si te sirve de consuelo, gracias al diputado saliste clarito y mono; eso cuenta mucho en este país de mierda. En cambio yo tengo el pelo como carne molida y soy hijo de un pobre hijueputa que trabaja de albañil en Sabanalarga, que nunca ha querido saber nada de mi mamá ni de mí. ¿Y sabes qué? No me importa. Cuando alguien me viene con vainas y trata de ofenderme con eso de que no tengo papá, yo le digo lo que dice la Biblia, que todos nacimos igual, de un polvo, bien o mal echado, pero polvo al fin y al cabo, y vamos a terminar igual, en polvo; lo demás es mierda, o como dice el refrán, vanidad de vanidades. Lo que hay que hacer es no andar llorando por maricadas y vivir la vida, que es corta, y echar para adelante sin sentirse menos que los demás. Yo de momento estoy aquí y voy tirando; pero cualquier día de estos me largo a Bellavista, porque allá es donde hay que estar si uno quiere de verdad ser algo en esta vida.

Después de escuchar a su amigo, Moisés Cantillo se llenó de dudas y no supo qué era mejor, si vengarse del diputado Zambrano, o buscar su afecto, o ignorar su existencia para siempre. Pero las cavilaciones no duraron mucho tiempo, porque una semana después el diputado sufrió un infarto cardíaco en plena correría política cuando se hallaba en Usiacurí, y murió mientras lo trasladaban en ambulancia a Bellavista. Al escuchar la noticia por la radio, Moisés Cantillo lloró con amargura y maldijo su suerte, porque tuvo la dolorosa certeza de que ya nunca podría destruir, amar o desdeñar al hombre que lo había engendrado.

Dos años después, Danubia García anunció que estaba preñada. Moisés Cantillo la tomó por esposa y fueron a vivir a la casa de los padres de la muchacha, porque carecían de medios para formar un hogar propio. El primogénito nació en el mes de los aguaceros, justo el día en que un rayo destruyó el campanario de la iglesia de Puerto Giraldo, y fue llamado Neil, por el hombre que anduvo en la luna.

La profecía

Por la época en que Neil Cantillo estaba mudando dientes, se presentaron en Puerto Giraldo tres misioneros ataviados de ternos grises y sombreros alones, arrastrando una gigantesca cruz de madera. Venían de recorrer la provincia y se dirigían al interior de la república en su itinerario de caminantes perpetuos. Mientras esperaban la llegada del ferry se pusieron a predicar junto al embarcadero, invulnerables al calor asfixiante, y en cuestión de segundos se congregó a su alrededor una muchedumbre de curiosos. Uno de los misioneros, un anciano enjuto de ojos llameantes y cabellos cenicientos, se puso de pronto a disertar sobre el apocalipsis. Dijo: El Señor ya está mandando mensajes para el que quiera escucharlo. India ha sido asolada por un terremoto que sepultó a millones de personas. En Brasil se desbordó el Amazonas ahogando a cientos de miles. En Europa la gente está muriendo de calor. Al norte y sur del globo terráqueo los polos se están derritiendo. Cosas terribles están sucediendo en el mundo por culpa de nuestros pecados. Y no se consuelen pensando que las catástrofes suceden en tierras lejanas. Escuchen bien esto que voy a decirles. Presten atención, hermanos, por la santísima gloria de Dios. Antes de que termine el año, las gallinas caminarán, los niños gatearán y los carros levantarán polvo por donde ahora corre este río.

Sus palabras fueron recibidas por los giralderos con una explosión de carcajadas. En ese tiempo un islote bifurcaba el río a su paso frente a Puerto Giraldo, y el brazo occidental, a cuya orilla se hallaba el pueblo, era tan profundo y caudaloso como el oriental. Por eso la gente se burló del viejo predicador, se siguió burlando cuando los misioneros abordaron el ferry, y no paró de mofarse hasta que la nave se perdió en el horizonte fluvial.

Pero sucedió que, unos meses después de la visita de los misioneros, el río empezó a cambiar de curso y a encauzarse por el brazo oriental, y la vertiente occidental se fue sedimentando de manera progresiva hasta que quedó convertida en un playón pantanoso e innavegable. Los habitantes de Puerto Giraldo vieron entonces con asombro corretear gallinas y gatear niños donde antes discurría el río, tal como lo habían profetizado los extraños apóstoles. La suerte de Puerto Giraldo quedó formalmente sentenciada unos días más tarde, cuando el gobierno ordenó trasladar el muelle del ferry a Bohórquez, que es corregimiento de Campo de la Cruz. Héctor Valderrama abandonó entonces la estación de gasolina, y en poco tiempo el cascarón del surtidor quedó sepultado por la maleza; uno a uno desaparecieron las fritangas y los estaderos; la sala de billares La Escala se mudó a Bohórquez siguiendo el rastro del ferry, y la cantina El Descanso, santuario de los viajeros, quedó convertida en un recinto fantasmal por donde peregrinaban muy de tarde en tarde algunos giralderos para lamentar entre tragos de aguardiente el esplendor perdido.

Moisés Cantillo, que tenía voz de mando, formó con un grupo de giralderos un comité de damnificados para reclamar al gobierno una indemnización por la catástrofe. Durante meses peregrinaron por numerosos despachos oficiales intentando demostrar con pruebas documentales que la desviación del río no había obedecido a un capricho de la naturaleza o a un castigo divino, sino a los efectos secundarios de una represa que el gobierno había construido aguas arriba en otra provincia; pero salvo promesas no consiguieron nada, porque en esta república es tradición que cada cual enfrente por sus propios medios el infortunio.

Y como las desgracias nunca vienen solas, algún tiempo después llegó al corregimiento un hombre llamado Manuel Mejía, de la provincia de Valenzuela, que aseguraba conocer la cura para todos los males, tanto del cuerpo como los del alma. Era tan grande la desesperación en Puerto Giraldo que casi todos los habitantes se pusieron en sus manos, y muchos llegaron a sentirse sanados. Pero después de que Manuel Mejía se marchó con dos camiones abarrotados de burros, puercos y gallinas que había cobrado por sus servicios, los giralderos despertaron de su fascinación colectiva y comprobaron con frustración que la hija epiléptica seguía echando espumarajos por la boca, que el abuelo volvía a confundir a su nieto con el difunto general Forero y que el vecino inválido se derrumbaba en el suelo cuando intentaba andar sin muletas.

Abatidos por las desgracias pasadas y desorientados ante el futuro incierto, los giralderos se reunieron un domingo en la iglesia para buscar el fin de la pertinaz mala racha que parecía haberse ensañado con el pueblo. Hombres, mujeres y niños acudieron con rostros sombríos al templo, cuyo retablo, para colmo de males, se había pulverizado dos días antes como consecuencia del voraz ataque de una plaga de comején. El primer orador fue el inspector del corregimiento, que dedicó toda su intervención a eximirse de cualquier responsabilidad y achacar todos los males al centralismo de Ponedera. A continuación tomó la palabra el cura itinerante, que casualmente se hallaba en Puerto Giraldo esa mañana, y atribuyó las desgracias pasadas y las venideras a la vida pecaminosa que llevaban los habitantes del pueblo. Para apoyar sus acusaciones, dijo: Que levanten las manos las parejas que no estén viviendo en concubinato;

y se alzaron nueve brazos.

Después del cura intervinieron numerosas personas, cada cual con una interpretación particular sobre el calvario del pueblo. Todas se expresaban con vehemencia, pero ninguna ofrecía soluciones para escapar a la desventura. A medida que transcurrían las horas, aumentaba la sospecha de que la reunión iba a quedar limitada a un llanto de desahogo colectivo sin ningún resultado práctico.

Moisés Cantillo propone emigrar

Pero entonces tomó la palabra Moisés Cantillo, y dijo: ¿Saben por qué este pueblo es tan desgraciado? Porque aquí se llora mucho y no se hace nada. Hace tres años se llevaron el ferry y no peleamos como se debía por una compensación. La escuela no tiene pupitres, y no nos importa. El tanque de Acuanal no da agua, y qué se le va a hacer. Las calles siguen sin asfaltarse, y ya se verá. El inspector no tiene ni un miserable bolígrafo para redactar una denuncia, y qué.

Mientras hablaba, los giralderos asentían con la cabeza y se miraban unos a otros, diciendo: Eso es verdad.

Prosiguió Moisés Cantillo: Hace años, cuando se formó un lío en Bellavista por unas casas sin cuota inicial que no se entregaron a sus dueños, recuerdo que mi abuelo me dijo que en este país los pobres nunca han conseguido nada por las buenas, y la frase se me quedó metida en la cabeza.

Ana María Lara, que tenía el pelo salpicado de canas, dijo: Mi hermano Reynaldo, que en paz descanse, estuvo en esa pelotera de las casas;

y miró orgullosa a su alrededor.

Tomó entonces la palabra José de la Hoz, que era el hombre más viejo del pueblo, y gritó: Viva el partido reformador, viva el general Forero.

Y dijo Moisés Cantillo: Esos tiempos han pasado ya, don José. En estos momentos no debemos creer ni en políticos ni en brujos, porque los primeros se llevan nuestra honra y los segundos nuestros puercos y gallinas, y entre ambos nos dejan limpios.

Intervino Rebeca Agámez, agricultora, y dijo: ¿Entonces, qué podemos hacer?

Y Moisés Cantillo contestó: Ahí está la vaina. Yo propongo que nos larguemos.

Los congregados lo miraron atónitos, sin comprender el alcance de sus palabras, y varias voces preguntaron a dónde podían marcharse. Moisés Cantillo respondió: Al único lugar donde se puede largar la gente en esta provincia. A Bellavista.

Dijo Rebeca Agámez: ¿Pero dónde nos vamos a meter ahí?

Y Moisés Cantillo contestó: En el primer pedazo de tierra que encontremos. Nos metemos y ya está. A ver quién nos saca. Así poblaron Llanogrande los colonos del interior durante la época del Fratricidio, sin pedir permiso ni rogar favores.

Entonces habló Roberto Vizcaíno, agricultor, y dijo: ¿Estás diciendo que dejemos el campo, así, por las buenas? ¿Y quién dice que en Bellavista vamos a estar mejor?

Y respondió Moisés Cantillo: Yo sólo digo lo que veo, y es que la cosa aquí está muy dura. Las familias crecen, pero las parcelas no se estiran. A nuestros hijos sólo les espera ser aparceros de los latifundistas, como ya lo son la mayoría de los que están aquí. En Bellavista por lo menos corre la plata, hay trabajo en la construcción y existen más posibilidades de rebusque.

Tras una breve pausa, dijo: Nadie está obligado a dejar el campo. El que quiera quedarse, que se quede; el que quiera irse, que se vaya. Lo único que sé es que, cuantos más nos vayamos, mejor, porque tendremos más fuerza en el momento de ocupar la tierra y será más difícil que nos desalojen.

Las palabras de Moisés Cantillo provocaron una agitación grande en el pueblo. Muchos congregados apoyaron su propuesta, y los más entusiastas de todos fueron los jóvenes, porque ellos estaban rebosantes de vida y anhelaban marcharse a la capital de la provincia en busca de un futuro mejor.

La asamblea concluyó al mediodía con el compromiso de Moisés Cantillo de presentar en las semanas siguientes un plan concreto de invasión. Al abandonar la iglesia, algunos de los asistentes se reunieron en la tienda de los Venegas con el ánimo de proseguir la discusión. Apoyado en el mostrador del establecimiento, con una botella de cerveza en la mano, dijo Alcides de la Hoz, que era entonces el mejor amigo de Moisés Cantillo: Tiremos para adelante, Mono. Te aseguro que la gente, si ve que otros apuntan, termina apuntándose. Así es la gente. Desde ya te digo que puedes contar conmigo para cualquier vaina.

A lo que dijo su mujer, con expresión de picardía: ¿Y tú qué, piensas irte solo?

Y Alcides de la Hoz le respondió, pellizcándole el brazo: Tranquila, gorda, que yo cargo contigo a donde vaya;

y todos rieron a carcajadas.

La noticia de que en Puerto Giraldo estaban preparando una invasión se propagó por todos los rincones de la provincia y por las barriadas miserables de Bellavista; en bares y esquinas unos preguntaban a otros en voz baja si sabían algo de la ocupación para apuntarse con tiempo a ella.

El senador Fadul llama al Mono Cantillo

La incertidumbre terminó pocas semanas después, una mañana bochornosa en que llegó a Puerto Giraldo un desconocido preguntando por la casa de Moisés Cantillo. Unos niños que jugaban a atrapar sarapicos en un charco le señalaron una casa amarilla con techo de paja que se levantaba a pocos metros del río. Cuando el desconocido llegó a su destino y tuvo enfrente al Mono Cantillo, le dijo: Vengo de parte del senador Fadul. Le manda decir que quiere conocerlo.

Sorprendido por las palabras del hombre, dijo el Mono: ¿Para qué quiere conocerme el senador Fadul, si se puede saber?

Y el hombre le contestó: Eso pregúnteselo a él. Yo sólo soy un mandado.

Sin salir de su asombro, Moisés Cantillo vistió sus mejores ropas y se humedeció el pelo con el agua de una palangana. Después de beber un tazón de café negro para no viajar con el estómago vacío, fue transportado en un jeep a Bellavista. Durante todo el trayecto por la carretera Oriental permaneció en silencio, mirando hacia afuera por la ventanilla y peguntándose con una mezcla de curiosidad y desconfianza para qué quería conocerlo un personaje tan importante como el senador Fadul.

Moisés Cantillo sintió un ligero escalofrío al llegar a la casa del senador, una fortaleza de granito y mármol construida en lo alto de un promontorio a la que se llegaba por una serpenteante escalera de piedra pulida. Los rayos del sol estallaban contra las paredes y ventanales, produciendo un resplandor intenso que obligaba a bajar la mirada. Cuando entró en la mansión, una criada con mandil lo condujo hasta un espacioso salón atestado de porcelanas de Capo di Monti y decorado con cuadros enormes que combinaban con el color pastel de los muebles. Mirando al recién llegado con desdén, como miran muchos sirvientes al tener que atender a una persona de su misma condición social, dijo la criada: El senador viene enseguida. ¿Quieres un café?

Aturdido por el lujo que lo rodeaba, Moisés Cantillo movió la cabeza indicando que no mientras su boca decía lo contrario.

Al cabo de un rato entró el senador Fadul en el salón. Moisés Cantillo sintió una extraña turbación al tener tan cerca al político más poderoso de las siete provincias del norte. Lo primero que pensó fue que se veía más menudo que en las fotografías. Sonriendo de oreja a oreja, el senador lo saludó con un abrazo efusivo y le señaló un butacón de felpa para que se sentase. Le dijo: Ya iba siendo hora de que nos conociéramos.

A lo que Moisés Cantillo dijo, con una altivez agresiva producto de la inseguridad que lo invadía por dentro: ¿Y para qué quiere conocerme usted, si se puede saber?

El senador Fadul respondió: Ya te lo voy a decir, mijo, vamos con calma. Aquí donde me ves, yo soy un hombre de pueblo, como tú. Mis papás vinieron a este país desde Oriente Medio, con una mano adelante y otra atrás. Me crié en Cerroviejo, un pueblito perdido de la provincia de San José, en una casa humilde donde muchas veces se comía una sola vez al día. No pude terminar la primaria, porque mi viejo se murió de pulmonía y tuve que ponerme a trabajar desde muy chiquito para ayudar en la casa. Me ha ido bien en la vida, no te lo voy a negar, pero nunca me he olvidado de mis orígenes.

Guardó entonces un breve silencio para medir el efecto de sus palabras, y Moisés Cantillo aprovechó para decir: Usted me perdone, senador, pero no sé a dónde quiere ir con el cuento.

Entonces el senador Fadul abandonó los circunloquios y le reveló al Mono Cantillo que estaba al tanto de sus planes para promover una invasión. Dijo: Esta provincia es muy chiquita, uno se entera de todo. Y averiguando aquí y allá, porque saber qué quiere el pueblo es parte de mi trabajo, alguien que conoces bastante me habló maravillas de ti. Me dijo que eres de una pieza, con voz de mando y muy serio en tus cosas.

Dijo Moisés Cantillo: ¿Quién es esa persona?

Y el senador Fadul contestó: Roberto Villa.

Al escuchar el nombre de su viejo amigo, a quien llevaba mucho tiempo sin ver, Moisés Cantillo preguntó sorprendido: ¿Y de qué lo conoce usted?

El senador Fadul soltó una carcajada, y dijo: Villita es uno de mis mejores muchachos. En menos de cinco años ya ha llegado a capitán en mi movimiento. Tienes que verlo a la hora de montarme las campañas y conseguir votos. Es un tigre. Ese muchacho va a llegar lejos, porque es honrado y trabajador.

El senador se sirvió entonces un vaso de whisky, y dijo: Invadir no es fácil, mijo. Pregúntaselo si no a Villita, que ya sabe cómo funciona la vaina. Parece fácil, pero no lo es. Si no tienen un buen apoyo, por lo alto, llega el ejército y los saca a tiros sin contemplaciones. Y apoderarse del terreno es tan sólo la primera parte de la invasión. Después viene lo más duro, que es la vida cotidiana, el día a día. A menos que alguien con influencia mueva palancas, nunca tendrán servicio de agua, ni calles asfaltadas, ni nada de nada. Yo sé lo que es luchar por salir adelante, como lo están haciendo ustedes. Por eso quiero ayudar en lo que pueda.

Entonces el senador Fadul inclinó el torso hacia adelante, hasta alcanzar con su mano el hombro de Moisés Cantillo, y dijo con voz grave: Yo sé exactamente quién eres, Mono. Sé quién fue tu papá. No quiero revolverte el pasado ni hablar mal de un muerto, pero en esta provincia siempre ha mandado una casta de oligarcas que han hecho lo que les ha dado la gana, quitándole la plata al pueblo, humillando a los pobres, preñando a las mujeres humildes y despreciando después a los hijos. Eso debe cambiar, y en esas estoy. Para eso me metí en política. Lo que necesito es gente como Villita o como tú en mi movimiento. Pero no voy a presionarte; de lo tuyo hablaremos cuando tú lo quieras; si te interesa, claro.

Moisés Cantillo albergaba el peor concepto de los políticos; sólo había votado dos veces en su vida, por un concejal de Ponedera, a cambio de unos costosos medicamentos para su abuelo, que en esos tiempos libraba una lucha perdida contra la tuberculosis. Pero al departir a solas con el senador Fadul, y sentir que este lo trataba con respeto y le hablaba como un amigo, Moisés Cantillo empezó a mudar de opinión sin darse cuenta. Sonriendo, dijo: Hombre, senador, yo en esto de la política la verdad que no me veo.

A lo que respondió el senador Fadul, guiñándole el ojo con complicidad: Eso mismo decía yo hasta que me picó el gusano. Y aquí me ves, condenado a seguir la brega. Pero mientras te llega ese momento, sigamos con lo nuestro.

Desplegó entonces un inmenso plano de la ciudad sobre la mesa de caoba de la sala. Señalando una parte del papel abigarrada de colorinches y anotaciones en bolígrafo, explicó que se trataba de unos terrenos baldíos y muy bien ubicados por su proximidad a la vía de Circunvalación. El senador ofreció sus buenos oficios para garantizar una invasión sencilla y barata.

Moisés Cantillo señaló varios puntos rojos próximos a los terrenos, y dijo: ¿Y esto?

El senador, palmoteándolo en el hombro, le dijo: Veo que tienes ojo, muchacho. Ya decía yo que me parecías una persona inteligente. Esos punticos son los posibles sitios donde se va a construir el nuevo estadio de fútbol. Ahí está lo bueno de la vaina. Si ustedes se meten en estos terrenos, van a quedar bien comunicados. Y se podrán enganchar a los postes de la Circunvalación hasta que la electrificadora les ponga el servicio como Dios manda. También les llegará tarde o temprano agua corriente, porque con lo del estadio tendrán que tirar tubería por ahí. ¿Cómo lo ves?

Moisés Cantillo hizo un gesto de aprobación con la cabeza, sin apartar la mirada del plano. Satisfecho con el balance provisional de su estrategia de persuasión, el senador Fadul pidió a la criada un plato de queso y butifarra, e invitó al huésped a salir al jardín. Allí se sentaron a una mesa protegida por un colorido parasol, junto a la piscina de baldosines azules. Una vez instalados en el nuevo escenario, dijo el senador Fadul: Bueno, mijo, por mi parte ya te he explicado todo lo que sé sobre esto de las invasiones. Ahora te toca a ti decirme si te interesa el asunto.

Y Moisés Cantillo respondió: Usted dirá, doctor; abriendo así el camino para hablar de las condiciones.

Las instrucciones

El senador Fadul abandonó entonces la sonrisa amistosa que había exhibido hasta ese momento, y mirando a los ojos de Moisés Cantillo, dijo con un tono grave rayano en la amenaza: Quiero que prestes mucha atención a lo que ahora te voy a decir, porque ese será nuestro pacto;

y después de apurar un trago de whisky, impartió al Mono Cantillo las instrucciones para la invasión.

Le dijo: Tú dirigirás la operación, y sólo me rendirás cuentas a mí;

le dijo: Yo me ocuparé de que el terreno se parcele en lotes de cuatro metros por seis. En el momento de la ocupación, los lotes estarán delimitados con cuerdas camufladas entre la maleza, y cada uno se identificará con un número para que no haya confusión durante el reparto;

le dijo: El que quiera participar en la invasión tendrá que pagar por adelantado veinte mil pesos por su lote. Si quiere uno adicional para tener más espacio, pagará su precio por él. Trata de que no correspondan más de dos lotes por familia, porque cuanta más gente participe en la invasión, más votantes tendré el día de mañana, y eso será bueno para todos. Tú recibirás dos lotes gratis en compensación por tu trabajo;

le dijo: El terreno tiene en total diez mil novecientos noventa y ocho lotes, sin contar los tuyos, de modo que deberás reunirme casi doscientos veinte millones de pesos. No vayas a creer que la plata es para mí. Esto no es un negocio. La plata es para pagar aquí y allá, tú me entiendes, cuando empecemos a pelear para que les legalicen la invasión y le pongan servicios;

le dijo: Todo lo que recaudes lo llevarás a los comandos de mi movimiento. En cada municipio tengo comando. Allí sabrán que hacer con la plata;

le dijo: El día que fijemos para la invasión arreglaré las cosas para que haya buses desde temprano. Sólo podrán embarcarse los que hayan pagado su lote. Los buses llevarán a la gente hasta el terreno de la invasión;

le dijo: Cada colono llevará cuatro palos y pedazos de cartón suficientes para montar enseguida una barraca, porque la vivienda será prueba de que el barrio ya es un hecho consumado cuando se debata su legalización en el Concejo;

le dijo: En el momento de la invasión, y durante los días siguientes, cabe la posibilidad de que les manden el ejército. En ese caso tendrás que imponer la calma y evitar que la gente cometa locuras. Yo me encargaré de mover mis contactos para que no pase nada;

le dijo: Después de la invasión van a necesitar agua. Es lo más inmediato. Los cuatro primeros días me encargaré de enviarles camiones cisternas, y lo pagaré de mi bolsillo. Después, ya será cosa de ustedes procurarse el agua;

le dijo: Mi gente en el Concejo se moverá rápido para que el terreno de la invasión sea reconocido como un nuevo barrio de Bellavista. Así tendrán derechos para recibir servicios y ayudas oficiales;

le dijo: De los auxilios parlamentarios que me correspondan en la próxima legislatura, destinaré la tercera parte a la construcción de obras en el barrio.

Y por último le dijo: Ahora escucha bien lo que voy a decirte, porque es lo más importante de cuanto tengo que contar. Yo los ayudaré en lo que haga falta; a cambio, ustedes se comprometerán a votar siempre por mí, y tú te encargarás de organizar a la gente para que así sea. Votarán por las listas de mi movimiento en las elecciones del Senado, del Congreso, de la Asamblea provincial y del Concejo municipal. Cada vez que haya elecciones, hasta de una simple junta comunal, votarán por mi movimiento; porque cuanto más poder político tenga yo, más capacidad tendré para ayudarlos. Si me traicionan, yo perderé, porque habré despilfarrado tiempo y dinero; pero ustedes perderán mucho más, porque quedarán como gente desleal, y los políticos sólo se acercarán a ustedes en época de elecciones para engañarlos, y ustedes y sus hijos quedarán condenados a pudrirse en un tugurio miserable.

Moisés Cantillo escuchó las instrucciones con los ojos bien abiertos, intentando ayudarse con la vista a memorizar cada palabra. Cuando el senador Fadul terminó de hablar, levantó su vaso de whisky y dijo: ¿Trato hecho?

Moisés Cantillo chocó su vaso contra el de su anfitrión y dijo: Trato hecho.

Para facilitar la tarea de reclutamiento de colonos, el senador Fadul puso a disposición de Moisés Cantillo un jeep con chofer desde el mismo instante y hasta la fecha de la invasión, que fijaron para el día de Todos los Santos. Ese día la gente estaría en los cementerios depositando flores a los muertos, y en su congoja miraría con actitud compasiva la ocupación. Cuando comenzaba a caer la tarde, Moisés Cantillo abandonó la casa del senador Fadul, excitado ante la empresa migratoria que se disponía a organizar y atolondrado por el cambio radical que había experimentado su vida en las últimas horas. Él, hijo despreciado de un político, acababa de entrar en el engranaje electoral de otro político, el más poderoso de la región, y en vez de remordimiento o vergüenza, lo que sentía era una extraña satisfacción por el paso que había dado. Mientras subía al jeep absorto en sus cavilaciones, cayó en la cuenta de que hasta entonces no le habían presentado al conductor que iba a ser su compañero inseparable durante el tiempo que tomase el reclutamiento de los colonos. Alargándole la mano, le dijo: Moisés Cantillo. Me llaman Mono;

y el chofer le estrechó la mano, y dijo: Simón Cuadrado. Moncho, para los amigos.

El registro

La gran crecida

Dos meses antes de que Moisés Cantillo recibiera las instrucciones, el río Largo se había desbordado con una furia inaudita y provocado la mayor catástrofe natural en los anales de la provincia. Los primeros en notar signos de anormalidad en el comportamiento del río fueron unos labriegos de Bohórquez, que, sin pérdida de tiempo, comunicaron la novedad al alcalde. Este la notificó a su vez al gobernador, que remitió un informe detallado de la situación al Ministerio de Obras Públicas. Una semana más tarde arribaron a Bohórquez dos hidrólogos del ministerio que se encontraban realizando en la vecina provincia de Valenzuela un estudio sobre el sistema fluvial del país. Después de desplegar en la ribera un aparataje de teodolitos, barómetros, hidrómetros, brújulas y cintas de medición, los ingenieros dictaminaron que no existía ningún motivo de alarma, porque el nivel de las aguas se hallaba en las condiciones habituales para esa época del año. Pero una mujer robusta llamada Agripina Gutiérrez les dijo con desdén: Ustedes pueden ser muy profesionales, pero estas canas me salieron y estos dientes se me cayeron aquí, junto al río, y les aseguro que aquí va a pasar algo bien feo.

Apenas terminó de pronunciar la última palabra se escuchó un ruido ensordecedor de aguas turbulentas, y en cuestión de segundos el río empezó a subir hacia el cielo y a desbordarse a ambos márgenes de su cauce. Los hidrólogos del ministerio, que hasta ese momento sólo habían presenciado aluviones teóricos en las ecuaciones diferenciales de Lagrange, se pusieron a chillar como posesos al contemplar la gigantesca avalancha de agua que se les venía encima. Sin preocuparse siquiera por recoger los instrumentos de medición, brincaron al jeep en que habían llegado y, pisando hasta el fondo el acelerador, huyeron con rumbo desconocido. Antes de que se disipara la polvareda levantada por el vehículo en su fuga, los bohorqueros cogieron a sus hijos, y algunos cargaron también con animales y pertenencias, y en una angustiosa carrera contra el tiempo dejaron atrás la hondonada de tierra donde moraban y treparon el pedregoso terraplén de la carretera Oriental, que discurre paralela al río Largo. Desde la calzada contemplaron con amargura cómo las aguas arrastraban sus frágiles casas, y vieron flotar en los remolinos las cabezas horrorizadas de los animales que eran arrastrados por la corriente.

Las aguas embravecidas no tardaron en reventar la carretera por varios puntos y penetrar en todo el sur de la provincia, arrastrando a su paso animales y casas y cubriendo por completo la faz de la tierra. Cuarenta y ocho personas murieron en la arremetida del río. Miles de hombres, mujeres y niños de los cinco municipios del sur tuvieron que huir con lo puesto en busca de tierra alta, donde permanecieron cuatro días con sus noches a la intemperie, alimentándose de hierbas y frutos silvestres, hasta que el gobierno les envió tiendas de campaña y comida enlatada.

Seis semanas después de la inundación, el nivel de las aguas empezó a descender, dejando emerger las casas que no habían sido destruidas por el torrente. El gobernador proclamó entonces que la tragedia había concluido y exhortó a los campesinos a que retornasen a la normalidad. Pero los damnificados se resistieron a regresar a sus pueblos, alegando que la mayor parte de la tierra seguía anegada. Entonces el gobernador mandó importar de Tanzania un cargamento de tila-

pias, peces de ricas carnes y prodigiosa capacidad de repro-
ducción, y ordenó que se arrojaran en lagunas, ciénagas, char-
cas y cualquier asomo de superficie acuática, por pequeña que
fuera. Cuando su orden fue cumplida, habló por la radio a
los labriegos de la región, diciendo: Si no pueden ser agricultores, vuélvanse pescadores;

y decretó que cada cabeza de familia recibiera treinta mil
pesos para comprar artes de pesca. El gobernador ganó esa
suma multiplicada por mil, porque la empresa que importó
los peces fecundos de África era suya, aunque en el registro
mercantil figurase como única propietaria Osiris Cervantes,
su empleada doméstica, que ignoraba por completo el fraude.

Cuando las carreteras y trochas del sur volvieron a ser
transitables, Moisés Cantillo recorrió la zona castigada pro-
moviendo la invasión, porque sabía que la angustia y el dolor
son vivero de emigrantes. Estuvo en Suan, Manatí, Candelaria, Campo de la Cruz y Santa Lucía, que son los cinco municipios del sur, y visitó cada uno de sus corregimientos y
caseríos, y en cada sitio halló gente dispuesta a abandonar el
campo. Mil doscientos cuarenta labriegos decidieron invertir en un lote de Bellavista el dinero que les había concedido
el gobierno para que se volviesen pescadores.

Santa Lucía: la secesión y la unión

Una mañana calurosa, mientras el Mono Cantillo reclutaba colonos en la cantina El Campeón, en Santa Lucía, llegó
junto a él un campesino joven llamado Ulises Tejada, que dijo
tras pagar el importe de su lote: El mundo tiene sus vainas.
Hace veinticinco años mi papá peleó para independizarse de
un municipio, y ahora vengo yo y me apunto a fundar un

barrio en un municipio mucho más grande. Ya no sabe uno qué es mejor, si separarse o unirse, porque cada cosa tiene su punto y contrapunto, como las coplas de los decimeros.

Santa Lucía había sido durante mucho tiempo, junto a Bohórquez, corregimiento de Campo de la Cruz. Pero los habitantes de Santa Lucía decidieron rebelarse un día contra esa organización territorial, alegando que la alcaldía destinaba casi todo el presupuesto a la cabecera municipal y no invertía casi nada en los corregimientos. En su primera demostración de fuerza, los lucieros asaltaron un domingo la inspección de policía del pueblo, se llevaron todos los documentos oficiales que reposaban en los archivos y los arrojaron al río en medio de un ruidoso jolgorio secesionista. Al ser informado del suceso, el gobernador de Barrantes ordenó la intervención inmediata del ejército, que tomó sin dificultad el control del corregimiento e impuso el toque de queda por tiempo indefinido.

Los insurgentes adoptaron entonces una estrategia de resistencia pasiva. Tras constituir el Movimiento para la Liberación de Santa Lucía, dejaron de pagar sus impuestos locales, empezaron a sacrificar sus reses en el matadero de Calamar, que es municipio de la provincia de Valenzuela, en la otra orilla del río, y celebraron sus bodas de bautizos en los municipios vecinos de Manatí o Suan. La tesorería de Campo de la Cruz no tardó en sufrir los efectos adversos de la sublevación. Al tercer mes ya no quedaba un centavo para pagar la nómina de los funcionarios del municipio. El matadero, amenazado por la quiebra, se vio obligado a despedir a más de la mitad de sus trabajadores. Entre los habitantes de Campo de la Cruz comenzaron entonces a alzarse voces que clamaban venganza contra el corregimiento rebelde. Alarmado por el curso de los acontecimientos, el presidente de la Asamblea provincial convocó una sesión extraordinaria de la cámara para discutir el futuro de Santa Lucía. Tras un encendido debate que se prolongó durante dos días, el corregimiento fue elevado a la categoría de municipio.

Pero la amenaza de un conflicto no se conjuró con ese acto legislativo, porque el alcalde de Campo de la Cruz presentó ante los tribunales un recurso contra la decisión de la Asamblea provincial, con el argumento de que Santa Lucía no reunía el número suficiente de habitantes para obtener el rango de municipio. Al enterarse de la maniobra, el presidente del Movimiento para la Liberación de Santa Lucía convocó con carácter de urgencia a los adultos del corregimiento separatista. Cuando todos estuvieron congregados en la explanada de tierra frente a la iglesia, dijo: La situación es complicada. El recurso que ha metido el alcalde puede prosperar, porque tiene fundamento. Si no actuamos a tiempo, estamos perdidos.

Varias voces preguntaron: ¿Pero qué podemos hacer?

Y el presidente dijo: Tenemos un elemento a nuestro favor, y es que la justicia en este país anda como una morrocoya. Entre el Tribunal Superior, el Supremo y el Constitucional, un recurso puede tardar de seis a diez años. En ese tiempo podemos usar la única arma que tenemos: la procreación. Tener hijos. Todos los hijos que podamos. Así, cuando llegue el momento de la sentencia firme, tendremos una población más grande y podremos conseguir que los magistrados nos den la razón.

A partir de esa misma noche, los adultos de Santa Lucía se entregaron a copular como bestias en celo. La fiebre procreadora contagió a todos, no sólo a esposos y esposas; muchos adolescentes, excitados ante la novedad de fornicar por primera vez con un objetivo revolucionario, se constituyeron en parejas de emergencia con el beneplácito de sus padres y demostraron estar a la altura de las históricas circunstancias. A los nueve meses empezaron a verse los frutos del ciclópeo esfuerzo colectivo. Santa Lucía se llenó de bebés. No pasaba un día sin que hubiera un parto en el pueblo. Parecía una plaga. Apenas se recuperaban del alumbramiento, las mujeres emprendían una nueva aventura de fecundación. De esa manera desenfrenada, Santa Lucía alcanzó en menos de cinco años la cifra de cinco mil cuatrocientos veintinueve habitantes. Cuando el Tribunal Constitucional estudió por fin el expediente, tuvo en cuenta ese insólito crecimiento demográfico y ratificó la ordenanza de la Asamblea provincial que había erigido a Santa Lucía en municipio. Desde entonces Santa Lucía tiene dos días de fiesta: el de su santa patrona y el de la sentencia del Tribunal Constitucional.

Cuando Ulises Tejada terminó de contar la historia, Moisés Cantillo le pregunto: ¿Y cómo les ha ido desde la independencia?

Y dijo Ulises Tejada: Al principio muy bien. Mucha alegría, mucho espíritu lucero y toda la vaina. Bueno, eso es lo que me han contado, porque yo era chiquito en ese tiempo. Pero después las cosas volvieron a lo de siempre. Unos cuantos arriba, y el resto abajo. Si antes el problema era el centralismo de Campo de la Cruz, ahora es el centralismo del barrio donde viven los ricos de Santa Lucía. La gente es la vaina. Le aseguro que si quedara un solo hombre en el mundo, la mitad de su cuerpo buscaría la forma de joder a la otra mitad.

Mirando a un nutrido grupo de jóvenes que jugaban ruidosamente al billar, dijo: Todos ellos vinieron al mundo cuando lo de la independencia, pero ahora que han crecido no tienen tierra para trabajar ni casa donde vivir cuando fundan familia.

Bebió un trago de cerveza, y dijo: Si las cosas ya andaban mal, imagínese cómo se han puesto con esto de la inundación. Yo sólo le puedo asegurar que aquí no le van a faltar candidatos para la invasión.

Rotinet: más allá de la moral

Después fue Moisés Cantillo a Rotinet, corregimiento de Repelón, que según cuentan debe su nombre a un prófugo francés de apellido Routinelle que fundó el pueblo después de huir de la Isla del Diablo. Poco antes de llegar al corregimiento, en la curva conocida como El Piquito, Simón Cuadrado pegó un frenazo en seco para esquivar una gallina que se había atravesado en la carretera. Cuando miraron con atención al animal, Moisés Cantillo y el chofer quedaron atónitos y creyeron ser víctimas de una alucinación. Justo en ese momento pasaba por la orilla de la carretera un campesino a lomo de burro, que, al verlos en ese estado de estupefacción, les dijo: ¿Qué pasa? ¿Es que nunca han visto una gallina con pelo?;

y sin esperar respuesta, dijo: Seguro se ha escapado de la hacienda Yucatán.

Dijo Moisés Cantillo: ¿Yucatán?

Y el campesino dijo: Esa que tienen delante de sus ojos.

Cuando Moisés Cantillo levantó la vista y miró a donde el labriego le indicaba, se llevó una sorpresa mucho mayor de la que le había producido la gallina peluda. Allí mismo, casi al alcance de su mano, del otro lado de la cerca azul, se extendía una pradera inconmensurable en la que deambulaban jirafas, elefantes, dromedarios, búfalos, cebras y otras especies que jamás había visto en su vida. Entre los apacibles animales transitaba un pequeño tren de vapor cargado de niños elegantes y bulliciosos. Al fondo, a orillas de la Ciénaga del Guájaro, se divisaban una lujosa mansión de dos plantas y, a poca distancia de ella, una pista de aterrizaje en la que reposaban dos avionetas. Deslumbrado por el espectáculo que se abría ante sus ojos, dijo Moisés Cantillo: ¿Quién es el dueño de todo esto?

Y el campesino contestó con una sonrisa enigmática: Eso lo sabrá en el pueblo sin necesidad de preguntarlo.

Al llegar a Rotinet, lo primero que hizo Moisés Cantillo fue entrar en la cantina Buena Suerte, la más concurrida del pueblo, para beber una cerveza y escuchar las conversaciones de los lugareños. Todos hablaban de William Alberto Giraldo, el dueño de la hacienda Yucatán, que llevaba un año encarcelado en España y corría el riesgo de ser extraditado a Estados Unidos bajo la acusación de haber introducido en ese país ingentes cantidades de cocaína. Advirtió Moisés Cantillo que muchos se referían a William Alberto Giraldo con devoción, porque había financiado con su dinero una nueva escuela en el pueblo, había pavimentado las calles y reparado la iglesia, ayudaba a los enfermos a pagar las medicinas, y cada semana mandaba camiones cisterna con agua potable para abastecer gratuitamente a las familias que no tenían acceso al servicio público. Además, su hacienda proporcionaba trabajo directo a setenta habitantes de Rotinet, que podían escapar de esa manera a su destino de aparceros. En las penúltimas fiestas patronales del pueblo, pocos días antes de ser detenido, William Alberto Giraldo mandó erigir un templete en la plaza de Rotinet y contrató a Los Trampolucios, la orquesta más afamada en la región, para que tocara durante los tres días de jolgorio. Por las noches, el cielo fue escenario de un fabuloso espectáculo pirotécnico que el dueño de la hacienda Yucatán había mandado traer desde Miami. De todo esto se hablaba en la cantina Buena Suerte mientras Moisés Cantillo consumía la botella de cerveza.

Dijo un parroquiano: Para una vez que alguien hace algo por el pueblo.

Otro lo apoyó, diciendo: Lo que yo no entiendo es por qué lo cogen a él y no a todos los politiqueros de este país, que son peores. Desde que cogieron a don William ya no nos llega agua potable, los negocios se han derrumbado y están echando a los trabajadores de la hacienda Yucatán porque no tienen cómo pagarles.

Entonces intervino desde la barra un joven de pelo rojizo, que tenía a sus pies un saco de fique lleno de guayabas, y dijo: Lo que hace Giraldo es lo mismo que hacen los politiqueros, ni más ni menos. Dar limosna para contentar al pueblo y tenerlo a su lado. Si no hay agua potable, lo que habría que hacer es exigirla a las autoridades, tirando plomo si hace falta, y no aceptarla a nadie como si fuera una limosna. Y si la escuela no tiene techo, digo lo mismo. Exijámoslo por la fuerza o pongámoslo nosotros mismos, con nuestras propias manos, y no nos quedemos todo el día quejándonos de nuestra suerte.

Sus palabras fueron seguidas de una acalorada polémica en torno a la figura del dueño de la hacienda Yucatán. Moisés Cantillo siguió con vivo interés la discusión, porque en ella salieron a relucir los problemas que agobiaban a Rotinet, que se contaban por decenas; y al escuchar la angustia acumulada en muchas voces tuvo la certeza de que en ese pueblo encontraría numerosos candidatos para la invasión.

Entre los seiscientos rotineteros que se anotaron para la invasión estuvo Bonifacio Mendieta, el joven de pelo rojizo que clamaba contra la sumisión; él sabía trabajar la madera, y en esos días imperaba tal frenesí inmobiliario en Bellavista que sobraba sitio para los carpinteros. Algunos años después de la ocupación, cuando apareció en Chibolo el padre Arregui predicando la doctrina de la autogestión, Bonifacio Mendieta fue uno de sus hombres de confianza.

Luruaco: las víctimas del progreso

Después de cerrar la lista en Rotinet, Moisés Cantillo se dirigió hacia el norte, al municipio de Luruaco, que se levanta a orillas de la laguna del mismo nombre. Al llegar al pueblo pidió a Simón Cuadrado que se detuviera junto a uno de los puestos de fritanga que se amontonaban a ambos lados de la calle principal, porque el estómago empezaba a rezongar y quería distraerlo hasta la hora del almuerzo con una arepa de huevo caliente. La dueña del puesto, una mujer robusta llamada Minerva Esmeral, le dijo al entregarle la arepa: Saboréala despacio, mijito, porque aquí donde la ves puede ser de las últimas que se hagan en este pueblo.

Luruaco llevaba más de medio siglo viviendo de las arepas de huevo; en ese arte culinario carecía de rival. Todos los luruaqueros, sin distinción de sexo ni edad, aportaban su grano de arena laboral para que día, tarde y noche crepitaran en los fogones las masas frescas que devoraban los viajeros de la carretera de la Cordialidad. El municipio tenía la suerte de quedar justo a mitad de camino entre Bellavista, la ciudad más importante de las siete provincias del norte, y La Concha, capital de la provincia de Valenzuela y principal balneario de la región. Gracias a esa feliz circunstancia geométrica, los viajeros tenían por costumbre parar en Luruaco para estirar las piernas y llenar el estómago.

Moisés Cantillo estaba sentado en un taburete, terminando de engullir la arepa, cuando apareció en el horizonte un destartalado bus repleto de pasajeros. Mientras el vehículo hacía su jadeante entrada en el pueblo, decenas de niños lo rodearon entre gritos y empujones, con las palanganas en alto, en una competencia feroz por ver quién colocaba más arepas en las manos ansiosas que salían como tentáculos por las ventanillas. Al contemplar semejante revuelo, dijo Moisés Cantillo: Comadre, ¿por qué me decía que ésta puede ser la última arepa de Luruaco que me coma?

Y Minerva Esmeral le contestó: Pues por qué más va a ser. Por la bendita autopista.

Seis meses atrás, el presidente de la república había inaugurado con gran pompa la Autopista del Mar, una de las obras más costosas de su mandato. La entrada en servicio de la autopista, que redujo en dos horas el trayecto entre Bellavista y La Concha, había tenido efectos catastróficos en Luruaco, porque la vieja carretera de la Cordialidad, hasta entonces única vía de conexión entre las dos ciudades, quedó de pronto convertida en una ruta secundaria para camiones y buses de ámbito comarcal, como el que acababa de entrar en el pueblo. Privada del grueso de su clientela, la famosa industria de la arepa de huevo se enfrentaba a un horizonte sombrío. Mientras Minerva Esmeral relataba a Moisés Cantillo la tragedia de Luruaco, pasó frente al puesto de fritanga una silenciosa procesión de personas que avanzaba por las calles cargada de maletas viajeras, bolsas, fogones y gallinas. Dijo la mujer, con los ojos anegados de lágrimas: Otros que se van;

y secándose los ojos con un trapo, dijo: Mucha gente se está yendo. Unos cogen para Bellavista; otros se van a invadir tierras junto a la nueva autopista, para seguir con el negocio de la arepa. ¿Qué más van a hacer, si no han hecho otra cosa en la vida?

Conmovido por la desgracia de los luruaqueros, dijo Moisés Cantillo: ¿El gobierno no les dio alguna ayuda o indemnización por lo de la autopista?

Y Minerva Esmeral respondió: ¿El gobierno? Risa me da. Cuando se hizo la autopista, los sabelotodo del ministerio anunciaron planes dizque para proteger a los pajaritos, a los caimanes, a las iguanas, a las florecitas, usted sabe, esa cosa que está de moda ahora. Pero nadie pensó en proteger a los animales de Luruaco que quedamos arruinados por esa bendita obra.

Cuando la mujer concluyó el relato, Moisés Cantillo comprobó una vez más que, al igual que lo ocurrido cuando trasladaron el ferry de Puerto Giraldo, en esta república es tradición que cada cual enfrente por sus propios medios el infortunio. Y tal como lo presumía, encontró en Luruaco numerosos candidatos para la invasión, entre los cuales estuvo Minerva Esmeral.

Pendales: el apogeo y la caída

Después se dirigió Moisés Cantillo al corregimiento de Luruaco llamado Pendales, y también allí encontró rostros de aflicción. Cuando entró en el bar Pájaro Loco y pidió un vaso de ron, el dependiente le dijo, agitando la botella: Esto se preparaba con la melaza de nuestros trapiches antes de que el gobierno nos diera la puñalada por la espalda.

Pendales había tenido su momento de esplendor. El camino hacia la gloria empezó cuando el médico homeópata José Miguel del Río, en un arrebato visionario, se puso a cultivar caña de azúcar en su hacienda la Concepción. Muchos finqueros vecinos interpretaron el experimento agrícola como un disparate más en la extravagante biografía del médico que curaba locos; pero al cabo de un tiempo, cuando se fundó la fábrica provincial de licores y el doctor José Miguel del Río consiguió un contrato fabuloso para suministrarle la melaza que extraía en sus trapiches, todos los que antes se habían burlado del homeópata tuvieron que meterse el rabo entre las piernas. El ejemplo del doctor Del Río fue seguido por el resto de terratenientes y minifundistas de Pendales, y en un abrir y cerrar de ojos el pueblo se convirtió en un cañaveral inconmensurable. La fábrica de licores, en pleno furor expansivo, pedía cada vez más melaza. Gentes humildes procedentes de diversos pueblos de la región empezaron a llegar a Pendales, como moscas atraídas por la miel, para trabajar en la zafra. El dinero corría a raudales en el pueblo. Se edificaron escuelas para que los niños no fueran incultos como sus padres y entró en funcionamiento el primer colegio secundario de la región. Un comerciante de Caledonia abrió una gigantesca sala de fiestas, decorada con cortinas de seda china y dotada de una tarima de mármol para las orquestas.

Cierto día pasó por el corregimiento un hombre de ojos amarillentos y barba gris que aseguraba haber sido varias veces candidato al premio Nobel de Economía por sus estudios sobre apogeos y caídas de imperios. El hombre se dirigió a la plaza, que estaba abarrotada de gente por ser domingo, y desde una pequeña tarima improvisada con cajas de cerveza dijo con tono admonitorio: Pendaleros, están cometiendo un terrible error al cifrarlo todo en la caña. El monocultivo es peligroso. De un momento a otro le puede pasar algo a la caña, y se quedarán sin nada. Hay que diversificar. No olviden esta palabra: diversificar;

pero los pendaleros confiaban de tal manera en sus cañaverales que no atendieron la advertencia del extraño visitante, y algunos hasta se burlaron de él, convencidos de que era un loco más de los que peregrinaban por el pueblo atraídos por su bulliciosa opulencia.

De la euforia no tardó en pasarse al delirio. Una noche, durante una parranda de carnaval, los socios del Club Social Pendales organizaron una recolecta de dinero para construir una sala de ópera al pie de los cañaverales. Dijo el ganadero Argemiro Solano, levantando su copa de champaña: Para la inauguración, propongo que traigamos a Carusso;

y sus amigos celebraron la idea con un ruidoso brindis.

El teatro de ópera llegó a diseñarse, y el terreno donde debía edificarse la majestuosa obra alcanzó a ser aplanado. Pero dos días antes de que don Jaime Arzuza, presidente del club, colocara la primera piedra de la obra, sobrevino la catástrofe. La fábrica de licores estaba obligada por ley a convocar cada siete años un concurso público para el suministro de melaza. Se trataba de un acto casi protocolario, porque desde los tiempos del doctor José Miguel del Río siempre ganaban los trapiches de Pendales. Pero esta vez se presentó al concurso un consorcio de terratenientes de la distante provincia de Cascajal, con una oferta irresistiblemente barata, y a la junta directiva de la fábrica de licores no le quedó más remedio que adjudicarle el contrato.

Fue la condena de Pendales. En menos de diez años, asfixiados por las deudas e incapaces de sobreponerse a la sorpresiva derrota, la mayoría de los minifundistas vendieron sus parcelas a los grandes hacendados, y estos destinaron las tierras a la ganadería, que no genera tanto empleo como la agricultura. Hoy día Pendales es una hilera lánguida de casas perdida entre los pastizales, sin ninguna posibilidad de expansión, donde pululan bachilleres frustrados que deben trabajar en las haciendas Torcoroma, Santana y Pozo Ronco o cultivar las parcelas de sus padres en las laderas abruptas de El Socavón.

Cuando el dependiente del bar Pájaro Loco concluyó su narración sobre los avatares de Pendales, se acercó a Moisés Cantillo un muchacho delgado, de mirada adusta, que alargó la mano y dijo: Permítame que me presente. Soy David Granados, bachiller;

y pronunció la última palabra con el orgullo melancólico de quien menciona un título nobiliario en mitad de la selva. Dijo: Lo que le cuenta el señor es la pura verdad. Aquí no hay nada que hacer. A los del pueblo sólo nos llaman los terratenientes para tirar machete donde el tractor no entra. Por eso muchos se largan para Venezuela. No es que sea fácil, porque allá hay que trabajar como animales. Pero al menos se gana en bolívares.

Tras escuchar al muchacho, Moisés Cantillo supo que en Pendales encontraría muchos candidatos para la invasión, y no se equivocó. A la lista se apuntó el bachiller Granados, que desempeñó un papel fundamental durante los años de la autogestión con el padre Arregui.

Pitalito: la peor de las enfermedades

De Pendales fue Moisés Cantillo a Pitalito, corregimiento de Polonuevo donde se estableció Onofre Barrios después de matar a su hermano en el bar La Estrella. Al llegar a la plaza, tropezó con un multitudinario cortejo fúnebre que se dirigía con paso solemne al cementerio, llevando a cuestas un ataúd cubierto de siemprevivas. Moisés Cantillo preguntó con curiosidad quién era el difunto, y uno de los que cargaban el féretro le dijo: El maestro Lucho Fontalvo.

Sorprendido por la revelación, porque pensaba que el maestro Fontalvo había muerto hacía tiempo, dijo Moisés Cantillo: ¿El de "El Totumito"?

El que portaba el féretro respondió: Y el de "La Negra Flora", y "La Arracacha", y "El Picaflor", y "El Agua Bendita", y "El Bikini", y "El Palito Juguetón", y "La Maluca Bonita";

y citó una larga lista de canciones que se escuchaban como himnos en las siete provincias del norte, todas ellas compuestas por el hombre que yacía dentro del ataúd.

Sumándose a la marcha luctuosa, dijo Moisés Cantillo: ¿De qué murió el maestro, si se puede saber?

Y el hombre del féretro, que se llamaba José Gervasio

Polo, respondió: Ahí está la vaina. El forense dice que murió de intoxicación, pero yo digo que murió por politiquería. Esta es la enfermedad que más gente mata en esta república, aunque nunca aparece en las actas de defunción.

Ante la mirada curiosa de su interlocutor, José Gervasio Polo contó que el maestro Fontalvo, por algún motivo que nadie lograba comprender, había cometido la doble insensatez de comer sandía de noche y acompañarla con leche. Una imprudencia muy grave, pero que se habría podido subsanar a tiempo si hubiera estado funcionando debidamente el puesto de salud. Acomodándose el ataúd en el hombro, dijo José Gervasio Polo: No era suficiente con que el maestro Fontalvo estuviera en la miseria, porque nunca ha recibido un centavo por sus canciones. Encima tuvo que morirse sufriendo, con retortijones de estómago. Ni siquiera tranquilo pudo morir. Definitivamente, esto es la vaina.

En la lenta procesión hasta el cementerio, a medida que avanzaba bajo el sol por la serpenteante trocha abierta entre la maleza, José Gervasio Polo tuvo tiempo para contar a Moisés Cantillo que el puesto de salud llevaba dos años cerrado por falta de presupuesto, que la gente que se enfermaba de noche debía esperar hasta la mañana siguiente para ser transportada en bus a Polonuevo, que el tanque de agua estaba estropeado desde hacía un año y Acuanal no enviaba operarios para repararlo, que la última plaga de gorgojo había arruinado a los campesinos, que el dinero ya no alcanzaba para nada, y que la única aspiración de los jóvenes era recoger sus bártulos y marcharse de Pitalito para siempre. Dijo: Yo entiendo a los muchachos. ¿Qué futuro ofrece un pueblo donde su hombre más importante muere por comerse una patilla?

Cuando llegaron al cementerio, situado en lo alto de un promontorio, un grupo de músicos que llevaba desde primera hora bebiendo ron en espera del cortejo fúnebre empezó a tocar "El Totumito", la canción más famosa del difunto. El escándalo de trompetas y platillos invadió el aire limpio de la mañana y se expandió como un manto polifónico sobre la inmensidad agreste que rodeaba el camposanto. José Gervasio Polo aprovechó el estrépito para decir a Moisés Cantillo: Cuéntele bien a la gente lo de la invasión, que si los pitaliteros se pueden meter hasta en La Ye de lo desesperados que están, no veo por qué no van a querer meterse en Bellavista.

En esos tiempos, muchos habitantes de Pitalito trabajaban y vivían en las granjas hortícolas que tenían los chinos en La Ye, como se llama al punto donde se bifurca la vieja carretera que conduce de Bellavista a la playa de Salgar.

Campeche: el espíritu del creador

Después fue Moisés Cantillo a Campeche, que es corregimiento de Baranoa. Y en su recorrido por las calles polvorientas del pueblo observó que en las terrazas de numerosas viviendas se amontonaban esculturas de yeso y cuadros al óleo, y escuchó acordes de los más variados instrumentos músicos que salían como un aroma por las ventanas y puertas de las casas. En el camino se les cruzó un anciano ciego que portaba una guitarra, una maraca atada a la muñeca y una dulzaina colocada frente a sus labios mediante una estructura rudimentaria de alambre. El viejo parecía dirigirse hacia la carretera. A su lado iba un adolescente, que de vez en cuando lo agarraba por el codo para ayudarlo a esquivar los charcos dejados por la última lluvia. Sorprendido por el frenesí artístico que parecía haberse apoderado del pueblo, dijo Moisés Cantillo: ¿Qué carajo pasa aquí?

Simón Cuadrado, también asombrado, le respondió: La verdad que no lo sé. Te confieso que es la primera vez que vengo a Campeche.

Para despejar el enigma se detuvieron frente a una casa de paredes de cemento y techo de paja en cuya terraza departían dos jóvenes, uno con un pincel en la mano, el otro con una flauta de millo, y les preguntaron qué sucedía en el pueblo. El del pincel, que se llamaba Wílber Lozano, dijo con orgullo, sin dejar de colorear la virgen de yeso que le había encargado el colegio Santa María Auxiliadora de Bellavista: Somos la Florencia Chiquita. Así nos bautizó Heriberto Fiorillo, usted sabe, el cronista, una vez que pasó por aquí;

y contó que los habitantes de Campeche tenían desde tiempos inmemoriales una inclinación instintiva hacia las bellas artes. Cualquier campechero sabía tocar correctamente algún instrumento, aunque fuese la elemental guacharaca, y era capaz de representar en yeso o madera una figura perfectamente identificable. Sólo unos pocos afortunados podían vivir del arte, como era su propio caso; la inmensa mayoría se resignaba a tomarlo como afición, y debía ganarse la vida cultivando sus parcelas o trabajando de aparceros en las fincas de los terratenientes.

Cuando el escultor terminó de hablar, Moisés Cantillo reveló a los jóvenes el motivo de su visita al pueblo. Les dijo: Bellavista es un buen sitio para los artistas. Es una ciudad grande. Hay más oportunidades.

Pero Wílber Lozano manifestó que él no se marcharía nunca de Campeche, porque tenía la convicción de que las ciudades grandes destruyen el genio natural de los artistas. Su amigo Johnny Zúñiga, que permanecía sentado manoseando la flauta de millo, le replicó: Esas son pendejadas. El espíritu del creador se lleva bien adentro, viva uno en la ciudad o en el monte. Lo demás es cuento. Juancho Polo vivió y compuso sus canciones en Flores de María, un pueblo perdido de veinte chozas, y Henry Fiol vive y hace su música en Nueva York, y nadie puede decir que el arte del uno sea mejor que el del otro, porque ambos fueron tocados por la mano de Dios;

y después de hablar se llevó por inercia la flauta a la boca e interpretó el trozo de un cumbión. Al escucharlo, Moisés Cantillo entendió por qué, cuando alguien hace sonar con talento la flauta de millo, se dice desde tiempos inmemoriales que toca como un campechero.

Johnny Zúñiga formaba parte de una banda de música llamada El Combo Azul, que a duras penas ganaba para sobrevivir tocando en fiestas patronales y bodas. Esa misma mañana, tras consultarlo con su mujer, llevó veinte mil pesos a la cantina Don Perico, donde el Mono Cantillo reclutaba a los colonos, y se apuntó para la invasión. Al entregar el dinero, dijo: A ver qué pasa con mi arte.

Algunos años después, en la época en que el padre Arregui llevó la voz de mando en Chibolo, Johnny Zúñiga fue el elegido para organizar la comparsa Los Llorones, que entró con letra grande en la historia del carnaval de Bellavista.

Los demás sitios

Después fue Moisés Cantillo al resto de municipios, corregimientos y caseríos. Y también recorrió los barrios tuguriales de Bellavista, uno por uno, sin tomarse respiro. Y habló con pasión a la gente, y visitó sus casas y consiguió ilusionar a muchedumbres enteras con el proyecto de la invasión. Estuvo en Me Quejo, Santuario, Las Ferias, Las Dunas, Por Fin, Ciudad Modesto, La Alboraya, El Pueblo, La Paz, Buenos Aires, La Chinita, Sierrita, Las Américas, San Luis, La Manga, Lipaya, La Pena, Alcalde Zapata y Bojuato. En este último permaneció más tiempo que en los demás, porque no hay otro más violento y sufrido; su historia completa figura en el libro de Alba Elizabeth Pérez, nieta del homeópata José Miguel del Río, pionero de la caña de azúcar en Pendales.

La casa de las dos puertas

Una mañana de sábado en que recorría La Alboraya, Moisés Cantillo arribó a una casa de bloque que tenía dos puertas. Llamó a una de ellas, y nadie respondió. La otra fue abierta por una mujer menuda, de cabellos grises y expresión de fatiga, que miró con ojos inquisitivos al visitante. Cuando Moisés Cantillo se identificó y manifestó su deseo de hablar con todos los miembros de la familia, la mujer lo invitó a pasar a la salita y le señaló una butaca de forro verde para que se acomodara. Le dijo: ¿Se te ofrece algo? ¿Un juguito?

El Mono Cantillo respondió mientras se secaba con un pañuelo el sudor de la frente: Un vasito de agua, si no es molestia.

Los anfitriones se repartieron entre un par de taburetes y un sofá cojo apoyado en un bloque de cemento, bajaron el volumen del televisor y miraron en silencio expectante al recién llegado. Por la ventana se filtró el bullicio de unos niños que jugaban al fútbol en la calle. Después de beber el vaso de agua, Moisés Cantillo procedió a explicar el motivo de su visita con la locuacidad de un vendedor de pócimas milagrosas, convencido sinceramente de que estaba vendiendo un brebaje prodigioso. En un momento de su discurso, cuando contó que la idea de la invasión había nacido en Puerto Giraldo, la anfitriona dio un respingo y dijo: Puerto Giraldo. ¿Conoces a Ana María Lara?

Moisés Cantillo miró con sorpresa a su interlocutora y respondió: Cómo no la voy a conocer, si es mi suegra.

Su interlocutora se llevó las manos a la boca para reprimir un grito de emoción. Sin salir de su estupor por tan providencial encuentro, dijo: ¿Y cómo están todos, Ana María, los muchachos, todos?

Moisés Cantillo contestó: Todos están muy bien. Doña Ana María, embobada con la nieta. Don Miguel anda un poco quejoso por lo de su reuma. Pero, si me lo permite, ¿se puede saber de qué conoce a mi suegra?

La anfitriona respondió: Soy Edith Miranda, la viuda de Reynaldo Lara,

y sus ojos se inundaron de lágrimas.

Edith Miranda vivía con sus tres hijos varones en la misma fracción de casa que había compartido con Reynaldo Lara. El barrio había progresado desde sus tiempos fundacionales. El agua brotaba por los grifos tres horas al día; las calles estaban pavimentadas, aunque plagadas de grietas y baches, y el servicio de electrificación funcionaba entre apagones intermitentes. En los techos de las casas, las láminas de zinc habían cedido el paso a tejas de cemento. Ya nadie identificaba a La Alboraya como un barrio de invasión. Más al sur se extendían Las Dunas, Buenos Aires, San Nicolás y muchos otros arrabales recientes que parecían hallarse en la edad de piedra si se les comparaba con La Alboraya.

Moisés Cantillo miró atónito a la mujer y dijo: Así que usted es la mujer que tuvo Reynaldo en Bellavista;

y repasando con la vista al resto del grupo, dijo: Y estos serán sus hijos.

Embargada por un sinfín de sentimientos que se apretujaban en su pecho, Edith Miranda rompió a llorar con amargura. Confesó al visitante que su relación con la familia Lara era inexistente, porque siempre la habían considerado la mujer pérfida que les robó a Reynaldo y provocó la separación de este con Matilde Fonseca. Juró, dirigiendo un beso al cielo, que ella no era tan infame como la pintaban y que jamás rechistó cuando Reynaldo destinaba una parte sustancial de los ingresos domésticos a la manutención de su hija Micaela. Moisés Cantillo intentó consolarla prometiéndole que, a su regreso a Puerto Giraldo, intercedería ante su suegra para poner fin a los malentendidos. Antes de que su anfitriona pudiera convertir la conversación en un ajuste de cuentas con el pasado, el Mono echó un vistazo al reloj, hizo un gesto de apremio y procedió a exponer sin más dilaciones los pormenores de la invasión. Reveló la identidad del senador que apoyaba a los colonos, el precio del lote, la fecha prevista del éxodo, la forma en que se desarrollaría la movilización y el emplazamiento exacto del predio. Al escuchar el último dato, Edith Miranda arqueó la nuca, y la expresión melancólica de su rostro se transformó de súbito en una mueca de desconfianza. Mirando a su visitante con ojos entornados de gavilán pollero, le dijo: Un momentico. ¿No es ese el mismo terreno donde iban a construir las casas?

Y Moisés Cantillo dijo: ¿A qué casas se refiere?

Edith Miranda quedó pensativa unos instantes. Después meneó de un lado a otro la cabeza, diciendo: Yo la verdad es que no entiendo nada.

Intrigado, Moisés Cantillo dijo: ¿Qué es lo que no entiende, doñita?

Wilson Lara, que tenía mujer y una hija recién nacida y acariciaba la idea de adquirir un lote junto a la vía de Circunvalación, impidió que su madre continuara desmadejando el ovillo de la sospecha. Mirándola con furia, le dijo: Déjate de vainas, vieja. Si es el terreno que dices o si es otro será por casualidad. Lo que fue, fue, y lo que hay es lo que hay. Lo demás es buscarle la quinta pata al gato;

y su madre agachó la cabeza sin dejar de menearla, y no volvió a abrir la boca.

Esa misma mañana, mientras Wilson Lara empeñaba una plancha, un tocadiscos y un juego de sábanas para completar los veinte mil pesos que costaba el lote, Edith Miranda releyó con lágrimas en los ojos el título obsoleto que acreditaba a su difunto marido como dueño de una casa sin cuota inicial.

El dilema del papayo

A todos los que se registraran para la ocupación, Moisés Cantillo les transmitió las instrucciones que le había impartido el senador Fadul para que no hubiera confusión el día de Todos los Santos. Y cuando la gente preguntaba si había que llevar papayo, él respondía: En principio no, porque el senador me ha dicho que la ocupación está arreglada. Pero el que quiera llevarlo, que lo lleve, por si las moscas. A fin de cuentas, el papayo no hace mucho bulto y prende fácil en cualquier suelo.

En Barrantes era costumbre que cada colono sembrara en su predio un papayo adulto, de ocho palmos o más de altura, en el momento de la invasión. Como el papayo es árbol de crecimiento lento, su presencia servía de prueba al colono para alegar que llevaba años habitando el terreno recién ocupado en caso de que el propietario emprendiera juicio de desahucio.

La travesía

Todos los Santos

El día de Todos los Santos, tras una larga noche en vela, Ana María Lara entró de puntillas en la habitación de su hija Danubia para cumplir el encargo más doloroso de su existencia. Al llegar junto al cuerpo dormido de la muchacha, lo observó durante unos instantes con los ojos llenos de lágrimas, preguntándose en silencio por qué las cosas tenían que cambiar, por qué, a pesar de las dificultades, la vida no podía continuar su curso natural, y tuvo por un momento la tentación de abandonar la alcoba sin ejecutar la tarea que le habían encomendado. Pero al final sucumbió a la razón de los hechos inevitables, y dijo: Mijita, levántate, que ya son las tres.

Después de desperezarse, Danubia García susurró a su marido, sacudiéndolo por el hombro: Gordo, ya son las tres.

Moisés Cantillo abrió pesadamente los ojos sin comprender qué ocurría. Miró a su alrededor en la oscuridad intentando poner en orden sus atolondradas ideas, y cuando cayó en la cuenta del motivo del madrugón saltó de la cama y fue tras su mujer al estrecho cuarto de baño que se levantaba en un rincón del patio, donde se lavaron con totuma. Mientras se secaban, Ana María Lara los apremió desde el otro lado de la puerta, diciéndoles: Apuren, que hay gente saliendo de sus casas.

A lo que dijo Danubia, con voz angustiada: Mami, vé alistándome a los niños, por favor.

Ana María Lara volvió entonces a la habitación para despertar a sus nietos Neil y Anuar, y los condujo hasta el cobertizo del patio, donde les enjuagó la cara y el torso con el agua fría que extraía de una palangana.

A medida que transcurrían los minutos se iban multiplicando en el pueblo los ruidos de pisadas, interruptores eléctricos, duchas, trastos de cocina, puertas y voces apremiantes. Cuando terminaron de arreglarse, Moisés y Danubia liaron un petate con dos mudas de ropa para cada uno de ellos y de sus hijos, enrollaron un par de colchonetas raídas, guardaron frutas, galletas, café y queso en una caja de cartón, y una vez tuvieron preparado el equipaje se dirigieron al comedor. Ana María Lara corrió entonces a su dormitorio para despertar a su marido. Pellizcándole la punta de la nariz, como hacía siempre para sacarlo de su sueño de piedra, le dijo: Migue, los muchachos ya están listos;

y después sacudió la hamaca de su hijo Calixto, que roncaba como una fiera en medio de la sala, y dijo: Levántate, Cali, que se va tu hermana.

Cuando toda la familia estuvo sentada a la mesa, Ana María Lara sirvió un suculento desayuno de pescado y yuca, acompañado con abundante jugo de guayaba. Dijo: Hay que comer bien. El día es largo;

y aconsejó a los viajeros que bebieran mucho jugo para evitar que en el camino se les aflojase el estómago.

Al ver la jarra, Anuar dijo con una mueca de asco: Yo no quiero jugo de guayaba. No me gusta.

Moisés Cantillo miró con severidad a su hijo, y le dijo: Pues te tomas un vaso entero, o a la primera que te den ganas de cagar te dejo tirado en el camino.

Entonces intervino Ana María Lara y dijo para apaciguar los ánimos: Bueno, ya, tranquilos, que si se alteran es peor.

Al cabo de un rato, cuando ya habían engullido el desayuno con una voracidad inusual y contaban historias felices de invasiones para combatir la ansiedad que dominaba sus pensamientos, escucharon una voz eufórica proveniente de la calle, que dijo: Moisés, cuidado te quedas.

Moisés Cantillo miró el reloj de pared y dijo: Mierda, faltan diez para las cuatro;

y se levantó de la mesa, poniendo un abrupto punto final a la tertulia familiar. Danubia García corrió entonces a su habitación para darle el beso de despedida a Luz Belys, su hija recién nacida, y al salir del cuarto prorrumpió en un dolido llanto. Ana María Lara, que ya tenía bastantes problemas para contener sus propias lágrimas, intentó consolar a su hija, diciéndole: Ni que te fueras para el otro lado del mundo, mijita. Estáte tranquila, que cuando lo tengan todo montado te la llevo o vienes por ella. Es cuestión de un par de semanas.

Mientras las dos mujeres sollozaban, Calixto García y sus sobrinos Neil y Anuar recogieron en el patio las estacas de madera y los pedazos de cartón y plástico con los que Moisés Cantillo construiría la vivienda en el momento de la ocupación, y arrancaron de un machetazo un papayo de doce palmos, al que quitaron las frutas para que hiciera menos bulto.

Cuando el equipaje estuvo amontonado en la terraza, llegó el momento impostergable de la despedida. Ana María Lara, que no podía acompañar a los viajeros hasta el bus, porque su nieta despertaría de un momento a otro, dijo entre sollozos, haciendo una y otra vez la señal de la cruz: Ay, Virgencita, ayúdalos para que todo les salga bien. Tengan mucho cuidado, mijitos, que la ciudad grande es traicionera. Niños, pórtense bien, no molesten a los papás;

y dio a su hija una estampa de la Virgen del Carmen, señora de los viajeros, y dos ollas abarrotadas de comida.

Miguel García, que tenía entonces el pelo cubierto de canas, dijo con voz turbada por la emoción: Yo sé que hemos tenido muchas peloteras. La casa se quedó chiquita para tanta gente, y cuando hay mucha gente metida entre cuatro paredes siempre hay problemas. Pero con peloteras y todo, quiero que sepan que esta seguirá siendo su casa;

y mirando a Moisés Cantillo, dijo: No te olvides de llamar a mi compadre. Lleva muchos años en Bellavista y te puede echar una mano para cualquier vaina;

y mirando a su hija Danubia, le dijo: Búscate con tu primo Wilson. Familia es siempre familia. Lo dice el dicho;

y habló con emoción, porque Moisés Cantillo les había contado de su encuentro con la familia de Reynaldo Lara en Bellavista y les había dicho que Wilson, el primogénito de Reynaldo, estaba apuntado para la invasión.

Tras recibir una última ronda de consejos y bendiciones, Moisés Cantillo y su familia emprendieron la marcha hacia la plaza de la iglesia, acompañados por Calixto García. En las calles de tierra humedecidas por el rocío se mezclaron con una muchedumbre eufórica que se dirigía hacia el mismo lugar. En medio del estrépito colectivo, Danubia García creyó escuchar la voz chillona de su madre, que le gritaba: ¿No se te queda nada? ¿Llevas la plata?;

y se detuvo un instante, abrió la cartera y comprobó que llevaba los diez mil pesos con los que se disponía a empezar con su marido una nueva vida en la capital de la provincia.

Al llegar a la plaza, Moisés Cantillo se abrió paso entre el gentío hasta el jeep que había puesto a su servicio el senador

Fadul. Llevaba al hombro una mochila de colores repleta de viandas. Sentado al volante, Simón Cuadrado encendió el motor del vehículo, porque el motor era viejo y necesitaba tiempo para desperezarse. La muchedumbre prorrumpió en una algarabía eufórica al escuchar el bramido de la máquina, y los choferes de los buses, entendiendo que llegaba la hora de la partida, encendieron también los motores. En medio del bullicio, el Mono Cantillo se despidió de su mujer y sus hijos, que iban a desplazarse a Bellavista con el resto de los giralderos. Les dijo: Tranquilos, que todo va a salir bien;

y a continuación habló a la multitud desde la ventanilla del jeep, diciendo: Esto no es más. Lo que fue, fue, y lo que va a ser, que sea;

y después de pronunciar estas palabras, ordenó a Simón Cuadrado que emprendiera el viaje.

Así se puso en marcha, en veintidós municipios y quince corregimientos de la provincia de Barrantes y en diecinueve barrios tuguriales de Bellavista, la formidable movilización humana que desembocó como una marejada en el predio señalado por el senador Fadul.

Las cuatro rutas

Tal como lo había prometido el senador, el servicio provincial de buses comenzó a funcionar en la madrugada de Todos los Santos mucho más temprano que de costumbre. A cada municipio le fue asignada una flotilla proporcional a su número de colonos, y para cada vehículo Moisés Cantillo nombró un capitán con la misión de acomodar a los pasajeros, calmar los ánimos si se exaltaban y resolver cualquier contratiempo que surgiera en el camino. Cuando el cielo se quebró, pasando de negro a azul turquí, 208 buses desvencijados tenían sus motores encendidos. Abriéndose paso entre la baraúnda de gritos de despedida y llantos de emoción, empezaron a rodar lentamente por las cuatro carreteras de la provincia de Barrantes, rumbo a Bellavista.

Por la carretera Oriental, que discurre paralela al río Largo, circularon 110 vehículos; fue la más transitada en esa madrugada memorable de Todos los Santos. Estos fueron los buses que recorrieron la carretera Oriental:

de Santa Lucía, el municipio que libró la guerra de secesión, salieron quince;

de Suan, donde se bifurca el río Largo, salieron nueve;

de Campo de la Cruz, océano de pastizales, partieron trece. En ellos también viajaban los colonos de Bohórquez, su corregimiento, al que se conoce como el pueblo que se mudó;

de Manatí, donde ya se extinguieron los mamíferos sirenios que le dieron su nombre, salieron dieciséis buses;

once arrancaron de la arcillosa Candelaria, tierra de pequeños fabricantes de ladrillos;

de Ponedera partieron doce, en los que también viajaban los colonos de Puerto Giraldo, su corregimiento;

de Palmar de Varela, que queda justo a la mitad de la Carretera Oriental, salieron seis buses. Muchos habitantes de Palmar de Varela abandonaron hace tiempo las labores del campo y acuden todos los días a Bellavista para trabajar o buscarse la vida;

de Santo Tomás, donde se celebra el segundo carnaval más famoso de la provincia, se marcharon pocos colonos en proporción a su población numerosa, porque entre los pueblos apegados a su tierra pocos hay tan fieles como el tomasino. Sólo salieron cinco buses de Santo Tomás;

de Sabanagrande, el más ribereño de los municipios de Barrantes, partieron seis;

de Malambo, la tierra de los indios indómitos que fueron aniquilados por los conquistadores, salieron diez buses;

y de Soledad, antepenúltima ciudad que pisó el Libertador antes de morir humillado en la provincia de San José, también partieron diez.

Por la carretera de la Cordialidad, que atraviesa por el centro la provincia de Barrantes formando quiebres a su paso junto a la Ciénaga del Guájaro, circularon 81 buses en la madrugada de Todos los Santos.

De Repelón salieron quince. En la caravana iban los colonos de Rotinet, su corregimiento, donde está la finca Yucatán con sus búfalos, camellos y jirafas;

de Luruaco, viejo santuario de la arepa de huevo, partieron catorce buses, en los que también viajaban los colonos de Pendales, Cuatro Bocas y Arroyo de Piedra, que son corregimientos suyos;

dieciséis buses salieron de Sabanalarga, que fue la ciudad principal de la provincia antes de que Bellavista le arrebatara el puesto;

de Usiacurí, tierra de tejedores, sólo salieron tres buses. Durante el trayecto, los viajeros no dejaron de elaborar cestillas y portavasos con fibra de iraca, porque los usiacureños sólo paran de tejer cuando duermen y cuando están muertos;

de Baranoa, de donde sale cada madrugada el bus de los bolleros cargado con los bollos frescos de maíz que tanta fama tienen en Bellavista, partieron quince buses. En ellos también viajaban los colonos de Campeche, Pital de Megua y Sibarco, corregimientos de Baranoa;

de Polonuevo partieron siete buses, donde iban también los colonos de Pitalito, el pueblo donde se estableció Onofre Barrios después de asesinar a su hermano en el bar La Estrella;

trece vehículos salieron de Galapa. El capitán de uno de ellos, un obrero de la fábrica Indumac de Bellavista llamado Edwin Parra, dijo para alegrar el ambiente: Esta vez no vamos persiguiendo vacas. Esta vez vamos a lo que vamos;

y los pasajeros celebraron sus palabras con risas de orgullo, porque los primeros pobladores de Bellavista fueron unos vaqueros de Galapa que iban buscando unas reses descarriadas, y cuando encontraron a los animales abrevando junto a un caño del río Largo les pareció tan bello el sitio que se quedaron.

Por la carretera del Algodón, que serpentea entre las verdes laderas de la serranía de Piojó, al occidente de la provincia, circularon catorce buses en la madrugada de Todos los Santos.

De Piojó, cuna de artesanos y bandas músicas, salieron cinco;

de Juan de Acosta, de donde son los Arteta, tanto los finqueros como los comunistas, partieron siete;

y de Tubará salieron dos. De todos los municipios de la provincia Tubará fue el que menos buses aportó, porque en esos días los tubareños estaban entregados a buscar entre la maleza vasijas, alaborios e instrumentos de piedra para reconstruir su historia milenaria, que les había sido hurtada durante siglos por los cronistas oficiales.

En el último tramo de la carretera del Algodón, el que discurre de Juan Mina hasta Bellavista, los viajeros observaron desde sus ventanillas que los conductores que transitaban por esa vía hablaban solos. Un labriego de Piojó que nunca había estado en Bellavista preguntó entonces si obraban con acierto al mudarse a una ciudad donde la gente se comporta de manera tan extraña, y pidió que lo devolvieran a su pueblo, donde había pobreza, mas no locura. Antes de que su temor diera paso a la histeria, el capitán del bus, que había recorrido muchas veces esa ruta, le dijo: Tranquilo, hermano. Estamos en la Carretera de los Locos;

y explicó con sutileza, para que los niños no entendieran, que Juan Mina es sitio de moteles, y que a la Carretera de los Locos se le llama así porque los conductores que transitan por ella parecen hablar solos, pero en realidad van conversando con sus amantes, que viajan agachadas en el asiento para no ser vistas. Al despejarse el enigma de los conductores monologantes, el labriego de Piojó rió cubriéndose la boca con la mano, avergonzado de su ignorancia.

Por la Autopista al Mar, que discurre al norte de Bellavista buscando el océano, sólo circuló un bus. El vehículo partió de la plaza de Puerto Colombia, único municipio que se levanta junto a esta carretera, y en él también viajaban los colonos de Salgar, La Playa, Puerto Mocho y Pradomar, que son corregimientos y caseríos de Puerto Colombia. Moisés Cantillo había previsto que transitaran cinco buses en la Autopista del Mar, pero los pasajeros cupieron en uno solo, porque en el último momento los mecánicos repararon una avería del Nojoda, el bus más largo del mundo construido sobre un solo eje.

Así irrumpieron los doscientos ocho buses en Bellavista en la tibia madrugada de Todos los Santos. Mientras la procesión de vehículos avanzaba lentamente hacia su destino, los madrugadores que transitaban a esa hora por la vía de la Circunvalación disminuían la velocidad al pasar frente al predio que estaba a punto de ser ocupado. Olisqueando el aire desde las ventanillas de sus automóviles, murmuraban: Aquí va a haber invasión;

porque en el ambiente flotaba un aroma fresco de maleza recién cortada. El día anterior, macheteros al servicio del senador Fadul habían desbrozado el terreno para facilitar la ocupación, y entre los esparcidos restos vegetales habían camuflado las cuerdas de demarcación de los lotes.

La ocupación

Llegan los buses

A la hora del rosicler arribaron al predio los primeros buses. Mientras los conductores maniobraban para aparcar los vehículos a un lado de la calzada, los pasajeros contemplaban extasiados desde las ventanillas el territorio donde se aprestaban a emprender una nueva vida. Era un baldío inmenso, casi totalmente plano, en el que descollaban algunos árboles muy distantes entre sí. A la izquierda divisaron una ceiba frondosa, imponente, que bajo la luz anaranjada del alba parecía un tenebroso gigante con los brazos abiertos. A la derecha, bien al fondo, columbraron un conjunto fantasmagórico de barracas recortado contra el cielo azul; alguien comentó que era el barrio La Pena, con el que limitaba al norte el predio. A sus espaldas, del otro lado de la calzada de la Circunvalación, se extendía el barrio tugurial Veinte de Enero, cuyos habitantes comenzaban a salir a la carretera para presenciar en primera fila la invasión que estaba a punto de empezar. El arrobamiento de los recién llegados se rompió de golpe cuando Moisés Cantillo, que esperaba desde primera hora en el terreno para supervisar la operación, se puso a pegar palmotazos a la carrocería de los buses, diciendo a gritos: Bueno, todos para afuera, rápido, no tenemos todo el día;

y los pasajeros desocuparon los vehículos a toda prisa, empujándose unos a otros, como si hubieran despertado de repente en medio de un incendio. La mayoría se persignó en las escalinatas antes de poner por primera vez el pie sobre el terreno. Otros se limitaron a mirar en solemne silencio el descampado inconmensurable. En esos momentos de sobrecogimiento nadie pensaba en la larga sucesión de tugurios que acaban de dejar atrás o en las barriadas vecinas que exhibían su miseria como un presagio de infortunios; la visión de la tierra virgen que se extendía ante los nuevos colonos deleitaba sus ojos y turbaba sus corazones.

Cuando los buses estuvieron desalojados por completo, los capitanes desplegaron unos pequeños planos que les había proporcionado Moisés Cantillo, y guiándose con ellos condujeron a los colonos hasta la zona donde se encontraban sus lotes. Cada lote contenía una pequeña estaca clavada en el suelo como un pedazo de yuca, en cuya superficie figuraba un número escrito con pintura blanca; de esa forma se identificaron las parcelas y no hubo lugar para la confusión.

Las familias ocuparon sin problemas sus lotes. En el momento de hacerlo amontonaron a un lado la maleza esparcida, dejando a la luz los cordeles de demarcación para que no se suscitaran pleitos de vecindad. A continuación levantaron sus barracas, y aquellos que traían papayo procedieron a su siembra. Aunque Moisés Cantillo había asegurado que la invasión era pactada, muchos colonos cargaron con su papayo porque no se acababan de fiar. Mientras los padres trabajaban con afán, los niños correteaban por el predio en medio de una algarabía festiva. Uno de los muchachos se detuvo junto a la ceiba centenaria y, al observar de cerca el tallo, se puso a gritar como un endemoniado: Aquí hay una palabra escrita. Corran, vengan a ver;

y leyó con dificultad: L-a-r-a;

y sin apartar los ojos de la corteza, volvió a gritar: Hay una palabra en el árbol. Corran;

y gritó sin cesar hasta que su madre le dijo: Mira, niño, deja de mariposear por ahí y ven a ayudar a tu papá a poner los palos.

Cuando los primeros colonos terminaban de asentarse, arribó una nueva caravana de buses. Y antes de que se apagaran los motores, llegaron muchos vehículos más. El terreno fue invadido de pronto por miles de colonos que corrían con excitación de un lado a otro en busca de sus parcelas, cargando bultos, niños, estacas y papayos. El caos estuvo a punto de convertirse en tragedia cuando alguien, en medio del frenesí general, propaló el rumor de que no se estaban respetando los números de identificación de los lotes. La multitud se dirigió entonces en estampida hacia la Circunvalación, empujándose unos a otros para coger sitio lo más cerca posible del río de asfalto que comunicaba con la civilización. Cuando Moisés Cantillo advirtió que se le venía encima la avalancha humana, trepó de un salto al techo de un bus y gritó por megáfono: Los lotes están numerados. El que se meta en un lote diferente al suyo, lo echaremos a palo. Repito. Los lotes están numerados. El que coja otro lote, será sacado a palo; sólo así volvió a reinar la calma. Los pasajeros buscaron entonces entre la multitud a sus respectivos capitanes, y los siguieron con disciplina hasta la zona donde se hallaban sus parcelas.

A media mañana del día de Todos los Santos, mientras los habitantes de Bellavista estaban volcados en los cementerios depositando flores a sus muertos, se sembró el último papayo en el predio. Donde un día atrás sólo había una inmensa explanada de barro gallego, ahora se levantaban siete mil chabolas de cartón. Donde el día anterior sólo moraban lombrices y hormigas rojas, ahora retumbaba el bullicio eufórico de treinta mil seres que soñaban despiertos con un futuro de promisión.

Concluida la ocupación, Moisés Cantillo fue al jeep para

despedirse de Simón Cuadrado, su compañero de andanzas por la provincia durante los dos meses que duró el reclutamiento de colonos. Secándose el sudor de la cara con un pañuelo, le dijo: Bueno, Moncho, hasta aquí llegamos.

Simón Cuadrado se quitó las gafas de sol, y dijo: Así es, Mono. Ya sabes dónde encontrarme para cualquier vaina.

A lo que dijo Moisés Cantillo: Lo mismo te digo. Este barrio es tuyo, y mi casa es tu casa.

Entonces Simón Cuadrado dijo: A propósito, espero que sigas haciendo cosas con el senador Fadul. El hombre se porta a la altura, te lo digo en serio.

Y dijo Moisés Cantillo: Sí, el tipo es legal. Ya veremos qué pasa;

y después de conversar durante unos minutos más, los dos hombres se despidieron con un fuerte abrazo.

El susto

Poco después del mediodía, unos niños que jugaban a atrapar lagartijas divisaron a lo lejos una columna de camiones militares que avanzaba lentamente por la vía de Circunvalación, rumbo al predio. La voz de alarma por la aproximación del ejército recorrió en segundos toda la barriada, dejando a su paso una estela de angustia y temor. Antes de que cundiera el pánico, Moisés Cantillo gritó: Tengan calma, no va a pasar nada, el senador Fadul lo tiene todo arreglado. Repito. Tengan calma, que no va a pasar nada.

Dos días antes, sin que Moisés Cantillo lo supiera, el senador Fadul había puesto al corriente de la invasión a su amigo el general Bernardo Alzate, comandante de la Segunda Brigada del Ejército, y entre los dos habían acordado enviar un destacamento de soldados para dar un susto a los colonos. En el lenguaje de las invasiones organizadas, dar un susto significaba desatar una refriega aparatosa que dejara un número considerable de contusos, hasta que alguna personalidad previamente aleccionada pidiera detener el enfrentamiento por razones humanitarias. La farsa tenía el doble objetivo de garantizar a la opinión pública que el ejército estaba siempre dispuesto a cumplir con rigor su misión constitucional de salvaguardar la propiedad privada y demostrar que no había ningún dirigente político apoyando a los invasores.

El general Alzate encomendó la operación al capitán René Matamoros. Le dijo: Ya lo sabe, capitán, me les da un susto a eso colonos.

Y el capitán Matamoros respondió con una sonrisa cómplice: Entendido, mi general. Un sustico.

Cuando el sol estaba en su apogeo y amenazaba con abrasar las techumbres de cartón de las chozas, el convoy militar se detuvo con un estridente chirrido frente al predio recién invadido. Un centenar de soldados de miradas impasibles saltaron al suelo desde los veinte camiones y se colocaron en posición de firmes a la espera de instrucciones. Detrás de los camiones llegaron cinco bulldozers enormes, que se salieron de la vía de Circunvalación y avanzaron pesadamente, como gigantescas orugas, hasta alinearse en la estrecha franja de tierra que separaba la calzada de la primera línea de chabolas. Por último, detrás de los bulldozers, llegaron los periodistas, que habían sido puestos sobre aviso por informantes anónimos al servicio del senador Fadul. Cuando el dispositivo estuvo montado, el capitán René Matamoros se encaramó al guardafangos de uno de los camiones y gritó por megáfono: Tienen diez minutos para desbaratar las casas y largarse. Ya les quedan nueve minutos y cincuenta segundos.

Moisés Cantillo quedó estupefacto. No esperaba encontrarse con una situación tan apremiante. El senador Fadul le había prometido que movería sus influencias para detener cualquier ofensiva del ejército si esta llegaba a producirse, pero era casi imposible reaccionar con tan escaso margen de tiempo como el que condecía el agresivo capitán. Desconcertado por los acontecimientos, el Mono Cantillo avanzó hacia el capitán Matamoros con la intención de pedirle que se pusiera en contacto con el senador Fadul; pero antes de que pudiera dar el tercer paso, el capitán le gritó: Vuélvase atrás y no haga huevonadas. Más bien póngase a desbaratar las chozas, que el tiempo vuela.

La única vía que quedaba para transmitir un mensaje al senador Fadul eran los periodistas; pero los informadores se hallaban del otro lado de la Circunvalación, detrás de un tupido cordón militar, y no podían escuchar lo que se hablaba en el predio del conflicto. Agotadas todas las posibilidades de comunicarse con el senador, y viendo que el capitán Matamoros parecía decidido a llevar la operación de desahucio hasta las últimas consecuencias, Moisés Cantillo dijo al grupo de personas que se hallaban arremolinadas en torno suyo: Que las mujeres y los niños se vayan para atrás. Y que los hombres vengan a ponerse al frente. Nada de palos ni piedras ni machetes. Resistencia pacífica. No hay que ponérselo en bandeja al hijueputa ese, que lo que quiere es pretexto para echar plomo;

y la orden se difundió por toda la barriada.

Moisés Cantillo intentaba con desesperación ganar tiempo en espera de algún milagro. En unos cuantos minutos las mujeres y los niños se agruparon al fondo del predio, temblando y encomendándose a Dios, mientras los hombres, ocho mil en total, se congregaron en un grupo compacto frente a los bulldozers y los soldados. La actitud desafiante de los colonos enfureció al capitán Matamoros, que sintió que toda la sangre del cuerpo le ascendía de golpe a la cabeza. Con la camisa enjuagada en sudor y los ojos nublados por la humedad y la ira, gritó: Queda un minuto;

y ordenó a los conductores de los bulldozers que encendieran los motores. Un rugido infernal se elevó entonces hacia el cielo, ahogando los lloriqueos de los niños, las plegarias de las mujeres, los murmullos asustados de los hombres y todos los demás sonidos que se estaban produciendo en ese momento de tensión en el calor agobiante de la barriada. A otra señal del capitán Matamoros, los soldados se agruparon a ambos flancos de los bulldozers. Los de adelante, armados de escudos y cachiporras, y con fusiles a sus espaldas por si el conflicto pasaba a mayores, tenían la misión de proteger las máquinas depredadoras; los de atrás, dotados de machetes, tenían como objetivo consumar la tarea de devastación.

Cuando ya quedaban segundos para que expirara el plazo, Moisés Cantillo gritó al capitán Matamoros: Usted será el único culpable de lo que pase aquí.

El capitán levantó entonces el megáfono y dijo: Hagan el favor de apartarse. Los bulldozers van a empezar su trabajo en cumplimiento estricto de la Constitución y las leyes. Están advertidos. Si ocurre alguna desgracia, ustedes serán los responsables;

y a continuación ordenó que se pusiera en marcha la operación de desalojo. Los colonos sintieron una mezcla de vértigo y terror ante el amenazante avance de los bulldozers, pero se quedaron donde estaban en profundo silencio, paralizados por esa extraña sustancia biológica que a veces, en los instantes supremos, convierte el pánico en arrojo. Desconcertados por la actitud suicida de los colonos, los soldados detuvieron su avance y los conductores de los bulldozers frenaron los vehículos, y todos miraron con inquietud al capitán Matamoros, dándole una última oportunidad para que meditara la decisión. El capitán golpeó como un energúmeno el capó del camión, y gritó: ¿Qué esperan, huevones? ¿Se van a dejar parar por estos cabrones? Sigan para adelante. Para adelante, mierda.

Entonces los bulldozers, flanqueados por los soldados, arremetieron contra la muralla humana que se interponía entre ellos y la primera hilera de chabolas. Sólo cuando retumbó en el aire el horrísono chillido de un hombre que estaba siendo arrollado por una máquina excavadora, los colonos despertaron de su arrobamiento colectivo y volvieron de golpe a la pavorosa realidad. La inmensa mayoría huyó en desbandada hacia el fondo del predio profiriendo gritos de espanto, mientras a sus espaldas avanzaban los bulldozers y los macheteros como una plaga de termitas devorando a su paso cualquier asomo de madera y cartón. Pero unos dos mil colonos, bajo el mando de Moisés Cantillo, opusieron resistencia e intentaron detener con palos y piedras la ofensiva implacable.

La refriega se prolongó calle por calle y chabola por chabola durante más de tres horas, hasta que el cabo que llevaba a sus espaldas el equipo de radiotransmisión dijo al capitán René Matamoros: Mi capitán, de parte del general Alzate, que se ponga urgente al teléfono.

Cuando el capitán Matamoros cogió el auricular, escuchó una voz airada que le dijo: Qué carajo está haciendo. Habíamos quedado en un susto y me ha montado una guerra con muerto incluido. Detenga en el acto la operación. Ordene el repliegue de la tropa y vuelvan a la base. La misión ha terminado. Cambio y fuera.

El general Alzate colgó iracundo el aparato. Pero unos instantes después, mientras se servía un whisky con hielo en su confortable despacho, pensó en voz alta que, después de todo, un muerto no era un balance tan terrible dentro de las estadísticas nacionales. Su diligente secretaria se encargó de disiparle cualquier sentimiento residual de culpabilidad. Abrazándolo por la espalda, le dijo: Ya, mi torito, tranquilo, que eso no es nada.

El capitán Matamoros ordenó el repliegue de la tropa, poniendo fin a la intervención. Mientras los bulldozers volvían a subir a la calzada de la Circunvalación y los soldados trepaban ordenadamente a los camiones, el capitán rezongó: Primero le dicen a uno que dé un susto, y después resulta que los asustados son ellos. Por eso este país está como está, por tanta mano floja.

La operación militar dejó un muerto, Anselmo Ortiz, de Repelón, mil setecientos contusos y la tercera parte del barrio de invasión completamente en ruinas, a causa de un malentendido. Dar un susto significaba una cosa para el general Alzate, que había desarrollado toda su carrera militar dentro de despachos con aire acondicionado en Bellavista, y otra muy distinta para el capitán Matamoros, que acababa de llegar de Puerto Jarrín, la región más violenta de la república, donde había organizado siniestros grupos paramilitares que despellejaban con las manos a los guerrilleros y a cualquier campesino sospechoso de colaborar con la subversión.

El barrio quedó convertido en un gigantesco caos de cartones, palos, aperos de cocina, listones de madera. Entre los escombros se asomaban cientos de cuerpos tendidos, y por todas partes resonaban alaridos de pánico, llantos desgarrados y gemidos de dolor. Moisés Cantillo se encontraba entre los heridos de gravedad; tenía una fractura en el brazo y todo el cuerpo cubierto de hematomas. Miles de habitantes de los barrios de invasión vecinos, que habían llegado atraídos por el fragor del combate, observaban en grave silencio el paisaje de desolación que se extendía frente a sus ojos. Antes de que se disipara la polvareda que levantaron los camiones militares al marcharse, centenares de gallinazos comenzaron a sobrevolar la barriada. La presencia de los soldados fue reemplazada por la de los voluntarios de la Cruz Roja, que improvisaron un hospital de urgencia junto a la vía de Circunvalación. Uno de los heridos perdió la vista como consecuencia del violento porrazo que había recibido en la cabeza.

El senador Fadul visita a los colonos

A media tarde, cuando los colonos ilesos reconstruían las barracas y los heridos colmaban el aire con quejumbrosos lamentos, se escucharon en el barrio voces exaltadas que decían: El senador, ahí viene el senador.

Unos instantes después se detuvo un lujoso automóvil azul de vidrios ahumados en la vía de Circunvalación, frente a la primera fila de chabolas, y del interior del vehículo salió el senador Fadul, con rostro circunspecto, vestido de guayabera blanca y escoltado por cuatro guardaespaldas de gafas oscuras. El senador fue directamente a la barraca de Moisés Cantillo, haciendo graves noes con la cabeza a medida que avanzaba entre la muchedumbre atribulada.

Moisés Cantillo yacía en una estera de fique en el interior sombrío de su chabola, atontado por el efecto de los antibióticos y con el cuerpo cubierto de cataplasmas. Al verlo en tan lamentable estado, dijo el senador Fadul, poniéndose de cuclillas junto a él: Pero, mijo, qué carajo ha pasado aquí.

El Mono Cantillo contestó con un débil hilo de voz: ¿Dónde andaba metido, senador?

A lo que dijo el senador Fadul: Lo único que te puedo decir, Mono, es que, si no intervengo ante el general, quién sabe cómo hubiera terminado esto. Créeme. Dentro de lo malo, hay que agradecer que no fue peor.

Tras abandonar la barraca de Moisés Cantillo, el senador recorrió la barriada escoltado por sus guardaespaldas, sin dejar de menear de un lado a otro la cabeza mientras caminaba. Visitó la chabola del difunto, abrazó a la viuda y a los huérfanos, y bebió con ellos del café que amigos de la familia preparaban en una fogata. Palmoteando en el brazo a la viuda, le dijo: No se preocupe por los gastos, doñita, que yo me encargo del funeral;

y la mujer lloró amargamente, apoyando su cabeza en el hombro del senador Fadul.

Antes de marcharse de la barriada, el senador habló a la muchedumbre que lo había seguido hasta el pie de la Circunvalación. Dijo: Lo importante ahora es no mirar atrás. Lo que pasó, pasó. Quiero aprovechar para decirles que para pasado mañana, a las diez, está convocado el concejo municipal para legalizar el barrio. Mi movimiento está con ustedes. Yo estoy con ustedes. Todos juntos vamos a conseguirlo. Así que a tirar para adelante;

y después de infundir aliento a la multitud, entró en su automóvil, que partió envuelto en una nube de polvo.

La junta comunal

A la mañana siguiente, apenas salió el sol, Moisés Cantillo mandó llamar a un grupo de colonos para que se presentaran en su barraca. Fueron el total veinticinco los convocados; uno por cada municipio de la provincia, y tres en representación de los barrios de Bellavista presentes en la invasión. Cuando todos estuvieron congregados frente a la chabola de Moisés Cantillo, este salió apoyado en su hijo Neil y se sentó en un taburete que le habían dispuesto en la calle de tierra. Después de comprobar de un vistazo que no faltaba nadie en el grupo, habló con gran esfuerzo, porque su voz estaba afónica por los acontecimientos del día anterior. Dijo: Todos ustedes fueron capitanes de bus durante la invasión, y lo hicieron bien. Ahora viene el paso de montar la junta comunal, y quiero que ustedes sean sus primeros miembros hasta que se elija una en toda regla. Por eso los he llamado.

Mirando uno por uno a sus interlocutores, dijo: Si alguno no quiere, no hay problema. Aquí nadie está obligado a nada. Lo que sí quiero dejarles bien claro a los que acepten es que hay mucho trabajo por delante y que tendrán que tomarse el asunto en serio, sin salir después con que están ocupados o que no tienen tiempo.

Dijo Sulfanor Trujillo, de Repelón: ¿Y qué gana uno con estar en la junta, si se puede saber?

Moisés Cantillo respondió: Aquí sueldo no se gana. Esto se hace un poco por amor al arte. Pero está claro que todo lo que sea bueno para el barrio será bueno para nosotros mismos, porque nosotros vivimos aquí;

y Robinson Pacheco, de Candelaria, añadió, con voz de manejar información confidencial: Para el que le interese la política, la junta comunal es una forma de irse metiendo. Ahí donde lo ven, el concejal Meléndez empezó en una junta de barrio, creo que en Me Quejo, y ya tiene hasta su propio movimiento. La vaina es empezar. El senador Fadul siempre está pendiente de la gente que le trabaja bien. Lo sé porque me lo ha dicho gente que sabe cómo es la vaina.

Moisés Cantillo preguntó entonces si alguien albergaba en su mente alguna otra inquietud, y nadie habló. A continuación preguntó si alguno quería retirarse, y nadie se movió. Así quedó conformada la primera junta comunal del barrio, en la mañana del día siguiente a la invasión. Entonces dijo Moisés Cantillo: El trabajo empieza desde ya. Ahora mismo elegiremos el nombre del barrio. El nombre es algo que marca y por eso conviene que salga de los que vamos a llevarlo. Además, hay que organizar a la gente para que mañana vaya al consejo municipal a apoyar la legalización del barrio y para que arme alboroto si algún grupo político trata de echar para atrás la invasión.

El nombre del barrio

La noticia de que se iba a poner nombre al barrio provocó una excitación grande entre los colonos. Cientos de curiosos se congregaron alrededor del sitio donde se hallaba reunida la flamante junta comunal, y un silencio solemne se apoderó de todo el predio cuando los miembros de la junta iniciaron sus deliberaciones.

El primero en tomar la palabra fue Orlando Jiménez, de Usiacurí, que propuso el nombre de Todos los Santos para recordar la fecha de ocupación del predio. Dijo: Así matamos dos pájaros de un tiro, porque quedamos a la vez con nombre cristiano, que a lo mejor ayuda, y si no, tampoco hace daño;

pero Fidelio Castiblanco, del barrio La Alboraya, replicó: Esperemos más bien a que algún santo nos ayude y ya buscaremos la forma de agradecerle el gesto. De momento, prefiero que nos llamemos Dos de Noviembre, a secas, como otros barrios se llaman Doce de Octubre o Veinte de Enero;

y se tuvo en cuenta ese nombre.

Entonces intervino Eber Viloria, de Tubará, y sugirió un nombre referido a algún acontecimiento histórico que fuera noticia en ese momento. Tras citar como ejemplos los barrios Bahía Cochinos, Apolo Once y Ciudad Sandino, dijo: Podremos llamarnos Malvinas;

y el nombre fue seleccionado.

Después habló el sabanalarguero Franklin Gómez, y dijo: Yo sugiero que tengamos un detalle con el senador Fadul y llevemos su nombre;

pero Pedro Altahona, que venía del barrio Alcalde Zapata, rechazó la propuesta, diciendo: Eso mismito hicimos nosotros; tener un detalle con el Alcalde Avelino Zapata, que nos ayudó cuando hicimos nuestra invasión hace ya catorce años. Pero el muy hijueputa, después de sacarnos la plata y chuparnos votos durante varias elecciones, no hizo un carajo por el barrio. Y ahora, contra nuestra voluntad, tenemos que cargar su nombre como una condena;

a lo que dijo Alcides de la Hoz: Por eso yo siempre digo que no hay que poner nombres de vivos a las cosas. Uno nunca sabe lo que puede pasar con una persona hasta que suelta el último suspiro. ¿No se acuerdan de aquel obispo, ya ni recuerdo el nombre, que iba para cardenal y le apareció de pronto un hijo?;

y Edgar Imitola, de Piojó, dijo: Yo voy más lejos, y creo que ni siquiera de los muertos hay que poner nombre a nada, porque también desde la tumba pueden dar sorpresas. Miren lo que está pasando con el Kennedy, que cuando murió casi lo canonizan, y ahora resulta que andaba en vainas raras con mafias, que tenía líos de faldas, que sus famosos cuerpos de paz no eran misioneros, sino espías, y veinte mil cosas más. Todo eso lo he oído, no me lo estoy inventando;

y después de esta polémica quedó descartado el nombre del senador Fadul y de cualquier otra persona, estuviera viva o muerta.

Entonces intervino Robinson Pacheco, de Candelaria, y señalando un árbol gigantesco que se divisaba al fondo del predio, propuso por nombre La Ceiba. De ese modo, dijo, los colonos asentados en las primeras filas del barrio rendirían tributo a los que quedaron atrás, y acabarían para siempre los resentimientos.

Wilson Arzuza, de Galapa, que en el reparto de la tierra había quedado en la penúltima fila de chabolas, agradeció el gesto, pero recordó que en Bellavista ya existía un barrio llamado La Ceiba. Dijo: Puestos a buscar árboles propongo Los Papayos, porque hay muchos en el barrio. Así todos se sentirán identificados y no habrá lugar para la discordia.

A lo que dijo Robinson Pacheco: Me parece del carajo;

y el nombre Los Papayos se tuvo en cuenta.

A continuación habló Minerva Esmeral, de Luruaco, que propuso reflejar la amargura de los pobres llamando a la barriada El Olvido, así como otras se llaman Me Quejo, Malasuerte o El Desastre.

El lucero Miguel del Castillo, que a diferencia de Minerva Esmeral era persona de ilusión, sugirió en cambio el nombre de Bello Horizonte, siguiendo el ejemplo de El Porvenir, Buena Estrella y Delicias, antiguos barrios de invasión que ya tenían calles asfaltadas;

pero Humberto Olivares, que conocía mejor la historia de Bellavista, desbarató su argumento recordándole que otros barrios se llamaban Felicidad, La Luz o La Gloria y sus calles seguían siendo de tierra.

Sulfanor Trujillo, de Repelón, se inclinó por La Plana, inspirado en la topografía del predio;

y Dilia Rosa Merino, de Manatí, propuso La Machaca, porque así se llamaba una canción que estaba de moda en esos días.

Cuando todos los miembros de la junta comunal se hubieron pronunciado, dijo Moisés Cantillo: La verdad es que tenemos muchos nombres de dónde elegir. Todos son buenos y tienen razón de ser. Para hacer las cosas con justicia voy a mencionarlos uno por uno. Al que le guste alguno, va levantando la mano. El nombre con más votos gana. En caso de empate lo echaremos a la suerte;

y todos estuvieron de acuerdo.

La propuesta de Plutarco Rada

Pero antes de que Moisés Cantillo pronunciara el primer nombre, entre la muchedumbre que seguía la sesión de la junta se alzó una voz, que dijo: Yo tengo una idea mejor que las que se han dado;

y todas las miradas buscaron el origen de tan resueltas palabras. Entonces salió de entre el gentío un hombre enclenque al que le faltaban la mano izquierda y la pierna derecha. Apoyándose en su vieja muleta, el hombre avanzó con sorprendente agilidad hasta donde se encontraban reunidos los miembros de la junta, y cuando estuvo junto a ellos les dijo con una sonrisa: Plutarco Rada, para servirles. Soy músico, poeta, fabricante de barcos, pirotécnico, médico autodidacta y muchas cosas más que ya ni me acuerdo.

Viendo que la gente lo miraba con incredulidad, Plutarco Rada contó que él fue trompetista de Los Siete del Lugar, una famosa banda que alcanzó a tocar varias temporadas en la terraza del hotel Las Acacias, en Puerto Colombia, antes de quedar en la ruina, como cientos de grupos músicos, al popularizarse el fonógrafo. A continuación, para demostrar su condición de poeta, recitó un fragmento de la historia de Puerto Colombia que llevaba años componiendo en versos heptasílabos. Dijo:

El profesor Consuegra
enseñó urbanidad
en todas las escuelas.
Pero en alta marea
el profe se fue a la mar
con novia y sin suegra

y apareció en pelota
muertico en el Aurora
con la pinola tiesa
por el mucho retozar.

Después dijo que, como constructor naval, había fabricado a lo largo de su vida numerosas embarcaciones rudimentarias para pescadores. Destacó entre sus obras la barcaza Aurora, donde fue hallado el cadáver desnudo del profesor Consuegra, el célebre autor de libros de urbanidad y buenos modales, que murió con el miembro erecto mientras copulaba con una menor de edad. A medida que Plutarco Rada hablaba y demostraba con pruebas irrefutables su asombrosa versatilidad profesional, las risas burlonas de la concurrencia iban cediendo el paso al más respetuoso de los silencios. Contó entonces que el oficio de pirotécnico le llevó a perder la mano unos años atrás, cuando se encargaba de los fuegos artificiales en las fiestas del pueblo y acercó por accidente el cigarrillo a un cohete cargado con diez onzas de pólvora pura. Y explicó que su afición a la medicina natural le había costado la pierna, porque en una mala hora intentó atrapar un tiburón con cuyo hígado pretendía curar a un primo enfermo de cáncer.

Admirado por la biografía insólita del personaje que parloteaba frente a él, dijo Moisés Cantillo: Dices que tienes un nombre para proponernos.

A lo que Plutarco Rada respondió: Así es;

y para imprimir autoridad a sus palabras reveló a la concurrencia que el nombre de Puerto Roto fue obra suya. Dijo: Esa playa tenía otro nombre, ya ni me acuerdo cuál. Un día estábamos allí, bebiéndonos unos roncitos, un grupo de amigos que éramos todos mochos de algún brazo, menos uno al que le faltaba una pierna. Entonces, entre trago y trago, dijimos que había que cambiar el nombre a la playa, porque el que tenía no le daba presencia. Alguien preguntó qué nombre, y yo dije, mirando al grupo: Bueno, esto no es más, que se llame Puerto Roto. Dicho y hecho. Al día siguiente pusimos letreros con el nuevo nombre, y los navegantes que iban y venían por el río lo empezaron a llamar así y a meterlo con ese nombre en sus itinerarios.

Dijo entonces Alcides de la Hoz: Muy buena la vaina, pero, ¿qué nombre propones para el barrio?

Y Plutarco Rada respondió: Muy fácil. El ejército nos ha llenado de chibolos. Pues ya está, nos llamamos Chibolo.

Chibolo

Los miembros de la junta se miraron estupefactos unos a otros y comprobaron que, en efecto, sus cuerpos eran una exhibición doliente de hematomas, chichones y cardenales. A continuación observaron a la multitud de curiosos, que comentaban con vivaces murmullos la intervención del colono de Salgar. Animado por el impacto que había causado su propuesta, Plutarco Rada siguió en el uso de la palabra, diciendo: Cuando nos pregunten de qué barrio somos, diremos con orgullo que somos chiboleros, así como los de Rebolo dicen que son reboleros, y los de Boliche, bolicheros. Son nombres con personalidad, que hacen sentir al que lo lleva que pertenece a algún lado.

Cuando el manco terminó de hablar, dijo Moisés Cantillo: Chibolo. Suena bien. Me parece del carajo;

y tras proponer que se tuviera en consideración el nombre, se dispuso a iniciar sin más demora el proceso de votación, porque en toda la barriada ya resonaban voces de mujeres anunciando el almuerzo. Pero antes de que pudiera pronunciar la primera de las opciones que figuraban en la lista, la muchedumbre empezó a corear la palabra Chibolo, al comienzo tímidamente, luego con entusiasmo, y por último con frenesí, hasta colmar el aire con un grito. Moisés Cantillo dejó que el gentío se desfogara durante un rato, al cabo del cual levantó el brazo para pedir silencio. Cuando todos callaron y sólo se oían los zumbidos de los automóviles que transitaban por la Circunvalación, el Mono Cantillo dijo con una sonrisa que le hizo crujir las heridas de la cara: Esto no es más. Parece que ya tenemos el nombre;

y los restantes miembros de la junta comunal estuvieron de acuerdo. Entonces el gentío estalló como una granada en jubilosos grupúsculos que difundieron por las calles de la barriada el nombre de Chibolo.

Nacimiento oficial del barrio

Al día siguiente, el concejo celebró una sesión extraordinaria para debatir la invasión. Sentados a las dos mesas de caoba que se extendían paralelas desde la tarima presidencial hasta el fondo del recinto, los veinticinco ediles luchaban contra el bochorno refrescándose con periódicos doblados o con pequeños ventiladores de pilas, porque los viejos abanos que giraban en el techo habían perdido hacía tiempo la capacidad para generar una corriente de aire. A un lado del salón de sesiones, detrás de una mampara de vidrio, las graderías estaban abarrotadas de un público bullicioso que exhibía enormes pancartas con el nombre del barrio. La mayoría de los colonos no habían podido entrar por falta de espacio; bajo la atenta vigilancia de un piquete de policías, permanecieron en las afueras del edificio municipal armando una baraúnda festiva de gritos, flautas y tamboras, que arreció con la llegada de los periodistas.

Tras un debate largo e intenso, el movimiento del senador Fadul logró imponer su iniciativa y nació de manera oficial el barrio número 42 de Bellavista, al que sus habitantes ya habían llamado Chibolo. El acuerdo incluía el compromiso del municipio de resarcir al propietario del terreno invadido, Julio Alberto Gamarra, con una suma elevada, muy superior al valor de mercado del predio. Apenas el presidente del concejo terminó de leer en voz alta el resultado de la votación, los colonos que habían acudido al edificio municipal prorrumpieron en una algarabía jubilosa, y los gritos retumbaron por toda la ciudad como resuenan en el crepúsculo los bostezos de los leones del zoológico y las sirenas de fábrica y taller. Lejos de allí, en el elegante barrio La Pradera, el senador Fadul apagó la radio en que había seguido atentamente la sesión del concejo. Recostado en una tumbona junto a la piscina, llamó por el teléfono inalámbrico a Julio Alberto Gamarra, y le dijo con voz triunfal: Listo el pollo, compadre.

A lo que dijo el bichozno del mercader Gamarra, que fue el dueño de la tierra tras la independencia: Nojoda, Pepe, no sabes cuánto te lo agradezco. Y yo que creía que ese terreno ya no me iba a servir para nada.

Muerte de Abelardo Lara

Esa noche, después de la cena, Moisés Cantillo y su mujer se sentaron en el exterior de la chabola a tomar café y escuchar las noticias en una pequeña radio de pilas. El debate político sobre la fundación de Chibolo consumía el informativo. Un dirigente del Movimiento Auténtico Reformador acusó al senador Fadul de haber organizado la invasión en beneficio propio y de su amigo Julio Alberto Gamarra. Con voz de suma indignación, el senador Fadul negó que se tratara de una ocupación organizada y, para demostrar que los colonos habían actuado por su cuenta y riesgo, recordó el enfrentamiento con el ejército que dejó un muerto y decenas de heridos. Dijo el senador Fadul que el único promotor de invasiones en Bellavista era Jorge Bertel, jefe supremo del Movimiento Auténtico Reformador, e ironizó con que las ocupaciones promovidas por Bertel eran sospechosamente pacíficas y nunca dejaban muertos. El aludido contraatacó acusando al senador Fadul de contrabandista, y este, en su turno de réplica, leyó una factura de la compañía eléctrica correspondiente al domicilio de Bertel que, con su irrisorio montante, evidenciaba una conexión fraudulenta a la línea de suministro. La polémica fue en aumento y desembocó en amenazas recíprocas de acudir a los tribunales en defensa del honor. Hacia el final del noticiero, antes de un nuevo paso a la publicidad, el locutor hizo tintinear una campañilla para anunciar la transmisión de un aviso social urgente. Dijo: Atención, se comunica a la familia Lara de Bellavista y a todos sus allegados y amigos que el señor Abelardo Lara ha fallecido esta mañana en la localidad de Sibarco, corregimiento de Baranoa. El sepelio tendrá lugar mañana a las cuatro de la tarde en el cementerio de Sibarco.

Danubia García quedó anonadada al escuchar el comunicado. Más que dolor sintió asombro, porque había olvidado que su bisabuelo estuviera hasta entonces vivo. Intentó calcular mentalmente su edad, pero desechó el cómputo por inverosímil. Moisés Cantillo, también sorprendido por la existencia del viejo, abrazó a su mujer y le murmuró unas palabras retóricas de condolencia.

Al día siguiente, después de dejar preparada la comida para su marido y sus hijos, Danubia viajó en bus a Sibarco para asistir al sepelio. Allí se encontró con sus padres y con su prima Micaela, hija de Reynaldo Lara, que se había hecho cargo del bisabuelo en sus días postreros. Después del entierro, mientras tomaban café en la casa de Micaela, esta contó que el viejo alférez se había levantado esa mañana bastante inquieto. Por medio de un zumbido, como se comunicaba desde que perdiera la capacidad del habla, pidió que lo sacaran a la terraza. Su tataranieta Evelsy, sujetándolo por las axilas, lo instaló en la vieja mecedora de mimbre donde pasaba sentado casi todo el día. Un rato después, Micaela salió a darle al anciano una tajada de plátano frito y descubrió con estupor que la mecedora se encontraba vacía. Se preguntó, azorada, a dónde habría podido ir una persona ciega que desde hacía años no se valía por sí misma ni para dar un paso. Sus cavilaciones fueron rotas por una gritería procedente del algún lugar cercano. Sin pensarlo dos veces corrió hacia la fuente del bullicio, y sus pasos la condujeron hasta un bus en reposo, frente al cual se arremolinaba un grupo de personas que miraban hacia abajo, como si buscaran algo en el pavimento. Micaela se abrió paso entre el cerco de curiosos, y cuando estuvo en primera fila descubrió con horror que el objeto de atracción del gentío era el cuerpo inerte de su bisabuelo, que se encontraba tendido en un charco de sangre.

Micaela Lara dio un sorbo a su taza de café, y dijo: No entiendo cómo llegó hasta allí. Si había que llevarlo a todas partes como un bebé.

Su tía Ana María Lara se colocó el dedo índice en el mentón en actitud reflexiva, y dijo: Que haya caminado no me sorprende tanto, porque a veces la gente saca fuerzas de donde no la tiene. Lo que yo de verdad quisiera saber es a dónde quería ir el abuelo, porque parecía querer ir a alguna parte.

A lo que dijo Danubia García: Eso sólo lo sabía él, mama, y se lo llevó a la tumba.

De ese modo murió el alférez Abelardo Lara, el hombre que recibió la primera promesa de la tierra.

La junta

Llegan los luciérnagos

La mañana siguiente a la legalización de Chibolo, antes de que irrumpiera el alba, aparecieron en el barrio veinte camionetas destartaladas armando un estrépito de bocinas y motores viejos. Sus ocupantes descendieron con premura y bajaron de los vehículos montones de cables de diferentes calibres, postes de madera, escaleras, alicates, fusibles, plomos, triples, clavijas, trifásicos, voltímetros y otros utensilios eléctricos, que apilaron ordenadamente sobre el suelo de tierra. Un madrugador gritó al verlos: Los luciérnagos, llegaron los luciérnagos.

Al oír la algarabía, los habitantes de Chibolo saltaron de sus camas, se enjuagaron a toda prisa la cara, se vistieron con lo primero que encontraron a mano y acudieron en bullicioso tropel al sitio donde estaban aparcadas las camionetas. Moisés Cantillo se reunió con los recién llegados en nombre de los colonos y, después de un intenso regateo que se prolongó hasta la salida del sol, fijaron en mil pesos por familia el precio para conectar las barracas a los cables de energía eléctrica de la Circunvalación.

Los luciérnagos acumulaban una larga experiencia en el arte de las instalaciones clandestinas. Sus abultadas hojas de servicios incluían trabajos en los barrios elegantes de la ciudad, donde cientos de mansiones mantenían trampas para que los contadores no registraran el consumo de energía de los aires acondicionados. Pero la profesión, como cualquier otra, no estaba exenta de riesgos, y a veces deparaba sorpresas aciagas. Una de ellas ocurrió durante la electrificación de Chibolo, cuando Sixto Madariaga, veterano luciérnago con más de cinco mil conexiones fraudulentas a sus espaldas, sufrió un accidente de principiante mientras anudaba con su alicate un cable de aluminio a una de las líneas principales de conducción. De pronto una brisa levantó el extremo libre del cable, que, al albur del viento, hizo contacto con la segunda línea de conducción y estableció el circuito eléctrico. La descarga fue tan violenta que Sixto Madariaga perdió de inmediato el conocimiento y salió despedido de lo alto de la escalera como un muñeco de trapo. Cuando cayó al suelo, con la ropa hecha jirones y sin zapatos, su cuerpo desnucado continuó vibrando durante algunos minutos hasta liberar el último voltio; sólo entonces se quedó quieto. Una voz gritó: Nadie lo toque, que patea;

y la muchedumbre alucinada dio un paso para atrás, sin apartar los ojos de la víctima.

La muerte de Sixto Madariaga provocó un gran revuelo en la ciudad, porque el periodista Vargas el joven y su grupo de investigadores, conocidos como "los caballos cocheros", descubrieron al indagar sobre el suceso que Madariaga y muchos otros luciérnagos eran empleados de la Compañía Eléctrica Provincial, que los cables utilizados para electrificar Chibolo habían sido sustraídos de los almacenes de la empresa pública, que las camionetas que transportaron los materiales pertenecían al parque automotor oficial, que la policía había dejado de patrullar la Circunvalación justo durante las horas en que se tendieron las redes ilegales; en fin, que todo era una formidable trama de corrupción en la que estaban involucrados numerosos concejales y funcionarios de la administración pública. La junta directiva de la Compañía Eléctrica nombró una comisión interna de investigación para depurar responsabilidades; al cabo de seis meses de indagaciones, la comisión señaló como único responsable al subjefe tercero del área técnica, un ingeniero gris de apellido Piedrahita, que fue destituido de manera fulminante bajo el cargo de grave omisión en el desempeño de sus funciones.

Así llegó la corriente eléctrica a Chibolo, al tercer día de la invasión. Esa noche, apenas los luciérnagos dieron por concluido su trabajo, brillaron débilmente las primeras bombillas en el barrio y se cocinaron los primeros alimentos sin necesidad de encender fogatas. Pero con la energía eléctrica también aparecieron nuevos peligros, porque el barrio quedó envuelto en una maraña de cables que no siempre estaban en perfectas condiciones de aislamiento, como se puso de manifiesto desde el primer instante cuando unos pajaritos murieron electrocutados al posarse sobre una de las líneas de conducción. Para evitar accidentes mayores, Moisés Cantillo recomendó que no se elevaran cometas dentro del barrio; pero nadie le hizo caso, ni siquiera después de que un niño llamado Yoni Vanegas muriera achicharrado al tratar de rescatar su volantín que se había enredado en uno de los cables.

Los aguateros

La alegría que produjo en Chibolo la irrupción de la luz eléctrica sólo duró unas cuantas horas, porque a la mañana siguiente expiró el compromiso del senador Fadul para pagar de su propio bolsillo el suministro de agua a los colonos, y el barrio quedó a merced de los aguateros. Así llamaban en la ciudad a un poderoso clan de traficantes oriundos de la provincia de Trujillo, en el interior de la república, que con su flota de camiones cisterna llevaban muchos años abasteciendo de agua a los barrios de invasión de Bellavista. Los aguateros hurtaban el agua de la propia red del servicio público y, después de vender el líquido en los tugurios, repartían los beneficios con los funcionarios cómplices que permitían florecer el negocio. Uno de los principales compinches era el ingeniero Roberto Monsalvo, hombre de confianza del senador Fadul en el acueducto, que sabía manipular como ningún otro mortal el vetusto sistema de válvulas, tuberías, sifones y bombas de presión de la empresa pública. Inventando cualquier pretexto, ya fuera un programa de limpieza en la red o un daño en las plantas de tratamiento, el ingeniero Monsalvo interrumpía con frecuencia el servicio regular de agua a amplios sectores de la ciudad y desviaba el fluido hacia válvulas convenidas con los aguateros para que estos se abastecieran con tranquilidad, sin temor de ser descubiertos.

Los aguateros cobraban cinco pesos por lata de agua, tomando como medida de lata el recipiente mediano de aceite Dida. Cuando los colonos se enteraron del precio, sintieron una ira grande y recriminaron a Moisés Cantillo por haberlos embarcado en una invasión que, en lugar de redimirlos, amenazaba con enterrarlos en la ruina. Temiendo que los ánimos se desbordaran, el Mono Cantillo acudió al comando del Movimiento de Integración Reformadora para transmitir al senador Fadul el malestar que reinaba en Chibolo.

El comando, una casa común y corriente en el popular barrio Recreo, estaba abarrotada de hombres y mujeres de aspecto humilde, algunos con el hambre pintada en el rostro, que aguardaban en la terraza o en la sala a que alguien les prestara atención. Unos esperaban de pie; otros lo hacían sentados en las ruinosas butacas que formaban el mobiliario. Cada vez que llegaba un concejal, lo abordaban como pirañas para pedirle empleo, becas, medicamentos o dinero, que el acorralado político siempre se comprometía a proporcionar apenas el concejo aprobara los nuevos presupuestos. De tanto en tanto entraba en la casa algún personaje importante, de los que aparecían con frecuencia en los periódicos, y pasaba sin anunciarse al corredor que conducía a las habitaciones. Moisés Cantillo se abrió paso entre el gentío hasta llegar al viejo escritorio del fondo de la sala, donde una muchacha voluptuosa, con los labios pintados de carmesí, leía una fotonovela. Le dijo: Necesito hablar con el senador Fadul.

La muchacha levantó los ojos y preguntó con displicencia: ¿De parte?

Y Moisés Cantillo le dijo su nombre.

Dos horas después, el senador Fadul invitó al presidente de la junta comunal de Chibolo a pasar a la habitación que le servía de despacho. Cuando lo vio aparecer por la puerta, se levantó del escritorio y dijo con grandilocuencia: Hombre, Mono, bienvenido. Dime qué te trae por aquí, mijo. Siéntate en cualquier silla y cuéntame.

Entonces Moisés Cantillo lo puso al corriente del problema suscitado con los aguateros. Dijo: La gente está cabreada, y con justa razón. Si saca la cuenta, el litro de agua nos sale tres veces más caro que en los barrios de los ricos.

Tras escuchar con atención la queja de Moisés Cantillo, el senador Fadul dijo: Yo me he comprometido a que les pongan el servicio y les voy a cumplir mi palabra. Pero las cosas no se resuelven de un día para otro. Mientras tanto tendrán que arreglarse como puedan. Si el agua les parece cara, pues traten de no usar mucha.

Dijo Moisés Cantillo: Eso es fácil decirlo, doctor, pero le

repito que la gente está cabreada. Primero, lo del ejército. Ahora, lo del agua.

A lo que el senador Fadul dijo, haciendo un ademán tranquilizador con la mano: La gente, sea rica o pobre, siempre va a tener razones para cabrearse, mijo. Eso pasa aquí y en Cafarnaún. Tú no te agobies al primer problema y manéjame con cabeza el asunto. Explícale a la gente que todo esto es temporal, que ya se normalizarán las vainas. Si he confiado en ti es porque te creo una persona capaz. Espero que no me decepciones, Mono;

y dio por zanjada la discusión invitando a Moisés Cantillo a beber un vaso de whisky.

Los bloquimanes

Mejorar el estado de las viviendas requirió más tiempo. Algunos colonos emprendedores compraron formaletas rudimentarias y pequeñas mezcladoras de cemento para fabricar bloques, y construyeron en sus casas paredes sólidas capaces de resistir los vendavales de marzo; pero aún había de transcurrir algún tiempo hasta que las viviendas tuvieran suelo de cemento y techos de fibrocemento.

También empezaron a llegar a Chibolo los bloquimanes, que recorrían los barrios tuguriales vendiendo material de construcción robado o fabricado en pequeñas empresas familiares. Cuando se presentaron por primera vez en Chibolo, pidieron cuarenta pesos por bloque, mil por lámina de fibrocemento y quinientos por bolsa de cemento, convencidos de que los colonos no pondrían objeción al escuchar tan bajos precios. Pero Moisés Cantillo dijo: Diez por bloque, trescientos por lámina y 150 por bolsa, y no se hable más.

Al escuchar la contrapropuesta, uno de los bloquimanes dijo con voz indignada: Nojoda, 150 por una bolsa de cemento. ¿Tú qué crees, que uno no tiene familia que mantener?

A lo que el Mono Cantillo respondió: Las vainas son como son. Con todo esto de la marihuana se ha metido mucha plata en la construcción, y ahora pasa lo que pasa, que en el mercado hay mucho más material del que se necesita. Y cuando hay mucho material circulando, lo normal es que caigan los precios. Lo dice el sentido común. Uno puede ser inculto, pero no pendejo.

Desarmado por la lógica demoledora de su interlocutor, dijo el bloquimán: Bueno, te acepto que hay mucha obra, pero de ahí a bajar el precio a menos de la tercera parte me parece exagerado.

Y Moisés Cantillo respondió: Bueno, allá ustedes. Vean a ver entonces qué hacen con todo ese material;

y habló con voz resuelta, porque él sabía que los bloquimanes no formaban un clan sólido como los aguateros, sino que eran empresarios independientes y por tanto resultaba más fácil dividirlos. Para precipitar los acontecimientos, dijo: Bueno, se hace tarde. Hablen ahora o callen para siempre.

Entonces uno de los bloquimanes, viendo que la alternativa era quedarse con la mercancía, y percatándose de que por la Circunvalación se acercaban más camiones cargados de material, dijo: Yo acepto. A 150 la bolsa;

y uno a uno, con la irritación pintada en la cara, el resto de los bloquimanes aceptaron el precio impuesto por el Mono Cantillo.

Muchos colonos pudieron vivir desde entonces en casa de material; pero la inmensa mayoría siguió morando en barracas de cartón, porque carecían de dinero o porque confiaban en que más adelante podrían obtener materiales de manera gratuita.

Así se acopló Chibolo al inmenso paisaje tugurial de Bellavista, y fue uno más entre los barrios que se amontonaban junto a la vía de Circunvalación. La peregrinación de Moisés Cantillo por la provincia reclutando colonos, la travesía desde los municipios y corregimientos en la madrugada de Todos los Santos, los conatos de rebelión en los buses, la entrada en el predio de Julio Alberto Gamarra, el feroz enfrentamiento con el ejército, la muerte del repelonero Anselmo Ortiz bajo las ruedas del bulldozer y todos los demás acontecimientos recientes quedaron convertidos muy pronto en una vaga y remota prehistoria. Apremiados por la tarea de subsistir, los habitantes de Chibolo no tenían tiempo para andar por las ramas de las evocaciones; y en cuanto al futuro, la única inquietud que tenían a largo plazo era si iban a desayunar al día siguiente.

El rebusque

De los colonos que entraron el día de Todos los Santos en el predio de Julio Alberto Gamarra, muchos contaban ya con trabajo o rebusque en Bellavista; pero la inmensa mayoría carecía de medios de subsistencia y tuvo que salir por las calles a buscarse la vida.

Diógenes Maldonado, el Marimondo, formó con siete amigos una cuadrilla de albañiles que fue conocida entre los capataces con el nombre de Los Suaneros, porque todos sus integrantes eran naturales de Suan, uno de los municipios del sur de Barrantes. Después de exhibirse durante cuatro días al pie de la estatua del Libertador en el Paseo de las Palmas, donde los capataces reclutaban a los obreros, Los Suaneros fueron contratados para la construcción de un hotel de lujo que se disponía a levantar el traficante de marihuana Quique Barragán en el norte de la ciudad. De acuerdo con los planos, el edificio tendría cuarenta pisos, el último de ellos giratorio, y cada habitación estaría decorada con mobiliario de diseño italiano y un jacuzzi de mármol de Carrara. Quique Barragán había exigido a los arquitectos que diseñaran un hotel de diez estrellas. Cuando le explicaron que la convención internacional establecía un máximo de cinco, dijo: De eso me encargo yo. Todo tiene su precio en este mundo, hasta las estrellas;

y los arquitectos diseñaron una obra a la altura de las ambiciones estelares de Barragán.

Muchos colonos siguieron el ejemplo de Diógenes Maldonado y formaron cuadrillas de albañiles; en esos días estaba en su apogeo la exportación de marihuana, y los traficantes invertían una parte sustancial de sus beneficios en el negocio inmobiliario. Trabajaron en la construcción el rotinetero Bonifacio Mendieta, que fue contratado como carpintero en las obras de ampliación de la supertienda Happy, y el sabanalarguero Franklin Gómez, tataranieto de un hermano de Francisca Gómez, que se ocupó de las instalaciones eléctricas en la gigantesca urbanización Los Rosales.

Franklin Gómez montó además un negocio propio. Los viernes y sábados por la noche recorría los restaurantes y cantinas del centro de la ciudad, portando del hombro, a manera de bolso, una pequeña caja de madera de la que salían una manivela y dos cables rematados en sus extremos con sendas asas metálicas. Con semejante artilugio iba de mesa en mesa, pregonando: Descarga eléctrica; el que suelta primero, paga la cuenta.

Cuando encontraba una pareja de clientes, explicaba las reglas del novedoso juego. Cada contrincante debía agarrar con fuerza un asa metálica mientras él generaba corriente eléctrica con la manivela. Primero la hacía girar lentamente; luego incrementaba de manera progresiva la velocidad hasta que uno de los rivales, incapaz de resistir la descarga, soltara su cable. El primero en rendirse debía pagar la cuenta del restaurante. Así, vendiendo voltios y amperios con su rústico generador, se procuró Franklin Gómez un dinero adicional; pero en un abrir y cerrar de ojos la ciudad se infestó de vendedores ambulantes de electricidad, y lo que prometía ser un próspero negocio dejó de serlo a causa de la feroz competencia.

Numerosas mujeres consiguieron empleo en el servicio doméstico. Miladys Garcés, mujer de Wilson Lara, trabajó de criada en la mansión de Fuad Kadumi, el cirujano que resolvió el célebre caso de los pegaditos. Durante dos meses, toda la ciudad siguió sin respirar el drama de Toño y Janeth, una joven pareja de novios que para vergüenza propia y de sus padres había quedado trabada en el transcurso de una copulación. Cuando ya los médicos habían descartado todas las posibilidades de solucionar el problema, y los amantes se disponían a convivir como siameses el resto de sus existencias, llegó providencialmente de Houston el doctor Kadumi, que logró separarlos mediante una complicada intervención quirúrgica. Miladys Garcés cayó en gracia a sus patrones, porque era alegre y servicial, y al cabo de un tiempo la esposa de Fuad Kadumi contrató a Wilson Lara como jardinero y chofer.

También Emeterio Paniagua, el hombre más viejo de

Chibolo, tuvo que merodear por la ciudad en busca de sustento. Durante años había subsistido tocando guitarra, armónica y maracas en los autobuses de ruta provincial. Como interpretaba los tres instrumentos al mismo tiempo, algunos lo apodaron "el hombre orquesta", y dado que realizaba sus actuaciones en buses, hubo quienes lo llamaron "el jilguero de la carretera". Las canciones "La tapa y el corcho" y "La santa impura", que nunca han sido grabadas, pero que media provincia tararea porque las ha aprendido en sus idas y venidas por las rutas provinciales, son obra suya. Los problemas empezaron para Emeterio Paniagua cuando la vieja guardia de choferes se jubiló y fue relevada por una generación de jóvenes malhumorados que no estaban dispuestos a permitir que un pordiosero bullicioso incordiara con su guitarra la música que llevaban puesta a todo volumen en el pasacintas del vehículo. Cada vez que Emeterio Paniagua intentaba subir a un bus con su andamiaje musical, el conductor se lo impedía a gritos, diciendo: Oye, viejo, aquí se prohíbe pedir limosna. Para eso están las puertas de las iglesias.

Viéndose con las alas cortadas, el jilguero de la carretera vendió su casa en el corregimiento de Campeche y participó en la fundación de Chibolo junto a su nieto Orestes, que le servía de lazarillo. No volvió a actuar en buses, porque los de Bellavista siempre iban atiborrados de pasajeros y sus choferes tenían aun peor humor que los de la ruta provincial; para ganarse el sustento tocó en cafeterías y bares del centro de la ciudad, y jamás se le oyó renegar de su suerte.

Froylán Jiménez no era tan viejo como Emeterio Paniagua, pero se encontraba entre los escasos colonos que ya tenían dientes de hueso cuando asesinaron en la capital de la república a Félix Gabriel Chocontá. Durante el servicio militar lo enviaron a la guerra de Corea, donde perdió el brazo derecho; a su regreso, todo cuanto recibió como compensación fue una medalla conmemorativa bañada en oro y un diploma de letras góticas, firmado por el presidente de la república, en el que se reconocían sus servicios invaluables a la patria. Con el dinero que obtuvo de un coleccionista por la medalla, Froylán Jiménez pudo participar en la fundación de Chibolo junto a su hija Eneida y el hijo recién nacido de esta, David José, y al día siguiente de la invasión comenzó a buscar sustento como vendedor ambulante de café. Todas las mañanas salía bien temprano de su barraca, cargando a manera de maletín un soporte de madera donde transportaba cuatro termos con café fresco, una bolsa llena de pequeños vasos desechables y un recipiente con azúcar. En el centro de la ciudad, donde pasaba la mayor parte del día, llegó a ser un personaje popular; los comerciantes lo trataban con afecto y, cuando conocieron su historia, lo empezaron a llamar coronel para compensarle con un ascenso extraoficial el brazo que había perdido en la península remota adonde nunca debió ir.

Prudencio García, de Puerto Colombia, consiguió que la Oficina Provincial de Deportes le encargara de manera periódica redes para porterías de fútbol. Las redes de Prudencio García traían fama desde Puerto Colombia; tejidas con el punto de aguja y mallero, eran tan resistentes que los pescadores las usaban para atrapar róbalos gigantescos a los que había que rematar con escopetas.

Algunos colonos, entre ellos el bachiller de Pendales David Granados, trabajaron de terapias. Así llamaban en la ciudad a los conductores de taxis piratas, porque al buscar clientes y vigilar a la vez que no hubiera policías al acecho movían sin parar la cabeza de un lado a otro como si estuvieran bailando un ritmo de moda llamado terapia. Los conductores se disputaban cada pasajero como si fuese una gota de agua en el desierto, porque al final de la jornada debían pagar a los propietarios de los vehículos una suma fija tan elevada que apenas dejaba margen de utilidad. Por las noches, al volver exhausto a su casa después de aparcar el taxi en un garaje del centro de la ciudad, David Granados entregaba las exiguas ganancias del día a su madre, y esta le decía con preocupación, mientras guardaba el dinero en una lata: Si sigues así, te vas a acabar;

pero David Granados no sólo resistió las fatigas del trabajo, sino que algunos años más tarde tuvo aun fuerzas para colaborar con el padre Arregui durante la época gloriosa de la autogestión.

Muchos colonos buscaron trabajo entre los gestores. En Bellavista imperaba desde tiempos inmemoriales una ley no escrita según la cual, para obtener cualquier documento público, desde una licencia de conducir hasta un paz y salvo de la compañía eléctrica, había que contratar los servicios de los gestores. Quien intentaba obtener por su cuenta un documento podía quedar esperándolo toda la vida, porque los funcionarios responsables de expedirlo estaban confabulados con los gestores y recibían de ellos comisión. Alcides de la Hoz, el mejor amigo de Moisés Cantillo, trabajó a las órdenes de un gestor de apellido Sarmiento. Cada vez que alguien se acercaba al edificio de la Registraduría para solicitar un documento nacional de identidad, Alcides de la Hoz lo abordaba ofreciéndole sus servicios de intermediación. Si la respuesta era afirmativa, como ocurría casi siempre, conducía al interesado hasta la cafetería El Cisne, donde Sarmiento acumulaba las solicitudes diarias para llevarlas a la caída de la tarde al despacho de su compinche en la Registraduría. Por cada cliente que captaba, Alcides de la Hoz ganaba doscientos pesos.

Un rebusque con enorme poder de atracción lo constituyó el aseo. En los días que siguieron a la fundación de Chibolo, el servicio municipal de limpieza se hallaba colapsado, porque los camiones de recolección supuestamente nuevos que acababa de importar la Alcaldía desde Estados Unidos eran en realidad unas chatarras inservibles que no tardaron en sucumbir bajo el peso de su decrepitud. Mientras los periódicos se ocupaban de desenmarañar el nuevo caso de corrupción, cientos de colonos construyeron carretillas de madera y recorrieron los barrios residenciales ofreciendo su servicio particular de recogida de basura.

Más de medio millar de habitantes de Chibolo se dedicaron a hurgar en los muladares en busca de restos de vidrio, que vendían a las fábricas envasadoras para su reciclaje;

otros vendieron butifarra de cantina en cantina para saciar el hambre de los borrachos, o montaron fritangas en las entradas de los cines;

y muchos deambularon por el centro de la ciudad, a la espera de que los dueños de tiendas les pidieran ayuda para descargar mercancía o les encomendaran algún recado. Entre ellos estuvo el tubareño José Coll, que pronto se convirtió en uno de los recaderos más solicitados, porque a su inquebrantable buen humor sumaba el privilegio de ser pariente de

Marcos Coll, el único mortal que logró meterle un gol olímpico a Lev Yashin, la Araña Negra.

Los niños de Chibolo también salieron a trabajar. Cientos de ellos se apostaron frente a bancos, edificios públicos y centros comerciales de Bellavista para cuidar automóviles, en feroz competencia con niños de otras barriadas que ejercían la misma actividad. Cada vez que llegaba un vehículo, los chiquillos se abalanzaban al conductor, agitando bayetas rojas y gritando: Se lo cuido, patrón;

y el conductor siempre asentía, no tanto para que le cuidaran el automóvil como para que no se vengaran rayándole la carrocería si declinaba sus servicios.

Florencio Bermejo, que durante años actuó como antorcha humana en el circo Stember, recorrió los bares del centro de la ciudad, donde se prendía fuego en el cuerpo ante los ojos maravillados de los borrachos.

Algunos colonos, viendo que Bellavista carecía de alcantarillado pluvial, montaron el negocio de los puentes. En los días de lluvia se desperdigaban por toda la ciudad, armados de listones de madera y piedras, e improvisaban pasarelas para que los transeúntes pudieran atravesar las calles sin hundir sus zapatos en los arroyos. El resto del año buscaban la clientela en las calles aledañas al mercado central, que siempre estaban anegadas de aguas negras.

Hubo también un grupo de malamberos que esparció clavos y pedazos de vidrio en la vía de Circunvalación para que los automóviles sufrieran pinchazos al pasar frente a Chibolo; cuando una víctima caía en la trampa, la ayudaban a cambiar la llanta averiada a cambio de una propina.

Pero de todos los negocios que crearon los habitantes de Chibolo, ninguno adquirió tanta fama como el de las zanjas. Sus fundadores fueron los galaperos Julio Díaz y Vicente Suárez, que un buen día abrieron una zanja a lo ancho de la calzada de la Circunvalación, se apostaron con palas y un montón de arena junto al bache para simular que lo estaban reparando, y se pusieron a pedir propina a los conductores que frenaban al llegar a la hondonada. En un santiamén las calles de Bellavista fueron invadidas por reparadores de zanjas, que con el paso del tiempo no se limitaron a esperar pasivamente la propina, sino que tendieron cuerdas a lo ancho de la calzada y sólo las retiraban cuando el conductor pagaba su tributo. El gobierno municipal emprendió una feroz ofensiva para acabar con este negocio que amenazaba con destruir la estructura vial de Bellavista, pero por cada retén de reparadores de zanjas que la policía erradicaba a palos, surgían al día siguiente tres. Pocas empresas han cautivado con tal poder el espíritu de los colonos de Bellavista como la reparación de zanjas.

Los colonos que irrumpieron el día de Todos los Santos en el predio de Julio Alberto Gamarra practicaron numerosos y muy variados oficios. Y hubo quienes vendieron droga de menudeo;

y otros ejercieron el robo y el timo;

y algunos llegaron a trabajar para famosos narcotraficantes. Entre ellos estuvo Pedro Jesús Orozco, que trabajó primero como chofer y después como guardaespaldas para Bambi Arregocés, el exportador de marihuana más poderoso de las siete provincias del norte.

También hubo quienes se procuraron la subsistencia en el interior de Chibolo. Unos colonos originarios de Cabrera, provincia del interior de la república, compraron neveras de segunda mano y convirtieron sus chabolas en tiendas de abarrotes donde expendían gaseosas y cervezas heladas; el pionero de las tiendas fue Medardo Pérez, con su establecimiento La Cabaña.

Belkys Ariza, de Candelaria, extendió una esterilla frente a su casa y se dedicó a vender frutas abolladas que compraba a bajo precio en el mercado, con el convencimiento de estar emprendiendo el gran negocio de su vida. Pero, al día siguiente, cientos de mujeres instalaron el mismo negocio frente a sus viviendas. Al enterarse de la proliferación de fruterías, Belkys Ariza sufrió un ataque de ira y salió por todo el barrio gritando como una energúmena que le habían robado la idea, pero lo único que consiguió con semejante alboroto fue que la gente se burlara de ella y la llamara Guayabita, apodo que arrastró hasta el final de sus amargos días.

La luruaquera Minerva Esmeral y sus paisanos instalaron puestos de arepa de huevo a la orilla de la Circunvalación. Al propagarse la noticia de que en Chibolo vendían auténticas arepas de Luruaco, los viajeros empezaron a frenar junto a las fritangas, y el negocio prosperó; pero unos años después, cuando el empresario Jorge Sepúlveda fue asesinado por una turba enloquecida de colonos por atropellar sin culpa un niño que se atravesó en la carretera, los conductores sintieron temor y nunca volvieron a detenerse junto al barrio.

En cuanto a Moisés Cantillo, el senador Fadul le ofreció un puesto de celador nocturno en la Escuela Número Catorce para Varones. Cuando el Mono preguntó por el emplazamiento de la escuela, el senador le respondió con una sonrisa: No queda;

porque el centro docente estaba cerrado desde hacía seis años por falta de presupuesto. El senador explicó entonces al Mono Cantillo que el puesto no se le ofrecía para que ejerciera tareas de vigilancia, sino para que pudiera devengar un sueldo de las arcas municipales mientras se dedicaba de tiempo completo a organizar el Movimiento de Integración Reformadora en Chibolo. Azorado por la oferta, el Mono quiso decir algo, pero, antes de que pudiera abrir la boca, el senador le dijo: No te sientas mal, mijo. Te aseguro que así vas a hacer más por tu gente que si cuidaras de verdad una escuela;

y el Mono se rindió a los argumentos del senador y aceptó el puesto.

Una lección de política

Pasado un tiempo, los habitantes de Chibolo reclamaron los títulos de propiedad de los lotes, que el senador Fadul se había comprometido a entregarles tras la legalización del barrio. Al comienzo exigieron los documentos con sosiego; pero a medida que transcurrían las semanas y no obtenían respuesta, los ánimos se fueron exacerbando.

Un domingo acudieron cientos de colonos a la barraca de Moisés Cantillo y lo llamaron a voces para que diera la cara. Cuando el Mono Cantillo salió, el luciero Romualdo Martínez, que llevaba la voz cantante de la turbamulta, le dijo: El senador Fadul nos ha engañado. Y tú, Cantillo, eres su cómplice. Estás jugando con fuego. Como no tengamos los títulos de propiedad la próxima semana vamos a formar un mierdero que el senador se va a acordar del día en que nació;

y a sus palabras siguieron gritos iracundos que maldijeron el día de la invasión.

Al día siguiente, Moisés Cantillo se dirigió al cuartel central del Movimiento de Integración Reformadora para transmitir al senador Fadul las quejas de los colonos. Cuando entró en el despacho del senador; este se encontraba sentado detrás de su escritorio, con la camisa empapada en sudor, y frente a él, de pie, había un hombre flaco, una mujer y una adolescente, todos ataviados con ropa dominguera y olorosos a lavanda. Al ver a Cantillo, dijo el senador Fadul: Sigue, Mono, siéntate un momento en esa silla, que ya termino;

y dirigiéndose otra vez a la muchacha, dijo: Te lo vuelvo a decir, mijita, olvídate de eso de la Nasa. Estudia algo práctico, contabilidad, modistería, algo que te sirva en la vida.

A lo que dijo el padre de la muchacha: Eso mismo pienso yo, doctor. Pero a la niña se le ha metido que quiere estudiar en la Nasa y no hay quien le saque eso de la cabeza.

Y dijo la madre: Lo único que le interesa son los números. Todo el día anda con sus benditos números para arriba y para abajo. Parece que eso es lo que le gusta. Y los profesores del colegio dicen que es muy buena.

Entonces dijo el senador Fadul, echando un vistazo impaciente a su reloj: Dejemos la vaina por hoy. Yo insisto en que lo mejor para Luz Darys es que estudie algo práctico. Para estudiar en la Nasa primero tiene que aprender inglés. Después hay que conseguir una beca de mucha plata. Es muy complicado. Piénselo bien, discútanlo con calma y se pasan por aquí otro día.

Cuando la familia abandonó la habitación, el senador Fadul dijo a Moisés Cantillo con expresión de mártir: Esto es así todos los días, mijo. La gente pide y pide. Pero una cosa es tener aspiraciones, eso no lo veo mal, y otra tener la cabeza llena de pajaritos preñados. Estudiar en la Nasa. Nada menos. La maricadita;

y pasándose un pañuelo por la frente, dijo: A ver, mijo, cuéntame qué te trae por aquí.

Entonces Moisés Cantillo le relató lo ocurrido el día anterior en el barrio. Dijo: La gente está cabreada, doctor, y con justa razón. Cuando pagaron los veinte mil pesos del lote, les dije que la plata era para pagar muchas cosas, entre ellas los títulos de propiedad. Y ya han pasado nueve meses y no han recibido nada.

El senador Fadul escuchó a Moisés Cantillo con exagerada atención, mirándolo fijamente a los ojos. Cuando el presidente de la junta comunal terminó de desahogarse, le dijo: Mono, hay cosas que todavía debes aprender si quieres llegar a algo en esto de la política. Una de ellas es que la gente es ingrata por naturaleza. Sólo te apoya si tienes algo concreto para darles. Y lo que vayas a darles jamás lo sueltes antes de unas elecciones. Ten siempre presente que la gente se toma el trabajo de ir hasta las urnas cuando tiene un problema pendiente, pero nadie lo hace para agradecer que les hayan resuelto el problema. Factor humano, mijo. Cuando uno se mete en este lío de la política, aprende a tener muy en cuenta el factor humano;

y cuando terminó su reflexión colocó dos vasos sobre el escritorio y los llenó de whisky.

Al mediodía, Moisés Cantillo regresó a Chibolo y habló

a los habitantes del barrio sobre la importancia de permanecer fieles al senador Fadul y votar por el Movimiento de Integración Reformadora en las próximas elecciones. Les advirtió de que, si el senador Fadul no retenía su escaño parlamentario y perdía el control del Concejo de Bellavista, otros grupos políticos aprovecharían la circunstancia para obstaculizar la entrega de los documentos de propiedad a los colonos. Al escucharlo, los habitantes de Chibolo depusieron su ira y concedieron al senador Fadul un margen de confianza hasta la celebración de los comicios.

El censo

Unos días después, el senador Fadul mandó llamar a Moisés Cantillo a la sede central del movimiento. El cuartel era escenario de una actividad frenética debido a la inminencia de las elecciones. Concejales, capitanes, tenientes y demás integrantes de la maquinaria política del senador Fadul correteaban afanosos de un lado a otro, abriéndose paso entre la muchedumbre que intentaba abordarlos en todo momento. Un concejal preguntaba al capitán del barrio La Pena si ya había repartido todas las papeletas de votación. El presidente de la junta comunal de Las Palmas se quejaba de que aún no le habían entregado las cajas de aguardiente para la campaña. Un teniente pedía camisetas de propaganda para repartir en el barrio. Cuando Moisés Cantillo entró en el despacho del senador Fadul, este estaba gritándole a alguien por teléfono: Me importa un carajo. Si el senador Vergara puede hacer que los muertos voten, yo puedo hacer que lo hagan los menores de edad. Así que sácales la cédula a los que dijimos y verifica que les cambien las fechas de nacimiento.

Cuando colgó el auricular, el senador se quedó un rato mirando al vacío, con la frente bañada en sudor. Sin pronunciar palabra, dio unos pasos hasta la pequeña nevera y extrajo dos botellas de gaseosa, una para él y otra para Moisés Cantillo. El senador apuró de un trago el contenido de la suya y, al terminar, soltó un ruidoso eructo. Sólo entonces volvió a la normalidad. Mirando al Mono Cantillo, le dijo: Falta ya muy poco para las elecciones, mijo. La pelea va a ser más dura que nunca. La vaina está prendida. Necesito saber con exactitud cuántos votos tengo en Chibolo;

y le ordenó realizar un censo de los adultos del barrio, el primer recuento de almas que se celebraría desde la invasión. Le indicó que anotara los datos de aquellos que careciesen de tarjeta nacional de identidad, con el fin de tramitarles el documento en la Registraduría antes de los comicios.

Moisés Cantillo cumplió a cabalidad la orden del senador Fadul. Registró a cada persona con edad de votar, desde la más vieja hasta la más joven, desde la más sana hasta la más enferma; nadie quedó excluido del recuento. Y a aquellos que carecían de documento de identidad les dijo que tuvieran a mano sus partidas de nacimiento y un par de fotografías para el momento en que el senador Fadul los convocara a la Registraduría.

En total fueron contados 17.560 adultos en el primer censo de Chibolo: 10.008 procedentes de los pueblos de Barrantes y, el resto, de los barrios de Bellavista. Cuando Moisés Cantillo entregó la lista al senador Fadul, este tecleó en una calculadora el número total de electores de Bellavista, incluidos los del nuevo barrio de invasión, restó a esa cantidad el porcentaje tradicional de abstencionistas, dividió la cifra resultante entre el número de escaños del Concejo, aplicó a los restos la fórmula D'Hondt y, al aparecer el resultado final de la operación en la pequeña pantalla, dijo con entusiasmo: Chibolo puede darme dos concejales más de los que ahora tengo;

y mediante una operación matemática similar comprobó que tenía la posibilidad de convertirse en el único jefe político de Barrantes con un segundo escaño en el Senado. Rebosante de júbilo, sacó del escritorio una botella de whisky para brindar con Moisés Cantillo por la fructífera invasión.

Después de beber durante un largo rato, cuando ya se disponían a marcharse a sus respectivas casas, el senador extrajo de un cajón del escritorio 250.000 pesos en efectivo y los ofreció a Moisés Cantillo. Le dijo: Repártelos en la junta comunal. Diles que se los mando yo para que le compren cualquier pendejada a la familia;

y a continuación sacó cincuenta mil pesos más, y dijo: Esto es para ti.

Moisés Cantillo, atolondrado, hizo unos intentos tímidos por rechazar el dinero. El senador le dijo: ¿Qué te pasa, mijo? ¿Crees que estás cometiendo un pecado si recibes un regalo? ¿No crees que te mereces esto y mucho más por todo lo que estás haciendo por el bien de tu gente? Mira, Mono, yo sé que tú eres un tipo honesto. Por eso te tengo en mi movimiento. Pero una cosa es ser honesto y otra muy diferente es ser un pendejo. Conmigo irás aprendiendo la diferencia. Así que coge la plata y déjate de vainas;

y vencido por la presión afectuosa del senador, Moisés Cantillo aceptó el regalo.

El senador Fadul hace campaña en Chibolo

Cuando faltaba una semana para las elecciones, el senador Fadul acudió a Chibolo para presentar las listas de su movimiento al Parlamento nacional y al Concejo de Bellavista. Lo acompañaban en la caravana cuatro camiones distribuidores de aguardiente y ron y una camioneta que albergaba en su interior un enorme equipo de música. Escoltado por los guardaespaldas, el senador descendió de su automóvil de vidrios oscuros, subió sin perder tiempo a la tarima de madera que Moisés Cantillo había mandado instalar junto a la vía de Circunvalación, se cubrió la cabeza con un sombrero de bijao para protegerse del sol, apuró un trago de aguardiente, pidió silencio con las manos y pronunció un discurso vibrante en el que se comprometió a luchar de cuerpo y alma por Chibolo, barrio por el que aseguraba sentir un afecto especial porque lo habían fundado hombres y mujeres humildes, pero batalladores, como lo era él desde su remota infancia. Uno de los asistentes al mitin, que había acudido desde Me Quejo con la única finalidad de beber aguardiente gratis, dijo con la lengua pastosa por la borrachera: La misma vaina dijo ayer en mi barrio. Parece un disco rayado;

pero nadie lo oyó, porque su voz fue sepultada por un alud de vítores al Movimiento de Integración Reformadora.

El senador Fadul recorrió a continuación el barrio, acompañado por Moisés Cantillo y el cabeza de lista de su movimiento para el Concejo, Giovanni Baldasano. A lo largo del trayecto entró en varias casas a tomar café, y cargó niños, y besó ancianas, y jugó algunas partidas de dominó, y pateó pelotas de trapo en las calles de tierra, y bebió aguardiente de las botellas que le alargaban simpatizantes anónimos sin preocuparse por limpiar previamente la boquilla del envase, y entregó dinero a un viejo enfermo de cataratas, y prometió conseguir un puesto al hijo mayor de Amílcar Hernández, que perdió la vista durante el enfrentamiento con el ejército el día de la invasión; y cada gesto provocó comentarios de admiración entre los cientos de colonos que lo seguían en su ruidoso itinerario.

Chibolo vota por Fadul

El domingo de las elecciones, desde primera hora de la mañana, Moisés Cantillo coordinó el operativo de movilización para que todos los adultos del barrio pudieran ejercer sin contratiempos su derecho constitucional del voto. Una flotilla de buses de Transportes Vásquez, propiedad de un empresario amigo del senador Fadul, acarreó en diez turnos a los votantes de Chibolo hasta el Paseo de las Palmas, donde se encontraban las urnas.

El paseo de las Palmas, cerrado ese día al tráfico automotor, se había convertido en una verbena monumental. Simpatizantes de grupos políticos rivales se lanzaban harina a la cara como si estuvieran en pleno carnaval, mientras en el aire retumbaba la música estridente que salía de los camiones, buses y automóviles aparcados en las calles vecinas. La atmósfera estaba cargada de un intenso olor de aguardiente, pese a que desde la noche anterior imperaba la prohibición de consumir bebidas alcohólicas. Por entre el bullicioso gentío pululaban, como tribus nómadas, grupos de personas humildes, con el apremio reflejado en los rostros, subastando su voto entre los tenientes de distintos movimientos políticos. Al empezar la jornada el voto se cotizaba a tres mil pesos, pero a media tarde llegó a negociarse en seis mil; no hubo hasta entonces elecciones más reñidas de la historia de Bellavista.

Las mesas de votación estaban dispuestas a lo largo de ambas calzadas del Paseo de las Palmas, desde la estatua ecuestre del Libertador, que esos días estaba decapitada y sin espada, hasta la vieja terminal de buses. Cada mesa era custodiada por un inspector de la Registraduría, dos ciudadanos elegidos por sorteo como testigos y un representante de cada movimiento político. Los votantes de Chibolo se repartieron entre las mesas según sus números de identidad nacional y, siguiendo las instrucciones de Moisés Cantillo, comunicaron su presencia a los tenientes del Movimiento de Integración Reformadora, que se encargaban de proporcionarles las papeletas y de verificar que introdujeran los votos en las urnas.

De esa manera votaron los diecisiete mil quinientos setenta adultos de Chibolo por las listas del senador Fadul. Unos depositaron el voto con entusiasmo, porque confiaban en los candidatos; otros lo hicieron con resignación, porque no pudieron subastar el sufragio. Y hubo quienes votaron con rencor, maldiciendo por dentro al senador Fadul por forzarlos a entregar su conciencia a cambio de unos títulos de propiedad que ya estaban incluidos en el precio de la invasión. Cuando Bonifacio Mendieta, el carpintero de Rotinet, introdujo la papeleta en la urna ante la mirada vigilante del teniente del Movimiento de Integración Reformadora, farfulló imprecaciones contra el senador Fadul, diciendo: Esta me la pagarás, hijueputa;

y se alejó cabizbajo, abrasado por la ira y la vergüenza. Algunos años después pudo vengarse de la humillación, cuando apareció el padre Arregui en Chibolo predicando la doctrina de la autogestión y él se convirtió en uno sus hombres de confianza.

Tal como lo habían pronosticado las operaciones matemáticas de su calculadora, el senador Fadul obtuvo en las elecciones dos concejales más en Bellavista y un segundo escaño en el Senado. Al día siguiente, rebosante de júbilo por el arrollador triunfo, organizó un almuerzo en el hotel Las Brisas para premiar el esfuerzo de los concejales, capitanes, tenientes y otros integrantes de su formidable maquinaria electoral. En un momento del jolgorio, el senador se acercó a la mesa donde Moisés Cantillo departía con Simón Cuadrado, el chofer que lo condujo por toda la provincia durante el reclutamiento de colonos, y Roberto Villa, su amigo de infancia, que en esos días ostentaba el rango de capitán en el Movimiento de Integración Reformadora, y les dijo: Bueno muchachos, vamos para arriba. No hay quien nos pare;

y los tres amigos sonrieron con satisfacción.

Después, mirando a Moisés Cantillo, dijo: Te has lucido, Mono. Creo que ya va siendo hora de hablar seriamente de algunas cosas. Hasta ahora hemos sido colaboradores, pero las colaboraciones son como bejuquitos, que al primer ventarrón se quiebran. Yo lo que quiero es que seamos socios. Que entres de una vez por todas en mi movimiento.

A lo que dijo Roberto Villa: No se preocupe, doctor, que este mango ya está madurito y no tardará en caer.

El senador Fadul celebró a carcajadas las palabras de Roberto Villa, mientras palmoteaba a Moisés Cantillo en la espalda. Después fue de mesa en mesa festejando la victoria y desplegando su principal arma de seducción, que consistía en llamar por su nombre a cada persona y preguntarle por su familia, por muy humilde que fuera.

Operación Ballena Furiosa

Días después los habitantes de Chibolo recibieron los títulos de propiedad de sus parcelas. Aquellos que anhelaban mudarse a otros barrios o regresar a sus pueblos de origen experimentaron un regocijo grande, porque veían la posibilidad de vender sus barrancas a mejor precio gracias a los documentos que acreditaban su posesión legal. Pero la mayoría reaccionó con indiferencia; en esos días la atención de los habitantes de Chibolo, y de todos los ciudadanos de la república, estaba puesta en los aparatos de radio y televisión, que transmitían sin cesar boletines sobre la operación Ballena Furiosa, la primera gran redada contra el tráfico de marihuana que se desarrollaba en el país.

El domingo en que empezó la ofensiva policial apareció en Chibolo una enorme ránger negra, de vidrios ahumados, que con sus cuatro ruedas de tractor y los reflectores que portaba sobre el techo parecía un terrorífico engendro espacial; fue el primer vehículo automotor en transitar por las calles de Chibolo. La ránger se internó a toda prisa por las callejuelas del barrio y avanzó aparatosamente, rozando las fachadas de las chabolas, hasta frenar en seco frente a una vivienda de fachada azul con una potera de geranios junto a la puerta. Cuando el ocupante descendió del vehículo, un vecino llamado Néver Peñate le dijo: Nojoda, Chucho, tremenda nave. ¿De dónde la sacaste?

Y Pedro Jesús Orozco contestó: Es del patrón. Me pidió que se la tenga escondida mientras pasa todo este mierdero;

y en su voz evidenció el orgullo de ser depositario de la confianza del Bambi Arregocés, el traficante de marihuana más poderoso de la república.

Néver Peñate, que trabajaba de albañil en la construcción del hotel de diez estrellas de Quique Barragán, dijo con preocupación, porque temía que la acción policial fuera a paralizar las obras: ¿Qué crees que va a pasar ahora?

Pedro Jesús Orozco contestó: El jefe dice que esto no va a durar mucho. Que todo es pura bulla del gobierno para que los gringos crean que aquí se lucha contra el narcotráfico y suelten un préstamo que tienen aguantado desde hace meses.

Al escuchar las palabras de su vecino, Néver Peñate exhaló un suspiro de alivio, y dijo: Dios te oiga.

Mientras conversaban, decenas de niños rodearon la ránger y se pusieron a acariciar la carrocería reluciente profiriendo exclamaciones de admiración. Pedro Jesús Orozco les dijo: Nada de meter la mano. Ver, pero no tocar;

y los niños retiraron sus manos y contemplaron durante un largo rato el vehículo con la respetuosa fascinación del aborigen que observa un tótem sagrado.

Las batidas policiales se sucedieron sin pausa. Durante un mes entero los periódicos publicaron en sus primeras planas grandes fotografías de traficantes y lavadores de dólares detenidos en sus casas, en bares, en discotecas, en aeropuertos. La operación Ballena Furiosa fue elogiada por el gobierno de Estados Unidos, que desbloqueó el crédito retenido; pero los habitantes de Bellavista, que sabían quién era quién en el negocio de la marihuana, sonrieron con malicia y rebautizaron la operación con el nombre de Mojarrita Tranquila, porque, mientras las fuerzas de seguridad desarrollaban sus acciones espectaculares, los grandes jefes del narcotráfico permanecían discretamente escondidos por recomendación de policías amigos esperando a que amainara el temporal.

El gobierno nunca declaró oficialmente finalizada la operación Ballena Furiosa. Para los moradores de Chibolo terminó la mañana luminosa en que Pedro Jesús Orozco encendió el motor de la ránger negra y, tocando la potente bocina que interpretaba el estribillo de "La Cucaracha", abandonó el barrio envuelto en una polvareda. Al día siguiente se pusieron en marcha las grúas y las mezcladoras de cemento en las obras que permanecían paralizadas a lo largo y ancho de Bellavista, y cientos de albañiles de Chibolo que permanecían con los brazos cruzados, entre los que se contaba Néver Peñate, volvieron a trabajar.

El costo de vida

Con el paso del tiempo, la vida se tornaba cada vez más penosa en Chibolo. La bonanza de la marihuana, como todas las bonanzas, era una lotería que permitía a algunos escapar de la miseria, pero dejaba a la inmensa mayoría sumida en una pobreza aun mayor. En el norte de la ciudad brotaban, como hierbas silvestres, impresionantes centros comerciales y hoteles suntuosos. Las galerías de arte entraron en un período de esplendor. El bar del hotel Las Fuentes, tradicional reducto de la élite blanca, comenzó a ser frecuentado por mulatos y negros ataviados con pesadas cadenas de oro y vistosos relojes, que bebían champán Dom Perignon y abrazaban a hembras despampanantes de melenas teñidas de rubio. En las calles resonaban todo el día los estridentes estribillos de "La Cucaracha" y "La Marsellesa" que salían de las bocinas de las rangers. Los traficantes abrieron concesionarias de automóviles de lujo para lavar el dinero y regalaron a sus mujeres y a sus amantes boutiques de ropa importada para que se entretuvieran con alguna ocupación. El dinero del narcotráfico fluía como un río desbordado. A Bellavista se le empezó a llamar Bellapista, porque en fincas cercanas se construyeron muchas pistas clandestinas de donde partían las avionetas cargadas de marihuana rumbo a Florida. Pero Chibolo continuó siendo una miserable barriada de calles de tierra, enganchada clandestinamente a los postes de la luz de la Circunvalación, donde la mayoría de los habitantes salía a buscarse cada mañana el sustento con una taza de café negro en el estómago.

Hubo quienes recibieron como una bendición divina el dinero de la marihuana, y entre ellos destacaron por su número los albañiles. Pero la misma bonanza que les proporcionaba el jornal elevaba el costo de vida, formando un endemoniado círculo vicioso que les impedía escapar de las penurias. Néver Peñate comprendió los efectos devastadores de la inflación una tarde de domingo en que pidió dinero a Darcy Bermúdez, su mujer, para beber una cerveza en la tienda La Ponderosa con un grupo de amigos. Cuando Darcy Bermúdez, que llevaba años soportando en silencio la angustiosa tarea de administrar las finanzas domésticas, le comunicó que el dinero se había agotado diez días antes, y le demostró con pedagógica crudeza cómo los precios de la libra de arroz y el kilo de papa habían aumentado en el último trimestre cinco veces más que su sueldo de albañil, Néver Peñate sintió que naufragaba en un océano de confusión. Cuando pudo articular palabra, dijo: O sea, que he estado trabajando como un burro todos estos años para ser cada vez más pobre.

Sacudiendo la mesa con un limpión, dijo Darcy Bermúdez: Y encima hay que dar gracias a Dios porque tienes trabajo.

Esa noche, mientras cenaban una sopa de hueso, Néver Peñate preguntó a su mujer con auténtica curiosidad científica cómo habían sobrevivido hasta ese día si el dinero no alcanzaba para llegar a fin de mes. Y ella contestó: ¿Cómo va a ser? Como siempre. Tirando de aquí y allá;

y sacándose el seno para amamantar a su hijo recién nacido, dijo: Lo que ya no sé es qué vamos a hacer cuando este deje la teta.

La epidemia

Ese problema quedó aplazado hasta que tuvieron el segundo hijo, porque el primogénito de Néver Peñate fue uno de los setecientos niños muertos en la primera epidemia de gastroenteritis de Chibolo, que brotó en el mes de las moscas, diecisiete meses después de la invasión. Hombres, mujeres y niños padecieron veinticinco días de espanto, entre vómitos y ataques de diarrea que parecían no tener fin.

Cuando aparecieron los primeros casos, Moisés Cantillo convocó con urgencia a la junta comunal e impartió las instrucciones para combatir la epidemia. Dijo: Que en todas las casas se hierva muy bien el agua, por lo menos quince minutos, y después se deje reposar otros quince minutos para que la tierrita que quede se vaya al fondo;

dijo: Que se hierva también el agua de lavarse, porque siempre hay riesgo de tragar agua cuando uno se está bañando;

dijo: Después de una diarrea hay que beber mucho líquido. Lo mejor es agua con azúcar, porque el azúcar ayuda a reponer la energía;

dijo: No dejen que las moscas se paren en las comidas ni en los niños. La mosca transmite mucha porquería, y todavía no sabemos si esta gastro es de bacteria o viral.

Las instrucciones fueron propagadas de inmediato casa por casa, pero no lograron evitar la catástrofe. Durante veinticinco días se escucharon en Chibolo llantos de dolor y gritos de espanto, y de entre las barracas no pararon de salir hacia el cementerio municipal procesiones con pequeños ataúdes a cuestas. Muchos padres llevaban a sus hijos en bus hasta el hospital público La Medalla Milagrosa, con la esperanza de que hallaran salvación; pero los niños morían por docenas en la abarrotada sala de espera, donde también aguardaban para ser atendidos cientos de niños procedentes de otros barrios.

La primera epidemia de gastroenteritis hundió en la tristeza a los habitantes de Chibolo. Y al dolor se sumó la ira cuando se enteraron que la enfermedad había sido provocada por una infección en el agua que compraban a los camiones cisterna. Vargas el joven y su equipo de investigadores, los periodistas que habían descubierto meses antes la trama delincuencial de los luciérnagos, enviaron a un laboratorio varias muestras del agua distribuida en los barrios tuguriales, y los análisis revelaron que el líquido carecía casi por completo de alumbre y que el contenido de cloro apenas alcanzaba la mitad del mínimo exigido por las normas sanitarias nacionales. Vargas el joven y su equipo husmearon en el acueducto, y descubrieron que buena parte de los fondos destinados a la compra de productos químicos había desaparecido, y se enteraron de que los ingenieros responsables de la purificación del agua habían recibido instrucciones de reducir las dosis de alumbre y cloro en el líquido que enviaban a los barrios más pobres de la ciudad.

Al publicarse la noticia del fraude, un grupo de chiboleros enardecidos prendió fuego a un camión cisterna, y hubiera linchado hasta la muerte a su conductor de no haber intervenido a tiempo el ejército. El clan de los aguateros reaccionó paralizando la prestación del servicio hasta que el gobierno les garantizara la seguridad de sus vehículos. En declaraciones a la radio, Moisés Cantillo advirtió que un solo día de interrupción del servicio podía provocar un estallido social de terribles consecuencias. Atrapado entre las exigencias de los aguateros y las amenazas de las juntas comunales, el alcalde dotó a cada camión cisterna de escolta policial hasta que se aplacaran los ánimos y anunció que, a partir de ese momento, los vehículos distribuidores de agua serían sometidos a una rigurosa inspección semanal. Pero Moisés Cantillo consideró que existía una opción mucho más eficaz, y se la hizo saber al senador Fadul. Le dijo: ¿Por qué el municipio no distribuye directamente el agua en los barrios pobres? Podría comprar camiones cisterna de segunda mano. O todavía mejor, podría subcontratar a los aguateros. Así se matan dos pájaros de un tiro, porque se aprovechan las redes de distribución de los aguateros y se les tiene al mismo bajo el control de la administración pública.

A lo que dijo el senador Fadul: Ay, mijo, si fuera así de fácil, ¿tú crees que yo no lo hubiera hecho ya?

Dos trastornos

Pasado un tiempo, cuando Chibolo ya había cumplido su tercer año de existencia, dos acontecimientos provocaron grandes turbaciones en la vida del barrio. El primero fue la aplicación de un plan de austeridad que el Fondo Monetario Internacional impuso al gobierno como condición para concederle unos créditos multimillonarios. Miles de trabajadores quedaron de un día para otro en la calle a lo largo y ancho del país; 876 habitantes de Chibolo perdieron sus empleos.

El otro acontecimiento fue la crisis de la marihuana. De pronto el negocio se fue a pique, porque el gobierno bombardeó con glifosato las plantaciones de la Sierra Blanca, donde crecía el cannabis más codiciado del mundo, y surgieron plantaciones extensas en California y Nuevo México que, libres de competencia, se apoderaron del mercado norteamericano. El declive del comercio de marihuana trastornó con inusitada violencia a Bellavista, donde tenían su centro de operaciones los principales traficantes y lavadores de dólares. Cientos de edificios y mansiones quedaron paralizados en obra negra, con su osamenta de hormigón a la vista, y miles de albañiles, carpinteros, pañeteros, mamposteros y electricistas se vieron de un día para otro sin empleo. Al estrecharse el negocio de la droga, los grandes traficantes se enzarzaron en feroces batallas intestinas y empezó una ola de delaciones y asesinatos que convulsionó durante varios meses la capital de Barrantes. Quique Barragán fue detenido por los mismos policías que antes habían comido con avidez de su mano y, tras un rápido proceso de extradición, fue trasladado a Estados Unidos, con lo que quedó paralizado, y lo sigue estando hasta el día de hoy, su quimérico hotel de diez estrellas. En venganza, un hermano de Barragán ordenó matar a Bambi Arregocés, porque presumía que él había sido el autor intelectual de la traición. Una tarde en que salía sin protección de la discoteca Jocelyn's con una de sus amantes, Bambi Arregocés advirtió la presencia de cuatro potentes rangers en la calle. Sin pensarlo, empujó a un lado a su acompañante e intentó entrar de nuevo en el establecimiento; pero antes de que lograra sortear la puerta cayó acribillado a balazos.

Pedro Jesús Orozco se mete a sicario

Pedro Jesús Orozco, que en ese tiempo servía de guardaespaldas a Bambi Arregocés, se encontró de pronto sin trabajo. Todo lo que le había quedado de su etapa como empleado del mayor traficante de las siete provincias del norte era una potente Mágnum 44 y alguna experiencia en el oficio de matar. Decidió entonces convertirse en sicario y difundió por los bajos fondos de la ciudad que estaba disponible para ejecutar por una suma módica cualquier tipo de ajuste de cuentas. Su madre, que no sabía exactamente en qué trabajaba, entró un día en su habitación justo en el momento en que limpiaba la pistola. Mirándolo con suspicacia, le dijo: ¿Para qué es eso?

Él dijo: Para ganarme la vida, mama.

A lo que dijo su madre: Con aparatos de esos lo que se gana es la muerte.

Y él dijo: Bueno, ¿y qué? No hay negocio sin riesgo.

Pedro Jesús Orozco cobraba entre veinte mil y medio

millón de pesos por encargo, en función de la importancia de la víctima y su grado de protección. El primer trabajo se lo encargó el dueño del restaurante La Fogata, que quería deshacerse de un prestamista llamado Clemente Vergara, a quien debía cinco millones de pesos. La operación resultó sencilla; lo único que tuvo que hacer Pedro Jesús Orozco fue esperar al agiotista a la salida del bar El Diamante, donde solía beber los jueves por la noche con un grupo de amigos, y descerrajarle dos tiros en la cabeza. A partir de ese momento le llovieron a Chucho Orozco los pedidos. Con el primer ingreso que obtuvo mandó embaldosar el piso de la casa y regaló a su madre un mobiliario de alcoba, un refrigerador y varios vestidos. Más adelante compró a precio de ganga la ránger a un matón endeudado, con lo que ya no tuvo que desplazarse en buses para cometer sus crímenes. El dinero no duraba entre sus manos. Casi todo lo gastaba emborrachándose con sus amigos, manteniendo una vasta red de amantes a quienes pedía cobijo en los momentos de peligro, y alquilando burdeles para celebrar sus éxitos criminales. En la ciudad se empezó a hablar de Chucho Orozco con terror; su refulgente vehículo negro de vidrios ahumados y llantas de tractores se convirtió en símbolo de iniquidad y muerte. La gente murmuraba al ver al sicario: Quien lo ve, tan chiquito;

porque Pedro Jesús Orozco era menudo, de aspecto tan frágil que parecía incapaz de aplastar una hormiga.

Y llegó un momento en que Chucho Orozco, obsesionado por el color de la sangre, ya no distinguió entre jornada laboral y tiempo libre y empezó a matar por matar. Una noche asesinó a un muchacho en una discoteca porque rehusó cederle a su pareja para un baile. En otra ocasión, un chiquillo travieso le mentó la madre desde un bus sin conocer al destinatario del insulto, puesto que la ránger tenía vidrios ahumados. Presa de la ira, Pedro Jesús Orozco pisó el acelerador, se atravesó en el camino del bus obligando al conductor a frenar, bajó de la ránger, entró en el bus, se dirigió con parsimonia hasta donde estaba sentado el niño y, ante la mirada aterrada de los pasajeros, le disparó un tiro en la cabecita. Antes de abandonar el vehículo, entregó al chofer un fajo de billetes, y le dijo: Les das esto a los papás para el entierro. Que después no se ande diciendo por ahí que Chucho Orozco es un hijueputa.

Cada vez que Pedro Jesús Orozco regresaba a su casa, su madre lo miraba fijamente a los ojos y decía: Ay, mijito, te estás buscando una mala hora.

Y él respondía con los ojos extraviados en el vacío: Llevo tanto tiempo esperándola, mama, que ya ni la espero.

Una noche en que estaba en el burdel Las Diablitas, sentado a una mesa con cuatro amigos y un tropel de putas, sacó de pronto su pistolón y dijo balbuceando por la borrachera: Llevo más de dos años usando esta vaina como si fuera un juguete y todavía no sé lo que hace;

y ante la sorpresa de los acompañantes, colocó el cañón de la Mágnum sobre su muslo izquierdo y se pegó un balazo. Pedro Jesús Orozco quedó unos instantes mirando atónito su propia sangre, sin pronunciar palabra, hasta que se derrumbó sobre el regazo de una prostituta. La dueña del burdel telefoneó de inmediato a su médico de confianza, un anciano llamado Pablo Cossio, que curó al herido sin hacer preguntas impertinentes sobre su identidad o la causa del accidente. A partir de entonces Pedro Jesús Orozco renqueó al caminar, y su fama de sanguinario aumentó al propagarse la historia sobre la causa de su cojera. La gente se apartaba con pavor a su paso; los periódicos no osaban mencionar su nombre; los familiares de sus víctimas rehusaban denunciarlo por temor a su furia vengativa. Y la policía, al no sentir la presión ni de la prensa ni de los deudos, prefería aplazar el enfrentamiento con un individuo tan peligroso.

Muerte de Chucho Orozco

Una noche en que Pedro Jesús Orozco se encontraba en el barrio La Alboraya, sentado a la terraza en casa de una de sus mantenidas, se detuvieron frente a él dos jeeps y tres automóviles, de los que descendieron quince personas armadas con pistolas, escopetas y ametralladoras. Chucho Orozco comprendió al instante que le había llegado la hora. Consciente de que no tenía nada que perder, y de que su única alternativa era morir matando, estiró con disimulo el brazo para coger su pistola, que descansaba sobre un taburete; cuando ya la rozaba con los dedos, cayó sobre su cuerpo una balacera implacable que lo dejó convertido en una piltrafa sobre un inmenso charco de sangre. Uno de los participantes en el crimen gritó a los curiosos que se asomaban a las ventanas en las casas vecinas: Si quieren saber a cuántos mató ese hijueputa, cuéntenle las balas. Lleva una por cada muerto;

y la caravana encendió los motores y se perdió ruidosamente en la oscuridad.

El médico forense que levantó el cadáver encontró 93 balas dentro del cuerpo; por eso se dice que Pedro Jesús Orozco eliminó a 93 personas en sus dos intensos años de sicario. Cuando la policía comunicó la noticia de la muerte de Chucho Orozco a su madre, la mujer encendió una vela a Gregorio Hernández, hacedor de milagros, y dijo con los ojos llenos de lágrimas: Si nos hubiéramos quedado en el pueblo;

porque su hijo fue pendenciero desde niño, pero mientras vivieron en Pitalito nunca pasó del puñetazo limpio para dirimir sus querellas.

Al mediodía siguiente, después de pernoctar en una empresa de pompas fúnebres donde remendaron su cuerpo con hilo y aserrín y cubrieron su rostro desfigurado con una densa capa de maquillaje, Pedro Jesús Orozco fue enterrado en el cementerio municipal. Miles de curiosos asistieron al sepelio para presenciar el momento histórico en que el sicario más famoso de Bellavista desaparecía para siempre de la faz de la tierra. Cuando el sepulturero descargó la última palada sobre el ataúd, se escuchó una voz que dijo: Murió en su ley;

y la multitud salió de su estado de fascinación y repitió como en una plegaria: Murió en su ley.

Así terminaron los días de Pedro Jesús Orozco, hijo de Juana Polo, lavandera, hija de Clementina Meza, hija de Eneldina Barrios, la tumbamachos, hija del tejedor Evelio Barrios, hijo de Onofre Barrios, que huyó a la tierra del genequén después de matar a su hermano en el bar La Estrella. El linaje de Onofre Barrios consta en los libros de registro.

La Tres

Por los días en que acribillaron a Pedro Jesús Orozco, un vecino de Chibolo de nombre Guillermo Altamar compró una nevera de segunda mano y un tocadiscos viejo, colocó frente a su chabola cuatro mesas con cuatro taburetes cada una, levantó un bordillo de cemento para que pudiera sentarse más gente, y pintó en la fachada de la vivienda dos palabras: La Tres. Eligió ese nombre porque era la tercera vez que abría una cantina; y recordando lo ocurrido en las dos anteriores, rogó a San Pancracio que en esta nueva tentativa lo abrazara por fin la fortuna.

La Tres no tardó en conseguir una nutrida y fiel clientela. Además de encanto natural, el gordo Altamar poseía un repertorio inagotable de anécdotas que contaba de mesa en mesa con una gracia contagiosa. Y cuando veía a algún cliente afligido, se sentaba pacientemente a su lado y le servía de paño de lágrimas para que descargara su pesadumbre. Los viernes y sábados a medianoche, cuando el gentío ya estaba medio borracho, apagaba de sopetón la música, pedía silencio, se colocaba en la cabeza un estrafalario sombrero de copa y presentaba en mitad de la calle el espectáculo del perro sabihondo. Mirando fijamente a su perro, decía: Uno más dos;

y el animal, un gozque albino llamado Blanquicet, abría con su pata tres pequeños surcos en la tierra.

A continuación decía Altamar: Se lo voy a poner más difícil. Dos más tres;

y Blanquicet trazaba cinco marcas.

Y por último decía: Ahora demuestra que también sabes restar. Tres menos dos;

y el perro abría un surco.

Los parroquianos se divertían con el espectáculo, sin dar mayor importancia al hecho de que cada fin de semana se repitieran las mismas tres operaciones aritméticas. Lo único que les interesaba era pasar el rato, disfrutar de la borrachera y gastar de vez en cuando alguna broma a costa del pacífico Blanquicet. En cierta ocasión se alzó una voz que dijo:

Perro, si eres tan inteligente, explícame por qué el burro caga cuadrado teniendo el culo redondo;

y todos, incluyendo a Guillermo Altamar, celebraron el chiste.

En otra ocasión alguien dijo: Dime Blanquicet, ¿tú eres blanco de nacimiento? Porque para mí que eres negro y te has teñido como ese cantante, ¿cómo es que se llama? Nojoda, siempre se me olvida el hijueputa nombre;

y una voz gritó desde otra mesa: Maicol Yacson, ignorante.

El apunte produjo mucha gracia; desde entonces todos llamaron al perro por el nombre del famoso artista. Guillermo Altamar, que tenía la virtud de buscar siempre el lado positivo de las cosas, enseñó entonces al gozque algunos pasos de baile, y una noche sorprendió a sus clientes ofreciéndoles un nuevo espectáculo llamado Michael Jackson Can.

Pero el principal atractivo de La Tres no eran ni el versátil Blanquicet ni los relatos fabulosos que contaba su amo, sino la música. Desde el momento en que abrió sus puertas. La Tres se distinguió por divulgar la mejor salsa del mundo. Cuando las nuevas canciones de Ricardo Rey, Héctor Lavoe, Willie Colón, Henry Fiol, Cheo Feliciano, El Gran Combo o Los Vecinos comenzaban a sonar en las emisoras de Bellavista, los clientes de La Tres ya las sabían de memoria y podían presumir de informados ante sus amigos. El secreto de Guillermo Altamar para estar en la vanguardia salsera estribaba en que un hermano suyo residente en Nueva York le enviaba periódicamente los últimos discos que aparecían en el mercado.

La Tres no tardó en quedarse pequeña para acoger a las

personas que desfilaban cada día por el establecimiento atraídas por su renombre. Animado por tan feliz circunstancia, el gordo Altamar tomó la decisión de convertir La Tres en una cantina de verdad, como Dios mandaba, donde la clientela no tuviera que sentarse en medio de la calle como una manada de perros vagabundos. Después de darle vueltas a la idea durante varios días, consideró que había llegado la hora de sacar algún provecho a la hermosa ceiba centenaria que se erguía en el patio de su casa. Con un dinero que pidió prestado a su hermano, compró el predio al vecino de atrás, demolió la chabola en él construida, y al unir este terreno libre con el patio de su casa obtuvo una superficie de cierta amplitud en la que descollaba como un ídolo la ceiba frondosa. A continuación desalojó su propia vivienda para colocar en el interior una barra rústica y cuatro mesas, y se mudó con su mujer y sus dos hijas adolescentes a otra casa del barrio. Cuando concluyó el proceso de ampliación de la cantina, dijo: Ahora falta lo más importante.

Se refería al equipo de sonido. Para una cantina como la que había montado, y que planeaba ampliar cuando la ocasión lo requiriese, ya no bastaba con el pequeño tocadiscos austríaco que había comprado a precio de remate en una tienda de empeños. Guillermo Altamar quería un picó potente, como los del Ipacaraí o El Gran Picasso, para que la música pudiera retumbar en el aire con toda su estruendosa magnificencia. Después de pedir cotización a numerosos técnicos, contrató a Franklin Gómez, vecino de Chibolo, para que le fabricara el picó. Le dijo: Quiero uno que sea capaz de ahogar al Gran Pijuán.

Franklin Gómez respondió: O sea, un aparato a lo bestia;

porque el Gran Pijuán era el picó más potente de las siete provincias del norte, y hasta el sol de ese día había ganado todos los duelos de equipos de sonido, imponiendo de manera nítida su música sobre la de su rival.

Franklin Gómez construye el picó

Al cabo de dos semanas de trabajo en el interior de La Tres, Franklin Gómez terminó de construir el aparato y se lo enseñó con orgullo a Guillermo Altamar. Señalando el enorme parlante de dos metros de ancho y uno con ochenta de alto, dijo: Tal como quedamos, lleva adentro doce parlantes de dieciocho pulgadas, con el twiter y la media bien ajustaditos para que el sonido salga brillante y no haya distorsión;

y a continuación le mostró la tornamesa, diciéndole: Aquí están los dos platos para discos, el elevador de corriente, el transformador y el amplificador. Yo soy de los que todavía hacen el amplificador con tubo, porque eso de usar transistores puede parecer moderno, pero es un engaño. Picó que se respete, debe llevar amplificador de tubo.

Entusiasmado como un niño con el armatoste, dijo Guillermo Altamar: Bueno, esto no es más. A probarlo;

a lo que dijo Franklin Gómez: Un momento, que la vaina no es así de fácil. ¿O es que usted cree que esta corrientica eléctrica va a poner a funcionar tremendo aparato?;

y se dirigió hasta el poste más cercano de la vía de Circunvalación, desenrollando a su paso un grueso cable de cobre, y estableció una conexión especial para el formidable equipo de música de La Tres. Cuando volvió al cabo de un largo rato, con la camisa empapada en sudor, dijo: Ahora sí, a ver cómo suena esta vaina.

Arrastró entonces el gigantesco parlante hasta el patio, colocó en la tornamesa el "Sonido bestial" de Ricardo Rey y puso en marcha el artefacto, armando una algarabía infernal que hizo aullar de pavor a todos los perros del vecindario y llevó a creer a muchos habitantes de Chibolo que había empezado el apocalipsis. Dijo Franklin Gómez con petulancia: Y eso que sólo le he puesto tres punticos de volumen.

Entonces dijo el gordo Altamar: Métele un momento los diez puntos, para ver cómo suena.

Franklin Gómez lo miró fijamente a los ojos, sin dar crédito a lo que oía, y dijo: ¿Está seguro?;

y Guillermo Altamar, parado frente al colosal parlante, respondió que sí.

Dijo Franklin Gómez: Como quiera. A fin de cuentas usted es el patrón. Pero al menos apártese del medio;

pero Guillermo Altamar no se quiso retirar.

Entonces Franklin Gómez subió de un tirón toda la palanca del volumen, y fue como si estallara el universo en pedazos. El parlante despidió unas vibraciones tan potentes que derribaron al suelo al gordo Altamar, desgoznaron las puertas, rompieron las poteras del patio, estremecieron las paredes de las casas vecinas, mataron a cuatro gallinas que correteaban por la calle y dejaron sordos durante varios días a todos los curiosos que se habían congregado del otro lado de la alambrada del patio para admirar el engendro musical. Después de levantarse del suelo con la ayuda de Gómez, dijo Altamar sin poder escucharse: Suena del carajo.

El arte de Ifizarth

Sólo faltaba decorar el parlante del picó y pintar un mural en la pared del patio. Para acometer ambas obras, Guillermo Altamar pensó primero en Belimaasth, el más grande de los artistas; pero en esos días Belimaasth estaba ocupado pintando un mural en un restaurante y rehusó comprometerse. Después pensó en Sanberch, que había alcanzado la fama con el mural de El Gran Picasso; pero Sanberch estaba enfermo de tos ferina y tampoco se comprometió. Entonces después de mucho buscar, eligió a un muchacho de Chibolo llamado Ifigenio Zapata Ramos, que utilizaba como nombre artístico Ifizarth. En esos tiempos Ifizarth no era tan famoso como Belimaasth y Sanberch, pero en ciertos ambientes se comenzaba a hablar con admiración de su osada originalidad en el manejo de los colores. Guillermo Altamar conocía de sus obras el Che Guevara psicodélico que decoraba el picó El Gran Rebelde y el mural con motivos siderales que alegraba el estadero La Machaca. Y ambas le gustaban.

Tres días permaneció Ifigenio Zapata frente a la pared del patio de La Tres, manipulando frenéticamente sus brochas y pinceles. Al cuarto día, cuando enseñó la obra concluida a Guillermo Altamar, este dijo: Te has consagrado, muchacho;

sin apartar los ojos de la orquesta y el tropel de rumberos que brillaban sobre la superficie de la pared en una fabulosa explosión de colores.

A la mañana siguiente, Ifigenio Zapata volvió a La Tres para realizar la segunda parte del trabajo. Retiró con cuidado la tela del enorme parlante del picó, la extendió en el suelo, y durante doce horas seguidas permaneció de rodillas, pintando un negro amenazante, lanza en ristre, sobre un paisaje tropical abigarrado de árboles frutales y fieras de todas las especies imaginables. Cuando el gordo Altamar contempló la obra terminada, dijo con satisfacción: Ya no tengo que pensar el nombre del picó;

y lo llamó El Africano.

En su nueva etapa, La Tres multiplicó la fama que ya traía y se convirtió en uno de los templos de la salsa de Bellavista; tuvo tantos clientes que, al cabo de unas semanas, el gordo Altamar compró las dos chabolas de la esquina para ampliar de nuevo el local. Pero la consagración definitiva llegó dos años después, cuando Sigifredo Barrios, un periodista con predicamento en los círculos liberales de Bellavista, publicó un reportaje extenso sobre los mejores establecimientos de salsa de la ciudad y, para sorpresa de sus lectores, colocó a la desconocida La Tres en primer lugar y la proclamó el Sanctasanctórum del Guaguancó. La Tres se puso entonces de moda, y fue así como empezaron a peregrinar por Chibolo refinados visitantes que acudían a pasar una velada exótica en el establecimiento de paredes de bloque y suelo de tierra de Guillermo Altamar.

Cuando Sigifredo Barrios llevó a las primeras mujeres, unas arquitectas y antropólogas amigas suyas, el gordo Altamar lo llamó a un lado y le dijo: Aquí nada de mujeres, Barrios. Este es un sitio tranquilo para beber y oír salsa;

pero Sigifredo Barrios, tras una acalorada conversación, consiguió persuadirlo de que se colocara a la vanguardia de los cantineros y abriera las puertas a las mujeres. Desde entonces el gordo Altamar tolera que en su local entren las intelectuales, como él llama con prevención a los clientes que llegan los fines de semana desde los barrios del norte.

Después de la remodelación. La Tres fue famosa ya no sólo por su música, sino también por su patio acogedor en medio del cual se erguía la ceiba gigantesca. Los parroquianos admiraban la imponencia de ese árbol de raíces poderosas y tronco recio, que con su tupida fronda impedía el paso del agua durante las lluvias y refrescaba el aire en las tardes de calor. En cierta ocasión un borracho se puso a orinar junto a la ceiba, y mientras expulsaba su chorro interminable advirtió que en la corteza del árbol había una palabra grabada. En una lucha heroica contra su embriaguez, el hombre juntó mentalmente las letras y leyó: L.A.R.A.;

y cuando terminó de miccionar se subió la bragueta y volvió a su mesa para seguir bebiendo.

Chibolo oye a otros políticos

Por los días en que murió el sicario Orozco y nació La Tres, se celebraron unas nuevas elecciones generales en la república, las segundas en que participaba Chibolo desde su fundación. Un par de semanas antes de los comicios, el senador Fadul empezó a enviar señales a los habitantes del barrio para recordarles que él seguía pendiente de sus problemas y que la alianza sellada antes de la invasión se mantenía vigente como en los tiempos fundacionales. Primero llegó una camioneta cargada con pesados transformadores de energía eléctrica, cuatro postes y una bobina de cable de conducción. Los ocupantes del vehículo descargaron el material a un lado de la vía de la Circunvalación, mientras Moisés Cantillo anunciaba a los curiosos: Vamos a tener electricidad de verdad.

Después llegó un camión abarrotado de tuberías de polivinilo, juntas, válvulas, crucetas y codos. Los ocupantes del vehículo distribuyeron el material en varios puntos estratégicos de la barriada y procedieron a abrir zanjas. Mientras agitaban sus picos y palas, Moisés Cantillo proclamaba con aire triunfal: Por fin vamos a tener agua corriente.

Después apareció una volqueta destartalada, que se puso a recorrer las calles de Chibolo soltando a su paso un reguero de brea. Dos hombres sudorosos trotaban detrás del vehículo esparciendo el alquitrán con sendos rodillos de cemento. Moisés Cantillo dijo: Vamos a tener calles pavimentadas.

Por último llegó el senador Fadul en su lujoso automóvil, seguido por una caravana de tres camiones distribuidores de aguardiente y una camioneta con un potente equipo de música. Escoltado por un enjambre de guardaespaldas, el senador se encaramó en la tarima que Moisés Cantillo había ordenado instalar para la ocasión, y pronunció un encendido discurso en el que se comprometió a redoblar sus energías para sacar a Chibolo de la miseria.

Pero esta vez los habitantes de Chibolo no atendieron sólo al senador Fadul. Algunos colonos desengañados abrazaron otros movimientos y les cedieron sus chabolas como cuarteles para organizar campañas electorales. Los jefes de esas agrupaciones políticas también enviaron transformadores de energía, cables de conducción, tuberías para el agua, válvulas, crucetas y camiones que soltaban a su paso brea, y ofrecieron becas y puestos de trabajo a cambio de votos.

Cuando el senador Fadul se enteró de la irrupción de intrusos en Chibolo, mandó llamar a Moisés Cantillo a la sede del Movimiento de Integración Reformadora. Mientras servía dos vasos de whisky, le dijo: Tarde o temprano nos íbamos a enfrentar con este problema, Mono. Lo importante es resolverlo a tiempo. Y de una vez por todas.

Dijo Moisés Cantillo: ¿Pero qué podemos hacer? La gente es libre para hacer campaña.

Y el senador Fadul dijo: ¿Libre? Trata de montar un comando en El Bojuato, a ver si te dejan. Hace unos años conseguimos que un simpatizante montara en su casa un cuartel para mi movimiento, y le tumbaron la casa a palos. De vaina se salvó de que lo lincharan. Ahí no entra nadie más que el senador Vergara.

Dijo Moisés Cantillo: Nojoda, Pero…

El senador Fadul lo interrumpió, diciendo: Nojoda pero nada. Esto es una guerra y en la guerra hay que pelear.

Percatado de las vacilaciones del presidente de la junta, el senador dejó la expulsión de los comandos rivales en manos del nene Peñaloza, su hombre para las misiones difíciles. Fiel a su fama, el nene Peñaloza amedrentó a los intrusos con amenazas y agresiones, y en menos de tres días desaparecieron de Chibolo los grupos que pretendían contender con el Movimiento de Integración Reformadora.

Las elecciones

El día de las elecciones, Moisés Cantillo consiguió movilizar un elevado número de personas hasta el Paseo de las Palmas, donde estaban dispuestas las mesas de votación. Pero esta vez se contaron por cientos los habitantes de Chibolo que subastaron el sufragio entre los diferentes movimientos políticos, y miles prefirieron quedarse en el barrio porque habían dejado de creer o nunca creyeron en el poder de las urnas. Cuando la Registraduría provincial proclamó los resultados oficiales de los comicios, el senador Fadul confirmó abrasado por la ira que había perdido el senador y uno de los dos concejales conseguidos cuatro años atrás con el refuerzo electoral de los votantes de Chibolo. Mandó entonces llamar a Moisés Cantillo a la sede del movimiento para pedirle explicaciones sobre el revés. Y Moisés Cantillo le dijo: Puse toda la carne en el asador, pero eso es lo que hubo.

A lo que dijo el senador Fadul: Mira, Mono, no me vengas con vainas. Algo está fallando en el barrio. No sé si el problema es tuyo o de la gente que tienes en la junta comunal, pero esto no es normal. Mira los resultados. Seis de cada diez chiboleros no votaron. Y de los que votaron, apenas la mitad lo hizo por mi movimiento.

Y Moisés Cantillo dijo: Lo que pasa es que si la gente no ve mejoras va perdiendo el entusiasmo.

Y dijo el senador Fadul: Cómo que si no ve mejoras. El barrio ya tiene puesto de salud. Y una asociación de deportes con una subvención que yo le conseguí. Ahora estoy peleando para que les abran una escuela; tú lo sabes muy bien, porque me has acompañado en las gestiones. Si todo eso no son mejoras, apaga y vámonos. Además están los puestos de trabajo. Mira, aquí lo tengo anotado. Setecientas personas de este barrio han encontrado trabajo gracias a mí. Setecientas familias. ¿Eso no son mejoras?

A lo que dijo Moisés Cantillo: No digo que no, doctor, pero tampoco se pase. Casi todos los trabajos han sido para hacer una cosita aquí y otra allá. Eso no resuelve la vida de la gente. Las vainas como son.

Irritado por la contumacia de Cantillo, que parecía estar sometiéndolo a un examen de conciencia, dijo el senador

Fadul: Dejémonos de pendejadas, Mono. Mira al senador Vergara, ¿Qué ha hecho por El Bojuato? Un carajo. Ahí sigue el barrio con sus calles de tierra, sin agua, sin escuela, sin un culo, y eso que es mucho más antiguo que Chibolo. Y la gente sigue votando por Vergara. Mira, Mono, la gente necesita servicios y todo eso, no te lo voy a negar, pero lo que más necesita es que le metan entusiasmo. Y yo creo que ahí te estás quedando corto.

A lo que Moisés Cantillo dijo: Pero permítame que le diga algo, con todos mis respetos. Usted también se ha quedado un poco corto. El senador Vergara cada vez que puede va a El Bojuato, y está con la gente, y juega dominó, y oye los problemas de todos. Cuando él no puede ir, va su hermano, el concejal. Eso le gusta a la gente. Se lo digo yo, que sé cómo es la vaina.

Entonces dijo el senador Fadul: Bueno, tal vez tengas razón. La verdad es que he descuidado un poco a Chibolo. Pues esto no es más. Desde ahora vamos a ponernos las pilas y trabajar más duro. Que nos sirva de lección.

Al día siguiente de las elecciones desaparecieron misteriosamente los transformadores de electricidad, los postes, las bobinas de cable, las tuberías de polivinilo, las válvulas y los camiones de la brea que el Movimiento de Integración Reformadora y los otros grupos habían enviado para ganarse el apoyo de los electores. Las zanjas donde supuestamente se iba a instalar la tubería del agua permanecieron abiertas durante algún tiempo, hasta que los niños se aburrieron de jugar en ellas al escondite y comenzaron a jugar a rellenarlas de tierra. Del ambicioso plan de erradicación tugurial anunciado por el senador Fadul unos días antes de las elecciones sólo quedaron como testimonio doce calles asfaltadas; pero la capa de alquitrán era tan fina que no tardó a desintegrarse por la acción de los elementos naturales.

El basuco

Nada mejoró en Chibolo; con el paso del tiempo las cosas fueron a peor. Las calles se abarrotaron de jóvenes ociosos que consumían el día en las esquinas hablando de fútbol o planeando atracos, los bares se convirtieron en sitios de reyerta y perdición, y en muchos hogares estallaron trifulcas entre padres e hijos por causa de la marihuana, que circulaba a raudales por el barrio. Pero la marihuana era tan solo un juego de niños en comparación con lo que vino después.

Una noche estaba Minerva Esmeral en su casa viendo la televisión, cuando retumbaron unos fuertes golpes en la puerta. Al preguntar quién era, oyó la voz de su hijo Alberto, que decía: Abre, rápido, rápido.

Asustada por el tono apremiante de la voz, Minerva Esmeral abrió la puerta, y el muchacho entró como un tornado, mirando con pánico hacia atrás, mientras chillaba: Cierra, rápido, cierra.

Cuando Minerva Esmeral miró a su hijo para preguntarle por el motivo de su extraña conducta, sintió un escalofrío de horror. El muchacho tenía el rostro transfigurado, y sus ojos brillaban intensamente como los de un loco peligroso. Alberto Esmeral miró un instante a su madre sin pronunciar palabra y a continuación echó a correr de un lado a otro en la pequeña sala, girando a cada instante la cabeza hacia atrás, y se encaramó a la mesa y a las sillas, y trató de treparse por la paredes, y después salió al patio, donde siguió corriendo sin parar, y volvió a la sala, y miró a su madre con ojos de extraterrestre, y se tumbó en la mecedora de mimbre, y cuando parecía que le había pasado la ventolera salió otra vez disparado al patio, y corrió a cada uno de sus rincones para intentar esconderse, e introdujo la cabeza en el bidón del agua que reposaba bajo el cobertizo. Y mientras el muchacho estaba en el patio armando un escándalo de latas y palanganas, Minerva Esmeral aprovechó para asomarse al exterior de la casa. Miró a uno y otro lado, y no vio a nadie. Angustiada por el arrebato demencial de su hijo, acudió a su vecino Ulises Donado, que también era de Luruaco, y le pidió ayuda. Le dijo: Por favor, vecino, venga urgente, que a Betico se le ha metido el demonio en el cuerpo.

Cuando Ulises Donado entró en la casa de Minerva Esmeral, el joven estaba acurrucado en un rincón de la sala, detrás de una mesita de madera, mirando a su alrededor como un conejo asustado. Al verlo, dijo Ulises Donado: Ningún demonio, comadre. Lo que tiene dentro del cuerpo es basuco. Déjelo quietecito ahí donde está, que ya se le está pasando el efecto.

El basuco había llegado a Chibolo. Cientos de jóvenes se volvieron adictos a esta terrible droga que redobla la ferocidad de los violentos y la incuria de los ociosos y destruye por dentro a todo aquel que la prueba. Por el basuco supieron los habitantes del barrio que el infierno carece de límites y esconde regiones de insospechado horror. Como en esos mismos días fueron detectados en el barrio núcleos de activistas del grupo guerrillero Catorce de Mayo, la policía decidió incluir a Chibolo en la tenebrosa ruta del Dodge Dart azul.

La ruta del Dodge Dart azul

Estaba Moisés Cantillo desayunando en su chabola una mañana de domingo, cuando escuchó por la radio la noticia de que cuatro muchachos de Chibolo habían sido acribillados a tiros la noche anterior. Las víctimas, tres de ellas con antecedentes penales, acababan de ver una película mexicana en un cine del centro de la ciudad y fueron abatidas mientras volvían andando a Chibolo por una orilla de la vía de Circunvalación. En un escueto comunicado de prensa, la policía planteó la hipótesis de que se trataba de un ajuste de cuentas entre bandas de delincuentes comunes. Cuando el presentador del noticiero terminó de leer con su voz de barítono el comunicado policial, recibió la llamada telefónica de un oyente que aseguraba haber sido testigo presencial de los hechos. El informante anónimo acusó del crimen a dos hombres y una mujer, que habían usado para su desplazamiento un automóvil Dodge de color azul. Al escuchar el dato sobre la marca y el color del vehículo, Moisés Cantillo pegó un puñetazo sobre la mesa, y dijo: Mierda. Ya estamos en la ratonera.

Horas antes de la matanza, el coronel Gerardo Mendoza, jefe de la policía secreta de Bellavista, había convocado en su despacho a Rosario Cadena, Carlos Rivera y Wulfren Fernández, sus agentes para misiones especiales. Con voz grave, les dijo: El ambiente anda revuelto, muchachos. Hay que hacer una operación limpieza.

Bellavista llevaba varias semanas convulsionada por una sucesión de crímenes que habían rebasado los niveles de tolerancia de la burguesía local. Los periódicos comenzaban a publicar severos editoriales poniendo en entredicho la competencia policial y la capacidad de las autoridades para garantizar la seguridad de los ciudadanos. El asesinato de la esposa del vicepresidente del Bellavista Beach Club, acuchillada en su tienda de decoración por una banda de atracadores, había llevado al más reputado columnista a presagiar una guerra civil. Cada vez que la temperatura social se elevaba de ese modo, el coronel Gerardo Mendoza organizaba una operación limpieza con el fin de salvaguardar la reputación de la policía.

Señalando el enorme plano de la ciudad que dominaba la pared del fondo de su despacho, el coronel Mendoza dijo a los tres agentes especiales: No tenemos tiempo que perder. Diseñemos la ruta de una vez para empezar esta misma noche. Oigo sugerencias.

La agente Rosario Cadena dijo: Deberíamos incluir al Basurero. Ya va siendo hora de estrenarlo.

A lo que dijo el coronel Mendoza: No es mala idea. Ese barrio se está volviendo muy problemático.

En el plano aparecían en color amarillo los barrios que el coronel Mendoza llamaba problemáticos. La naturaleza de los problemas se especificaba mediante un sencillo código de letras que aumentaban de tamaño según la gravedad del caso. Una "s" significaba que en el barrio actuaban movimientos subversivos; una "s" grande indicaba que los insurgentes mantenían una actividad permanente e intensa. La "a" denotaba presencia de bandas de atracadores. La "d" revelaba consumo de drogas. Si entre las drogas se contaba el basuco, la "d" iba acompañada de una "b" roja. La letra "t" representaba talleres de desguace clandestinos; la "h", peristas; la "c", criminalidad interna; la "z", personas con antecedes penales.

A los barrios marcados con todas las letras del código se les conocía en la policía con el nombre de ratoneras, y cada ratonera recibía un apodo particular. El de Chibolo, el más nuevo en la lista, era Basurero.

Después de acordar la ruta, en la que además de Chibolo se incluyeron La Pena, El Bojuato y Cuatro de Marzo, dijo el coronel Mendoza: Ya lo saben. Nada de locuras. Dos o tres fiambres por barrio. Y que tengan antecedentes. A los subversivos me los dejan quietos esta vez. Las vainas andan ahora delicadas en todo el país con esa maricada de los derechos humanos y no conviene armar escándalo;

y habló mirando seriamente a Rosario Cadena, que procedía de la provincia de Caledonia y sentía orgasmos al matar.

Ajustados todos los detalles de la operación limpieza, el coronel Mendoza preguntó si quedaba alguna inquietud. Dijo el agente Wulfren Fernández: Coronel, hablando de otra cosa, ¿cuándo nos van a cambiar el carro?

A lo que el coronel Mendoza dijo: ¿Qué pasa con el Dart?

Y dijo el agente: Nada, coronel, sólo que están circulando rumores.

Y el coronel Mendoza dijo: Pues qué le vamos a hacer. No podemos cambiar de carro cada vez que en las ratoneras circulen rumores.

Y dijo el agente: No lo digo por las ratoneras, coronel. Lo digo por lo de los periodistas esos, Macaulan y Chúar, que dejaron entrever el otro día en una noticia que el carro es de la policía. Y por ahí andan haciendo averiguaciones.

Y el coronel Mendoza dijo: Ah, sí. Esos dos periodistas pendejos que andan jugando a escribir crónica roja. Tranquilos, que ayer hablé con Pachito. Me dijo que ya está bien de la pata y que mañana o pasado se reincorpora al periódico. Verán cómo todo vuelve a la normalidad.

Dijo entonces Wulfren Fernández: Con Pachito no hay problema. Él siempre nos ha tratado bien.

Y Carlos Rivera dijo: Él sabe cómo es esta vaina.

Pasada la medianoche, después de concluir la misión en el barrio El Bojuato, los tres agentes especiales partieron en el Dodge Dart azul hacia Chibolo. Siguiendo las indicaciones de un confidente, esperaron aparcados en un recodo de la vía de Circunvalación a que César Ballesteros, alias Avispo, volviera del centro de la ciudad. Ballesteros había pasado dos años en prisión por el atraco a la ferretería Garcés e Hijos, y se hallaba entre los sospechosos del reciente atraco a la joyería La Esmeralda, el golpe más sensacional de la historia de Bellavista por la magnitud del botín.

Cuando Ballesteros apareció en el horizonte bajo la luz de la luna, ataviado de camisa roja manga larga y pantalones blancos, dijo el agente Carlos Rivera: Moñona;

porque con Ballesteros iban Roberto Quesada, alias Papi, y Nemesio Ruiz, el Doblefeo, que figuraban en las listas de la policía como erre-erres, rateros reconocidos.

Dijo Wulfren Fernández: ¿Y quién es el cuarto?

Y Rosario Cadena respondió: No lo conozco. Pero eso es problema suyo.

Entonces Carlos Rivera encendió el coche, diciendo: Vamos por ellos;

y se dirigió con el acelerador pisado a fondo hasta el lugar donde caminaban los cuatro jóvenes. Antes de que estos pudieran reaccionar, los agentes descendieron del coche y los encañonaron con sus Luger Parabellum. Dijo Wulfren Fernández, mirando a César Ballesteros: Esta vez no hay tiempo, hijueputa. Voy a contar hasta diez. Si no cantas lo de La Esmeralda, te quiebro.

Y Ballesteros dijo: Yo no tengo nada que ver con ese atraco. Ya te lo dije una vez y te lo repito ahora. No tengo nada que ver con esa vaina.

Wulfren Fernández empezó a contar despacio. Mientras avanzaba el conteo, los compañeros de Ballesteros miraban a este con angustia, esperando que resolviera el trance. Pero Ballesteros les dijo: Se los juro no sé nada. Créanme. No sé nada.

Entonces Rosario Cadena disparó a la cabeza del muchacho desconocido, y dijo: ¿No sabes nada?

César Ballesteros se abalanzó al cuerpo sin vida del muchacho y, mientras lo abrazaba, gritó llorando de rabia a la agente: Grandísima hija de puta. Mi hermano nunca había hecho nada malo. Por qué le has hecho eso. No había hecho nada.

Sin inmutarse, Rosario Cadena destrozó de un tiro la cabeza a Nemesio Ruiz, y volvió a preguntar: ¿No sabes nada?

Roberto Quesada se puso a llorar de pánico ante la certeza de que le tocaba la próxima bala. Agarrando a César Ballesteros por la camisa, le imploró: Diles lo que sea. Por favor. Avispo. Diles algo.

Pero César Ballesteros gritó con histeria: Nojoda, que no sé nada. Estos son unos hijos de puta. Han venido para matarnos. Asesinos, hijos de puta.

Rosario Cadena disparó entonces contra Roberto Quesada, y dijo: ¿Sigues sin saber nada?

Y César Ballesteros respondió: Sólo sé una cosa. Que eres una grandísima hija de puta;

y se abalanzó como una fiera a la agente con la intención de arrancarle los ojos. Pero antes de poder tocarla, recibió un balazo en pleno rostro que lo hizo saltar por los aires.

Los tres policías entraron entonces en el Dodge Dart azul y abandonaron a toda prisa el lugar, dejando los cuatro cadáveres tirados a una orilla de la Circunvalación. Mientras se alejaban, dijo Carlos Rivera: No sé qué pensarán ustedes, pero para mí que decía la verdad.

Y Wulfren Fernández dijo, encendiendo un cigarrillo: Pues habrá que seguir buscando a los que fueron. Si esos malparidos creen que van a comer solos, se equivocan.

Y mientras los dos conversaban, Rosario Cadena jadeaba de excitación en el asiento trasero.

Por la madrugada, después de culminar con éxito todas las misiones de limpieza previstas paras esa jornada, guardaron el Dodge Dart en el garaje de una casa franca que tenía la policía secreta en el barrio Los Vientos.

A partir de ese día el Dodge Dart azul se volvió un visitante asiduo de Chibolo; como un tiburón hambriento merodeaba alrededor del barrio envuelto en la oscuridad, a la espera del momento propicio para caer sobre las víctimas. Bajo las balas de sus tres ocupantes cayeron muchos vecinos del barrio, con antecedentes penales y a veces sin ellos. Pero las rondas del Dodge Dart azul, en lugar de amilanar a los hampones como pretendía el coronel Gerardo Mendoza, tuvieron el efecto adverso de crispar todavía más los ya enardecidos ánimos en Chibolo, como se puso de manifiesto con toda su brutalidad en el linchamiento de Jorge Sepúlveda.

La locura

Jorge Sepúlveda, propietario de la más grande tienda de electrodomésticos de Bellavista, conducía una tarde por la vía Circunvalar su lujoso automóvil, en compañía de su mujer y sus dos hijos pequeños. Se dirigía a Santa María, en la provincia de San José, para disfrutar de unos días de vacaciones. Pero al pasar frente a Chibolo, un niño se le atravesó de repente en la carretera, y lo arrolló. Conmocionado por el accidente, Jorge Sepúlveda aparcó el coche a un lado de la calzada y, después de indicar a su mujer que asegurara las puertas, caminó hasta el lugar donde yacía la víctima en un charco de sangre. Mientras acariciaba la cabeza del niño, intentando poner en orden sus ideas, el empresario se vio de pronto rodeado por una muchedumbre que lo miraba con ira en escalofriante silencio. Una voz preguntó: ¿Está muerto?

Acuclillado junto al niño, Jorge Sepúlveda respondió: No sé. Parece que sí;

con los ojos llorosos por el miedo.

Entonces el hombre que había hablado con anterioridad le propinó un puntapié en la cara al empresario, diciéndole: Conque parece que sí.

Jorge Sepúlveda se llevó la mano al rostro y dijo con voz suplicante: Fue sin querer. Él se atravesó.

Entonces otro hombre se arrodilló junto al niño y, después de tomarle el pulso y observarle los ojos, dijo: Muerto.

La palabra, que no era sino una confirmación de un hecho que ya se presumía, tuvo una resonancia mágica entre la multitud y desencadenó la locura colectiva. Hombres y mujeres atacaron a golpes a Jorge Sepúlveda con una saña inaudita, desahogando en su cuerpo todo el odio que llevaban años acumulando contra los ricos y los poderosos de la ciudad. Cuando el empresario ya agonizaba por la golpiza, llegó el padre del niño arrollado, gritando como un energúmeno: Déjenme a ese hijueputa, que yo lo remato;

y después de que le abrieran paso, llegó donde resollaba Jorge Sepúlveda y lo acribilló con un cuchillo de cocina.

Entonces se alzó una voz, que dijo: Está listo. Vámonos;

y la muchedumbre regresó en silencio a sus chabolas, dejando a la viuda de Sepúlveda dentro del coche sumida en un ataque de histeria, mientras sus dos hijos contemplaban por el vidrio trasero el cuerpo ensangrentado del padre tendido en medio de la carretera.

El ejército entra a Chibolo

Al enterarse del suceso, el alcalde declaró alterado el orden público y exhortó al ejército a que impusiera en Chibolo lo que en el lenguaje administrativo se conocía con el nombre de normalidad. A la mañana siguiente, un destacamento de la Segunda Brigada irrumpió en el barrio. Los soldados practicaron casa por casa severos interrogatorios para averiguar la identidad de los promotores del linchamiento y, al finalizar el operativo, dejaron a sus espaldas seis muertos y más de trescientas chabolas destruidas. En una conferencia de prensa posterior, el comandante de la Segunda Brigada aseguró que los muertos eran los instigadores del asesinato de Jorge Sepúlveda; quienes querían creerle le creyeron. La operación del ejército fue complementada por otra de la policía secreta. Esa misma noche, los agentes especiales del coronel Gerardo Mendoza salieron de ronda en el Dodge Dart azul y abatieron a doce rateros reconocidos de Chibolo.

Las acciones del ejército y la policía secreta sólo sirvieron para echar más leña al fuego de la ira. Al día siguiente, cientos de habitantes de Chibolo salieron a la vía de Circunvalación para vociferar contra el gobierno y contra los ricos, y esparcieron sobre la calzada puntillas y pedazos de vidrio, y quemaron neumáticos y cartones, y la densa humareda ensombreció toda la ciudad como si hubiese sobrevenido un sorpresivo eclipse solar. La revuelta fue respondida con una nueva intervención militar. Tras varias horas de enfrentamiento, los soldados doblegaron con fiereza a los sublevados en una batalla campal que dejó más de medio centenar de heridos. Antes de que los disturbios de Chibolo se propagaran a otros barrios de Bellavista y a otras ciudades del país, el presidente de la república decidió ocuparse personalmente del conflicto. En una entrevista concedida en la capital a los medios de comunicación de Bellavista admitió que existían graves injusticias sociales en la ciudad y se comprometió a impulsar programas educativos y proyectos de infraestructura con el fin de corregir los desequilibrios. Las palabras del presidente, sumadas al férreo control militar impuesto durante varias semanas en la vía de Circunvalación, consiguieron apaciguar los ánimos.

El linchamiento de Jorge Sepúlveda quedó marcado con letras de fuego en la memoria colectiva de Bellavista. Hoy casi nadie se atreve a circular de noche por la vía de Circunvalación; y quienes transitan durante el día lo hacen a toda velocidad y no detienen el vehículo aunque cruja algún cuerpo bajo sus ruedas.

El ocaso de la junta

Pocos meses después de la muerte del empresario Sepúlveda se celebraron unas nuevas elecciones generales en la república, las terceras desde la creación de Chibolo. Para ese entonces la junta comunal se hallaba hundida en tal descrédito que su presidente había olvidado convocar las últimas elecciones para renovar el comité directivo y nadie se había percatado de la omisión. Después de nueve años al frente de la junta, durante los cuales había peregrinado por innumerables despachos oficiales y atosigado al senador Fadul con la pretensión de mejorar las condiciones de vida en el barrio, Moisés Cantillo sólo había conseguido que el Servicio Provincial de Salud abriera una precaria enfermería cuya dotación se limitaba a unas bolsas de esparadrapos, unas cuantas botellas de agua oxigenada y unos paquetes de aspirinas, y que la Oficina de Deportes subvencionara una asociación deportiva que organizaba esporádicos campeonatos de fútbol callejero con pelota de trapo. La escuela seguía siendo una quimera; muchos niños quedaron sin educación, porque sus padres, que bastante carga soportaban por el mero esfuerzo de sobrevivir, carecían de iniciativa o de aliento para buscarles cupo en escuelas de otros barrios.

En los documentos oficiales, sin embargo, Chibolo aparecía como un barrio modélico de calles asfaltadas y hermosos parques, donde funcionaban siete escuelas, un instituto de formación profesional, tres puestos de salud, una pequeña clínica con servicio de traumatología, dos asociaciones para la protección del menor, un centro de rehabilitación de drogadictos, cinco clubes deportivos y un círculo cultural que organizaba conciertos y exposiciones de artistas populares.

Vargas el joven y sus investigadores, los mismos periodistas que habían desvelado las tramas de los luciérnagos y la contaminación del agua, pusieron al descubierto el colosal fraude. Un grupo de senadores, diputados provinciales y concejales, entre los que se hallaban el senador Fadul y otros integrantes de su movimiento, llevaban años presentando en el Parlamento proyectos ficticios para las barriadas de Bellavista con el fin de apropiarse de los auxilios de arbitrio, unas partidas millonarias que signaba el tesoro público a los legisladores para que las repartieran a discreción ente obras de fines sociales. La noticia apareció publicada dos días antes de las elecciones, y uno de sus efectos inmediatos fue la ruptura de la junta comunal de Chibolo. Doce de sus miembros, que mantenían viejas fricciones con Moisés Cantillo por la manera en que este manejaba las relaciones con el senador Fadul, dimitieron de sus cargos y crearon una asociación vecinal independiente.

Desbordado por los acontecimientos, Moisés Cantillo acudió a la sede del Movimiento de Integración Reformadora para pedir instrucciones al senador Fadul. El cuartel estaba sumido en el caos. Concejales y capitanes corrían de un lugar a otro con expresiones de alarma en los rostros, cargando paquetes de documentos y cajas de cartón. Los teléfonos no cesaban de repicar. Moisés Cantillo aprovechó la confusión reinante para colarse en el despacho del senador Fadul, que en ese momento acababa de colgar el teléfono. Al ver al presidente de la junta comunal, el senador dijo con irritación: Ahora estoy muy ocupado. Dime rápido qué quieres;

y mirando hacia la puerta, gritó: Amanda, te he dicho que no dejes pasar a nadie.

Entonces el Mono Cantillo dijo: La cosa está fea en el barrio, doctor. La junta se dividió. La gente anda bastante cabreada. Esto nos ha cogido por sorpresa.

Indignado de que un jefe de barrio le pidiera explicaciones en momentos de tanta gravedad, el senador Fadul le dijo a gritos: Cómo que por sorpresa ¿De dónde crees que sale la plata para hacer política? ¿Del cielo? Para poder hacer cosas por Chibolo y por los demás barrios tengo primero que ganar las elecciones. Y para ganar unas elecciones, se necesita plata. Mucha plata. ¿Sabes cuánto va a costar el voto en estas elecciones? Así es la política en esta república desde los tiempos del Libertador. No me lo he inventado yo.

A lo que dijo Moisés Cantillo, realizando un esfuerzo sobrehumano por mostrarse comprensivo: En parte tiene razón, doctor. Pero con toda esa plata de que se habla en el periódico hubiera podido meterle un poquito más al barrio. Creo yo.

Y el senador Fadul le dijo: Nojoda, Mono. Me parece mentira que lleves tantos años en esto y no entiendas un carajo. La plata se necesita para veinte mil vainas, para pagar personal, organizar elecciones, mantener cuarteles, premiar a la gente que trabaja más duro, como cuando te dimos los muebles o cuando te pagamos el embaldosado del suelo de tu casa, por no hablarte de las becas de tus hijos. Todo eso cuesta. Lo que queda es lo que se dedica para hacer obras en los barrios. Así es aquí y en Cafarnaún;

y antes de que Moisés Cantillo pudiera replicar, el senador levantó el auricular del teléfono e hizo señas para que se le dejara a solas.

A pesar del revuelo, el senador Fadul conservó su poder en el senado, la asamblea provincial y el concejo, porque de todos los jefes políticos fue el que más dinero reunió para invertir en la compra de votos. Fueron las elecciones menos concurridas en la historia de Bellavista; ocho de cada diez ciudadanos de Chibolo no acudieron a votar.

Chibolo continuó despeñándose en el abismo sin fondo de la desesperanza. Cada cual trataba de sobrevivir a su manera, sin importarle los problemas de la colectividad. Los habitantes del barrio sólo salieron de su marasmo dos años después para participar en la manifestación por los servicios públicos, una movilización convocada por la junta comunal del barrio Las Malvinas, a la que se sumaron, en espontáneo aluvión, miles de personas de todos los arrabales de Bellavista. Pero después de la protesta volvió a imperar en Chibolo la desidia y la dejadez.

El libro de Helga

La llegada a Bellavista

Tras culminar con matrícula de honor sus estudios de sociología en la Universidad de Colonia, Helga Steinert decidió cursar un doctorado sobre barriadas informales en el Tercer Mundo. Era un fenómeno que la obsesionaba desde niña, cuando su padre la llevó de vacaciones a Río de Janeiro y vio por vez primera las favelas, arracimadas en una ladera muy próxima al hotel de lujo donde se hospedaba, y no dejó ni un solo día de preguntarse aterrorizada cuándo bajarían los habitantes de ese amasijo miserable de barracas a descuartizarlos a ella, a sus padres y a todos los turistas que se doraban indiferentes bajo el sol.

Lo primero que hizo Helga después de inscribirse en el doctorado fue llamar por teléfono a María Hirschmann, su mejor amiga, que desde hacía varios años se ganaba la vida en Bellavista como profesora de música, y pedirle información sobre los arrabales de esa ciudad con el fin de determinar si se ajustaban a las exigencias de su proyecto académico. María le envió días más tarde una carta acompañada de abundante documentación, en la que describía con singular entusiasmo un barrio llamado Chibolo, que tenía poco más de diez años de antigüedad. Le dijo: Si te interesa, te puedo presentar a amigos que saben mucho de este barrio y estarían contentos de ayudarte. Y sobra decirte que tienes casa.

Helga Steinert arribó a Bellavista tres meses después de la gran manifestación por los servicios públicos, tras vacunarse contra el paludismo, el sarampión, el beriberi, el dengue, el escorbuto, el tifo, la disentería y una larga lista de enfermedades tropicales que figuraban en el manual de viajeros del Ministerio de Turismo alemán. Al día siguiente de su llegada, María le organizó en casa una fiesta de bienvenida, y le presentó a Fernando Marchena, Carmelo Marín, Carmen Fernández y otros sociólogos, abogados y periodistas, que se ofrecieron para ayudar a la recién llegada en la preparación de su tesis. En un momento de la velada, cuando los ánimos se hallaban distendidos por los efectos del ron y de la marihuana, Fernando Marchena le dijo: Si quieres llegar a ser una buena bellavistera como María, lo primero que tienes que hacer es olvidarte de la zeta. Más adelante aprenderás a decir vaina y nojoda;

y Helga Steinert, que había aprendido español en un curso para extranjeros en la Universidad Complutense de Madrid, celebró con una sonrisa la broma.

Fernando Marchena conocía a mucha gente en Chibolo, porque había rodado allí un documental patrocinado por una fundación sueca; él introdujo a Helga Steinert en el barrio, le presentó personas de distintas edades y procedencias para que contara en sus investigaciones con una amplia muestra poblacional, y le recomendó con especial énfasis que estrechara lazos con Bonifacio Mendieta, del que dijo: Es un tipo inquieto, preocupado por las cosas, muy serio en todo lo que hace. Él te puede presentar al padre Arregui, un cura que llegó hace poco al barrio y está haciendo cosas interesantes.

La aparición de la alemana Helga fue el suceso más comentado en Chibolo hasta la visita fugaz del Papa. Su llamativa presencia sirvió como tema de conversación en cantinas, tiendas y hogares. Algunos aseguraban que era una agente encubierta del servicio de espionaje norteamericano en misión contraguerrilla; otros murmuraban que pertenecía a una red internacional de traficantes de niños de adopción; también corrió la voz de que era abogada y andaba en busca de herederos de Domingo Faustino Montero, un portugués fallecido cien años antes en Brasil, cuyo fabuloso testamento se acababa de abrir para asombro del mundo en el juzgado de un pueblo perdido de la selva amazónica. Ajena a los cuchicheos que hervían a sus espaldas, Helga Steinert peregrinaba de casa en casa entrevistando a la gente, observando atentamente sus condiciones de vida, analizando sus hábitos alimenticios, escrutando sus vestimentas y anotándolo todo con disciplina germánica en unos formularios que llevaba en su inseparable carpeta gris.

La primera noche en La Tres

Días después de empezar su trabajo de campo, Helga Steinert acudió por primera vez a La Tres, con su amiga María Hirschmann, Fernando Marchena, Carmen Fernández y Carmelo Marín. En la cantina ya los estaba esperando Bonifacio Mendieta, con camisa amarilla de manga larga, el pelo recién lavado y un fragante aroma de lavanda que lo envolvía como un halo; cuando el muchacho vio a Helga Steinert sintió un terremoto dentro del pecho, que casi se convierte en cataclismo cuando ella le dirigió su sonrisa luminosa. El grupo pasó al patio y se acomodó alrededor de una mesa bajo la ceiba inmensa, que esos días estaba florecida. Helga Steinert se puso a mirar a su alrededor con la misma fascinación reverencial con que solía admirar las iglesias románicas de Cantabria cuando iba de vacaciones a España. Y cada vez que sus ojos se detenían en un objetivo, Fernando Marchena se apresuraba a susurrarle al oído algún comentario instructivo.

Del mural de colores fuertes que alegraba la pared del

patio, dijo: Eso lo pintó Ifigenio Zapata. Es un artista popular, sin formación académica, pero que tiene una forma muy original de recrear la realidad;

de la vistosa camisa de flores de pinchadiscos, dijo: A la gente de las clases marginales les gusta utilizar indumentarias estrafalarias y coloridas. Es un mecanismo inconsciente de defensa para contrarrestar la miseria en que viven;

de la enorme ceiba, dijo: Es el dios de la naturaleza;

pero no supo decir más, porque ignoraba los secretos que albergaba la corteza de ese árbol;

del orinal, una especie de abrevadero de cemento situado a la vista en un rincón del patio, dijo: En las cantinas se da por sentado que sólo van hombres. La Tres es la única donde dejan entrar mujeres, pero muy poquitas y, como puedes ver, todas burguesas. Así que, si te dan ganas de orinar, lo haces en la calle detrás de un árbol o te aguantas;

y mientras hablaba, un empleado de la cantina se acercó al mingitorio y echó un vistazo a la lata donde desembocaba el orín para comprobar el nivel del líquido;

de los hombres que bailan entre las mesas abrazados a sus botellas de cerveza, dijo: Los romanos vomitaban para seguir comiendo. Ellos bailan para sudar la borrachera y seguir bebiendo;

del grupo de muchachas que bebían ron en otra mesa, dijo: Vienen todos los viernes. No fallan ni uno. La rubia es planificadora urbana. Ahí donde la ves, hace informes para el Banco Mundial. La gordita es antropóloga. Fue asesora para temas indigenistas en la película *La Encomienda*. La que fuma pipa es periodista. Es un látigo con la pluma. Siempre anda peleando con los políticos;

mientras hablaba, la antropóloga se paró a bailar junto a su mesa, mirando extasiada al cielo, y enseguida se le acercaron tres hombres que empezaron a bailar en silencio alrededor de ella;

del hombrecillo que se contorsionaba sin camisa y con un trapo rojo en la frente, dijo: Cada vez que suena "El Ratón" se le da por hacer fonomímica. Dicen que anda traumatizado con la canción, porque a él le pasó lo mismo que cuenta la letra;

de un señor gordo que lo saludó desde otra mesa, dijo: Es Guillo, el dueño de La Tres;

del son que empezaba a retumbar por el enorme parlante del picó, dijo: Es Henry Fiol, de Puerto Rico, el hombre que respira debajo del agua. Ah, no, me equivoco, el del agua es Héctor Lavoe. Bueno, qué carajo. Presta atención a la letra;

y acompañó la canción a gritos, y subió aun más la voz en la estrofa que decía: Yo nací en Nueva York, en el condado de Manhattan, donde perro come perro, y por un peso te matan;

y cantaba con frenesí como si él fuera el protagonista de la historia.

La aparición

Helga Steinert empezaba a aburrirse de Fernando Marchena. Desde su llegada a Bellavista no había dejado de atosigarla con comentarios agudos, acotaciones graciosas, descripciones exhaustivas y explicaciones salpicadas de erudición que se interponían como una latosa barrera entre sus cinco sentidos y la maravillosa realidad circundante. Justo cuando el torrente verbal de Marchena estaba a punto de hacerle estallar la cabeza en pedacitos, apareció en el patio un muchacho atlético, vestido con una camisa de seda amarilla abierta hasta el esternón y pantalones negros bastante ajustados que resaltaban su respetable abultamiento genital. Como casi todos los parroquianos de La Tres, el recién llegado llevaba bigotes ralos de lampiño y un matojo de pelitos debajo del labio inferior; pero Helga Steinert percibió en ese rostro común y corriente un aire majestuoso de soberbia que lo hacía brillar con luz propia entre el gentío. Fernando Marchena lo saludó efusivamente cuando pasó junto a la mesa donde estaban sentados, pero el recién llegado no respondió. Ni siquiera se tomó el trabajo de girar la cabeza. Con paso altivo se dirigió al fondo del patio, cogió una silla libre y la arrastró hasta una mesa donde dos jóvenes bebían una botella de aguardiente. Después de saludarlos con palmotazos en las manos, abrió un cuaderno de dibujo, sacó del bolsillo de su camisa un puñado de lápices pastel, apuró un trago y se puso a garabatear sobre el papel. Lo que más llamó la atención a Helga Steinert del muchacho, además de su turbadora insolencia, era que llevaba calcetines de distintos colores, uno marrón y el otro verde. Mientras lo observaba, dijo Fernando Marchena: Es Ifigenio Zapata.

Helga Steinert le dijo con cierto tono de desprecio: ¿Por qué no te respondió el saludo?

Y Fernando Marchena respondió: Así es él. Tiene un genio bastante particular;

y procedió a contarle la historia del pintor de Chibolo.

Desde que era un adolescente, Ifigenio Zapata se buscaba la vida como artista. Los dueños de las cantinas y salas de billar lo contrataban para que pintara murales en sus establecimientos; los camioneros le pagaban unos pesos para que alegrara los guardabarros de sus vehículos con temibles dragones o sirenas voluptuosas; los picoteros le encargaban que decorara los parlantes de sus portentosos equipos de sonido. Las obras de arte de Ifigenio Zapata estaban diseminadas por los barrios populares de la ciudad; podían distinguirse por su colorido inimitable y la firma enigmática del autor, Ifizarth, acrónimo de Ifigenio Zapata Ramos, También Hermano. El pintor era un cliente asiduo de La Tres. Mientras bebía con sus amigos, borroneaba sin parar bocetos bajo la luz confluyente de las bombillas y la luna. De este modo transcurrió su vida hasta que el periodista Sigifredo Barrios publicó su célebre artículo sobre los mejores establecimientos de salsa de la ciudad, en el que consagró a La Tres como en Sanctasanctórum del Guaguancó. El reportaje incluía un despiece titulado *El Artista de Chibolo,* donde Ifigenio Zapata era descrito como un bohemio genuino que producía sus obras entre lingotazos de aguardiente y acordes de salsa. Su retrato psicodélico del Che Guevara que decoraba el parlante del picó El Rebelde Mayor fue equiparado por Sigifredo Barrios con lo mejor del arte pop de Andy Warhol. A raíz del reportaje, el pintor de Chibolo adquirió de pronto, sin proponérselo, una fascinante reputación de artista maldito entre las gentes adineradas, que lo empezaron a contratar para que pintara murales en las salas y comedores de sus casas o para que adornara con dragones y sirenas los guardabarros de sus automóviles de lujo. Un conocido crítico de arte, percatado del fenómeno, proclamó que la estética lumpen-naíf se había apoderado de Bellavista. Ifigenio Zapata aceptó su popularidad a regañadientes, como un medio para conseguir dinero y ayudar a su familia. Cuando pintaba en las casas de los ricos y estos lo invitaban a almorzar o a participar en alguna fiesta, él respondía con soberbia: Yo sólo quiero de ustedes la plata. Para divertirme tengo a mi gente;

y sus palabras, en lugar de granjearle el desprecio, no hacían más que acrecentar su fama de díscolo.

Helga aborda a Ifigenio Zapata

Cuando concluyó la historia del artista de Chibolo, Fernando Marchena haló a Helga Steinert del brazo, diciéndole: Bueno, ya está bien de hablar. Llegó la hora de mover el esqueleto.

Pero ella, incorporándose con torpeza por los efectos del aguardiente, respondió: Dentro de un rato;

y para sorpresa de sus amigos se dirigió con paso tambaleante hacia la mesa donde se hallaba Ifigenio Zapata. Al llegar, se colocó discretamente a la espalda del artista para observar su creación, y dijo: ¿Molesto?

A lo que dijo Ifigenio Zapata, mirando a sus dos amigos: Nojoda, ya empezamos. Así se acercan siempre. ¿Molesto? No saben decir otra vaina.

Uno de los muchachos dijo a Helga Steinert, señalando el cuaderno de dibujo: ¿Te gusta esa obra de arte, gringa? Un millón de pesos y es tuya. Para que la cuelgues en el baño de tu casa;

y los otros rieron a carcajadas.

Helga Steinert respondió: Pues no me gusta.

Ifigenio Zapata levantó ligeramente la cabeza, miró a la intrusa de reojo y prosiguió su labor creativa.

La alemana dejó pasar un rato antes de abrir otra vez la

boca. Entonces dijo: ¿Se puede saber por qué llevas calcetines de distintos colores?

Ifigenio Zapata sintió que le clavaban un puñal en la espalda. Levantando en vilo las dos piernas, preguntó a sus amigos si era cierto que sus calcetines eran de colores diferentes, y ellos asintieron entre risotadas. Entonces dijo Ifigenio: Ya no le importo ni a mi vieja. Me deja salir como un payaso;

y se quitó con furia los calcetines y los guardó en el bolsillo de su pantalón. Cuando concluyó la operación, Helga Steinert le dijo: Pues a mí me gustaba cómo se te veían. Los colores del mural tampoco pegan, y me gusta;

y emprendió el camino de vuelta hacia su mesa.

Mientras se alejaba, uno de los amigos de Ifigenio Zapata dijo: Ponte las pilas, viejo Ifi, que la hembrita quiere guerra contigo;

y el otro lo apoyó, diciendo: No es que sea Miss Universo. Tiene el culito un poco escurrido, pero lo menea sabroso.

A medida que avanzaba la noche, aumentaba el estropicio en La Tres. Los parroquianos se paraban cada vez con mayor frecuencia a ballotear y orinar, y comenzaron a escucharse por todas partes abrazos eufóricos, declaraciones grandilocuentes de amistad eterna y estrépitos de botellas reventándose contra el suelo. Helga Steinert bailó un rato con Fernando Marchena, pero cuando este, completamente borracho, quiso explicarle las influencias de la cosmogonía watusi en la salsa mientras intentaba besuquearle el cuello, lo dejó hablando solo y fue a sacar a Bonifacio Mendieta, que no le quitaba ni un segundo de encima sus ojos enamoradizos de ternero degollado.

Al empezar la tanda de boleros, Mendieta extendió un

brazo para indicar a la alemana que volvieran a la mesa, porque en su infinita timidez temía que a ella no le hiciera ninguna gracia bailar entrelazados. Apenas su hubieron sentado, apareció de entre las sombras Ifigenio Zapata. Ignorando a los demás miembros de la mesa, dijo a Helga Steinert en tono seco, casi imperativo: ¿Quieres bailar?;

y sin esperar respuesta se dirigió hacia un rincón del patio donde bailaban varias personas. Acostumbrada desde la adolescencia a que nadie, y mucho menos un hombre, le impusiera su voluntad, la alemana vaciló unos instantes; pero al final se puso de pie y, para su propia sorpresa, siguió con docilidad los pasos de Ifigenio. Asombrada por el comportamiento de su amiga, dijo María Hirschmann a sus compañeros de mesa: El trópico hace milagros.

Ifigenio y Helga bailaron al comienzo guardando una distancia convencional con los cuerpos; pero a medida que avanzaba la música se fueron fundiendo en un abrazo ardiente que hizo estremecer de celos a Bonifacio Mendieta. Bailaron largo rato bajo la luz de la luna sin cruzarse una palabra, mirando cada cual hacia un lado distinto, sumidos en sus pensamientos más recónditos, hasta que la serenidad de los boleros fue rota por el estrépito de un bugalú. Ifigenio Zapata, que detestaba los brincoteos, invitó a la alemana a su mesa con el firme propósito de rematar esa misma noche el juego que ella había iniciado al inmiscuirse en su vida. Mientras le servía un vaso de aguardiente, le preguntó, por preguntarle cualquier cosa, a qué obedecía su presencia en Chibolo. Helga Steinert le habló someramente de su tesis doctoral y de su interés por los procesos de ocupación de tierras urbanas. Esbozando una sonrisa insolente, Ifigenio Zapata le dijo: ¿Y tú crees que andando con esa gente te vas a enterar de verdad de lo que es un barrio de invasión?

Helga Steinert respondió: Ellos me ayudan. Pero en todo caso existe un método científico de investigación, y yo me limito a seguirlo.

A lo que dijo Ifigenio Zapata: Qué método científico ni qué verga. Para saber lo que es Chibolo tienes que vivirlo. Lo demás es mierda, que es lo que hablan todos esos amigos tuyos.

Entonces Helga Steinert dijo, siguiéndole el hilo: ¿Y cómo hago para vivirlo?

Y dijo Ifigenio Zapata: Cómo que cómo haces. Viviéndolo. Pasando ahí el día y la noche. Comiendo lo que comemos allí. Cogiendo las enfermedades que cogemos. Cagando como cagamos. Bañándote como nos bañamos.

Antes de que siguiera adelante con la lista de actividades, Helga Steinert lo interrumpió, diciéndole: ¿Me invitas a vivir en tu casa mientras termino mi trabajo?

Ifigenio quedó estupefacto. No esperaba una reacción tan simple ante su virulenta andanada verbal. Durante unos instantes miró a la alemana con expresión desencajada, como si hubiera recibido una descarga eléctrica de alto voltaje, y cuando pudo por fin reaccionar, dijo con sarcasmo a sus amigos: Nojoda, oigan a esta. Imagínense cuando la empiecen a picar los mosquitos;

pero sus amigos no le celebraron la gracia. Uno de ellos le dijo: Tú fuiste el que le dijo que tenía que vivir en Chibolo. Tú mismo te lo has buscado y ahora no te queda bien echarte para atrás;

y el otro dijo: Eso te pasa por ir retando.

A lo que dijo Ifigenio Zapata: Nojoda, lo que me faltaba, que se pongan de su parte.

Entonces dijo Helga Steinert: Te espero mañana al mediodía en la puerta de La Tres;

y volvió a su mesa, dejando a Ifigenio Zapata confundido y abrasado por una calentura que amenazaba con reventarle la cremallera del pantalón.

Helga se muda a Chibolo

Al día siguiente llegó Helga Steinert a Chibolo, con un enorme morral a las espaldas que le confería una apariencia de cosmonauta. Ifigenio Zapata la esperaba sentado en un bordillo, haciendo figuras en la tierra con un palito. Después de saludarse, ella con una sonrisa amplia y él con un leve movimiento de cabeza, emprendieron el camino hacia la casa del pintor, situada en el otro extremo del barrio. El cielo estaba encapotado; un penetrante olor a lluvia impregnaba la atmósfera. Mientras avanzaban por las calles de tierra, en las que correteaban niños semidesnudos y deambulaban perros raquíticos en busca del esquivo alimento, dijo Ifigenio: Que conste que te he advertido cómo son las vainas aquí. Todo es muy jodido. Para alguien que no esté acostumbrado puede ser peligroso;

pero la alemana no contestó. Sabía que a Ifigenio, por alguna razón que aún no lograba comprender, le producía gran inquietud llevarla a su hogar, y no estaba dispuesta a seguirle el juego disuasorio.

La pareja caminó un largo trecho en silencio, hasta que el pintor volvió a abrir la boca. Dijo: Y te advierto que tengas cuidado con mi mamá. Es una vieja muy complicada. Tiene el genio volado. Seguro vas a tener problemas con ella.

A lo que preguntó Helga Steinert, con curiosidad: ¿Y tu papá?

Ifigenio Zapata contestó: Por ahí anda el hijueputa. Pero ni se te ocurra hacer esa pregunta delante de mi vieja.

La casa de los Zapata tenía paredes de bloque, como la mayoría de las barracas de Chibolo. La entrada daba a una sala diminuta donde reposaban dos mecedoras de nylon, dos taburetes, un viejo televisor en blanco y negro y, a la izquierda, una mesita de madera. Al pie de la mesa, sobre un listón apoyado en un par de bloques de cemento, descansaban una pequeña cocina eléctrica y una licuadora desvencijada. La única decoración en las paredes de la sala era una estampa de Gregorio Hernández, hacedor de milagros; sobre el suelo de cemento, justo debajo de la estampa del santón, había cuatro velas, un ramillete de tomillo y una ristra de ajos. Dijo Ifigenio Zapata: La vieja es medio bruja. Cuando no está lavando ropa en las casas de los oligarcas se gana unos pesos leyéndole a la gente el futuro en el poso del café.

Helga Steinert dijo: ¿Te ha leído el tuyo?

E Ifigenio respondió: Yo no creo en esas maricadas. Aunque la verdad es que algunas cosas que ha dicho la vieja han salido.

La alemana le pidió un ejemplo, y él contestó cómo, en cierta ocasión, su madre vaticinó a una vecina que iba a recibir pronto una noticia muy feliz que la haría muy desgraciada. La vecina, que se llamaba Berta Ortiz, quedó confundida con el presagio, porque no comprendía cómo un acontecimiento dichoso podía ser a la vez fuente de infortunio. Pero una semana después se despejó el enigma, cuando su hijo mayor le anunció que se casaba.

Dijo Helga Steinert: ¿Que se casaba? ¿Y dónde está la desgracia?

Ifigenio Zapata respondió, algo irritado por tener que explicar lo evidente: Mira, yo no sé cómo será la vaina en tu tierra. En la mía, cuando se casa un hijo varón, su mamá siente como si lo perdiera, porque el macho siempre tira para la familia de la hembra.

A continuación de la salita estaban las dos pequeñas alcobas, a las que se accedía descorriendo sendas cortinas de tela. Una de las habitaciones contenía un camastro que ocupaba casi todo el espacio, un espejo empañado, un taburete sobre el que se amontonaban los cosméticos, y unos vestidos colgados de clavos en la pared. Dijo Ifigenio Zapata: Aquí duermen mi vieja y mi hermana.

Después le mostró su alcoba, aun más reducida que la anterior, donde había un catre en desorden, algunas prendas de vestir colgadas de clavos y un almanaque desde el que sonreía una escultural modelo en tanga con una botella de cerveza en la mano. Helga Steinert se quitó el morral de la espalda y lo colocó en un rincón. Al ver a la alemana sin el equipaje a cuestas, Ifigenio Zapata no pudo contener sus impulsos reprimidos desde la noche anterior, y la abrazó por el cuello, y la besó, y ella respondió abrazándolo y besándolo con un ansia aun mayor. El terremoto pasional continuó en el camastro, donde copularon como fieras sin tener siquiera tiempo para quitarse las camisas y los calcetines. Apenas expulsó su carga seminal, Ifigenio Zapata se puso presuroso el pantalón, diciendo: Vístete rápido, que la vieja puede llegar en cualquier momento.

Esparrancada en la cama, Helga Steinert le dijo: Me gustas;

y estiró con desgana el brazo para recoger del suelo su vaquero.

Por una puerta trasera salieron después al patio, un pequeño rectángulo de tierra en el que correteaban varios pollitos. Junto a la empalizada del fondo, que marcaba el límite del predio, se levantaban dos recintos estrechos de madera cubiertos con láminas de zinc. Helga Steinert se asomó al primero, y vio un bidón con agua, una toalla raída y una barra de jabón llena de pelos. Después empujó el listón de zinc que servía de puerta al segundo, y vio un rollo de papel higiénico sujeto con un alambre y un hueco en la tierra alrededor del cual revoloteaba una nube de moscas. Dijo entonces Ifigenio Zapata, volviendo a ajustar la puerta con el cordón que servía de cerradura: Esto es todo;

y regresaron a la sala.

Las peloteras con Francisca Ramos

Cuando se disponían a sentarse en las mecedoras, apareció por la puerta una mujer maciza, de brazos carnosos, cargando en cada mano una lata de aceite. Era Francisca Ramos, la madre de Ifigenio. Al ver a la alemana, frunció la nariz con desconfianza y preguntó a su hijo: ¿De dónde salió esta?

E Ifigenio respondió: Es una europea. Está haciendo un trabajo en el barrio y me pidió que si podía pasar unos días aquí.

Dijo entonces la mujer: Ah, es la que anda por ahí haciendo preguntas.

En un intento por caer en gracia a su anfitriona, Helga Steinert intervino en la conversación, diciendo: Sí, es un trabajo que estoy preparando para la universidad, y tengo que hacer muchas preguntas.

Simulando no haberla escuchado, dijo Francisca Ramos a su hijo: ¿Y qué? ¿Es que no tiene otro sitio donde vivir?

E Ifigenio Zapata contestó: Tranquila, vieja. La muchacha es buena gente, sólo se va a quedar unas cuantas semanas.

Francisca Ramos miró de arriba abajo a la intrusa sin decir una palabra y, después de depositar la lata de aceite junto a la licuadora, salió farfullando al patio a echarles maíz a los pollitos. Cuando Ifigenio Zapata quedó a solas con su huésped, le dijo: Te lo advertí. La vieja es jodida.

Francisca Ramos volvió a demostrar su talante hostil a la hora del almuerzo, al colocar sobre la mesa sólo dos juegos de cubiertos, dos vasos y dos platos hondos. Cuando su hijo intentó persuadirla de que modificara su conducta, ella replicó con furia que ya tenía suficiente con atender a los ricos en sus casas como para tener que hacerlo también en la suya propia. Entonces Ifigenio Zapata salió al patio, donde la alemana se había alejado prudentemente para no caldear aún más con su presencia el explosivo ambiente familiar, y le dijo: Mientas la vieja siga dando la guerra vas a tener que ponerte tus platos y servirte tú misma tu comida.

Así obró Helga Steinert desde ese mismo momento; fue a la cocina, cogió un plato, un vaso y los cubiertos, y se sentó a la mesa a almorzar, haciendo un esfuerzo sobrehumano por no prestar atención a las miradas belicosas que le echaba de reojo Francisca Ramos. Después de comer, Helga recogió sus aperos y salió a lavarlos al patio, procurando que no escapara de la ponchera ni una gota de agua con los restos de grasa, porque Ifigenio ya le había explicado que el líquido se utilizaba después para dar de beber a los pollitos y regar las plantas en las poteras.

Al caer la tarde, mientras Francisca Ramos se encontraba visitando a sus amigas del barrio, entró en la casa una adolescente ataviada con un corpiño ajustado y una falda muy corta que dejaba a la vista unos sólidos muslos de yegua. La muchacha giró un instante su rostro cubierto de maquillaje hacia la mecedora donde estaba Helga Steinert y, sin pronunciar palabra, avanzó hacia su alcoba. Ifigenio Zapata le dijo: Por lo menos saluda.

A lo que contestó la muchacha: ¿Y quién lo dice? ¿Tú?; y se metió en la habitación, corriendo con furia la cortina a sus espaldas.

Ifigenio dijo a su huésped con un ademán de desdén: Es Amparo, mi hermana. No le hagas caso. Está así porque ayer tuvimos una pelotera. Y todo porque la critiqué por darle el culo a su jefe.

Helga duda entre quedarse o irse

Después de conocer a sus anfitriones, Helga Steinert pensó que lo más saludable era marcharse de esa casa lo más pronto posible, y así se lo comunicó a Ifigenio Zapata esa noche mientras tomaban el fresco en el patio. Al escuchar las palabras de la alemana, Ifigenio Zapata reaccionó con desprecio, que era su forma de contraatacar cuando se sentía herido. Dijo: Tú eras la que querías venir a Chibolo. Esto es Chibolo. Si no aguantas la vaina, coge tus cosas y lárgate.

A lo que dijo Helga Steinert: Por favor, entiéndeme. Lo que no quiero es crearte problemas. Ya viste cómo se ha puesto tu mamá desde que me vio.

E Ifigenio Zapata respondió: Tú no creas ningún problema. Mi vieja siempre es así, estés tú o no estés. Le gusta formar pelea donde no la hay. Pero ya te digo; si no te gusta la vaina, puedes irte.

Dijo Helga Steinert: ¿Pero tú crees que me debo quedar? Te pido que lo pienses bien antes de contestar.

E Ifigenio Zapata dijo, sin tomarse el trabajo de pensarlo: Decide lo que te dé la gana.

Entonces Helga Steinert observó en silencio a Ifigenio Zapata, y miró sus manos fuertes de pintor de guardabarros y su camisa estampada con caballitos de mar, y después miró la casucha de bloques de cemento, y los pollitos que dormían en un rincón del patio, y la empalizada burda que señalaba el límite de la parcela, y los hermosos geranios alimentados con el agua que quedaba después de limpiar la vajilla, y los restos de cometas enredados en los cables de electricidad, y las salamanquesas que trepaban por las paredes de la casa, y el cielo atiborrado de estrellas, y embargada por una extraña melancolía que escapaba a su comprensión, tomó la decisión de quedarse contra viento y marea en Chibolo.

Esa misma noche, a la hora de dormir, se produjo un nuevo altercado, cuando Francisca Ramos preguntó a su hijo dónde se iba a acomodar la extranjera, teniendo en cuenta que sólo había dos habitaciones en la casa y ambas estaban ocupadas. Antes de que Ifigenio Zapata pudiera abrir la boca, dijo Helga Steinert: Yo me puedo acomodar donde sea con mi bolso de dormir. Por mí no se preocupen.

Pero Ifigenio dijo: Nada de eso. Tú vas a dormir en mi cuarto.

Francisca Ramos abrió los ojos como si se fuera a abalanzar sobre alguien para despellejarlo vivo, y dijo: Es lo único que me faltaba, que me convirtieran la casa en un burdel;

y se desbocó a insultar como una energúmena a la alemana, llamándola puta y bandida, y la emprendió a continuación contra su hijo por haber traído a casa a semejante demonio, y maldijo a los ricos a los que lavaba la ropa, y preguntó a gritos a la Virgen de la Concepción qué pecado había cometido para que su vida no fuera más que un inconmensurable valle de lágrimas, y rogó a San Pedro que la matara con un rayo para poner fin de una vez por todas a su miserable existencia. La cantaleta se prolongó hasta el amanecer, cuando Francisca Ramos, extenuada y afónica, se derrumbó en una de las mecedoras de la sala.

Los padecimientos de la alemana

Helga Steinert vivió 93 días con sus noches en Chibolo y llegó a conocer el barrio como a la palma de su mano. Supo lo que era esperar en largas filas para comprar el agua de los camiones cisterna; supo lo que era tener que hervir el agua para matar las bacterias cada vez que quería beber un simple vaso; supo lo que era defecar cada día en cuclillas, hostigada por un enjambre de moscas; supo lo que eran los mosquitos, que en menos de tres meses le sacaron más sangre que toda la que había donado durante años para las víctimas de las guerras étnicas de África; y supo, sobre todo, lo que eran las diarreas. No transcurría semana sin que sufriera un ataque. Entonces se pasaba todo el día corriendo a la letrina, una y otra vez, sin pausa, hasta llorar por el agotamiento, y cuando pensaba que no le quedaba ni una gota de materia dentro del cuerpo, y que podría por fin descansar, sufría un nuevo retortijón que la obligaba a volver a la letrina, donde expulsaba un interminable chorrito incoloro e inodoro, más puro que el agua que compraba en los camiones cisterna. Preocupada por el aspecto demacrado de su amiga, María Hirschmann le recomendó una noche en La Tres que tomara un poderoso antídoto contra las amebas llamado Lopatil; pero Helga Steinert no tardó en comprobar que el medicamento suizo resultaba inútil para detener sus explosiones intestinales, de la misma forma que ningún ungüento había servido para resguardar su apetitosa piel blanca de la voracidad de los zancudos y jejenes.

Una tarde en que la alemana se encontraba tumbada en la cama, gimiendo de cansancio tras uno de sus habituales ataques diarreicos, Ifigenio Zapata le dijo, mientras la ayudaba a beber un frasco de agua azucarada: Gorda, yo creo que es mejor que te mudes donde María. Te lo digo en serio. Si sigues aquí, te vas a evaporar.

A lo que Helga Steinert respondió con un hilo agónico de voz: Si tu mamá no ha conseguido echarme, no lo va a hacer una hijueputa cagadera;

y rompió en un amargo llanto, pero estaba tan deshidratada que no le salieron lágrimas.

El sufrimiento más grande

Algún tiempo después, de vuelta en Colonia, Helga Steinert tendió a recordar con cierta nostalgia las penalidades que padeció en Chibolo; todas, excepto aquellas que tuvo que soportar por su condición de mujer. No podía salir sola de noche por temor a una mala hora. No podía dar un paso sin escuchar insultos a la dignidad femenina, como terminó llamando con furia los piropos que en un comienzo encajaba con deleite. No podía viajar en bus sin que un pervertido se frotase contra su trasero.

En cierta ocasión, Ifigenio Zapata agarró por la camiseta a un muchacho flaco que se había adherido como una lapa a las espaldas de Helga Steinert, y le dijo: Oye, hijueputa, ¿la vas a preñar o qué es la vaina?;

y antes de que el muchacho pudiera responder, lo molió a golpes dentro del bus en marcha.

Por la noche, mientras comentaban el episodio en el patio de la casa, Ifigenio Zapata dijo a Helga Steinert que, por fortuna, él había estado presente para defenderla del abusador. Pero sus palabras, en vez de provocar un gesto de agradecimiento en la alemana, desataron su ira largamente represada. Helga le recriminó a gritos que él era un machista recalcitrante como todos los demás, y que si había castigado al muchacho del bus no había sido para defenderla a ella sino para vengar su orgullo de macho ofendido. Le dijo que no lo había visto una puñetera vez fregando un plato o haciendo cola para comprar el agua. Le preguntó con los ojos inyectados en sangre si sabía cuánto costaba una libra de arroz o una lata de aceite. Lo llamó aprovechado, haragán, fresco y una larga ristra de palabras que hacían referencia a su carácter parasitario. Cuando se encontraba en pleno abroncamiento, salió Francisca Ramos al patio con firme intención de entrometerse en defensa de su hijo; pero al ver la cara transfigurada de la alemana optó por entrar de nuevo en la casa y encomendar a san Gregorio Hernández la salvación del muchacho; fue la primera y única vez que se vio a Francisca Ramos retroceder en una pelotera. Ifigenio Zapata soportó el chaparrón con la cabeza agachada, como un niño regañado. Al amanecer, cuando la alemana dio por concluida la reprimenda y le preguntó, mirándolo con los ojos hinchados por la ira y el cansancio, si no tenía nada que añadir, él contestó con la cabeza metida entre los hombros: Qué quieres que te diga.

Helga Steinert consiguió desahogarse esa noche; pero las trifulcas se repitieron desde entonces con cada vez mayor frecuencia hasta desembocar como un río turbulento en el impensable final.

Dos formas de ver el mundo

A pesar de los continuos ataques de diarrea y las dificultades que le acarreaba su condición femenina, Helga Steinert se las arregló para desarrollar con el máximo rigor científico su trabajo de investigación. Salía bien temprano en la mañana a repartir formularios y efectuar entrevistas, y volvía a la carga después de almuerzo, cuando el sol sacaba chispas a los tejados de zinc y los perros callejeros buscaban junto a las chabolas una sombra imposible. Por las noches, después de la cena, Helga e Ifigenio sacaban las mecedoras a la calle para disfrutar del fresco y conversar.

En una de sus habituales charlas nocturnas, la alemana

comentó que había entrevistado al presidente de la junta comunal, un señor llamado Moisés Cantillo, y que le había parecido una persona muy amable y preocupada sinceramente por los problemas del barrio. A lo que dijo Ifigenio: Esos de la junta son todos unos politiqueros. Una partida de hijueputas.

Y Helga Steinert dijo: Pues él me habló mal de los políticos.

Y dijo Ifigenio Zapata: Pura mierda. Ese es el jueguito de ellos. Por un lado hablan mal de los politiqueros para que la gente crea que son independientes, y por el otro andan como una partida de pendejos lamiéndole el culo al senador Fadul, que es uno de los más grandes malparidos de este país.

Entonces Helga Steinert, que a veces no resistía la tentación de responder a la agresividad de Ifigenio Zapata, dijo: ¿Y tú que haces por el barrio, aparte de hablar?

E Ifigenio Zapata contestó: ¿Y tú qué haces por la gente, aparte de hacer preguntas?

Y dijo Helga Steinert: Mi país es uno de los que más ayuda da a los países pobres. ¿Y sabes de dónde sale ese dinero? De mis impuestos, de mi trabajo. Además, estoy en una organización que lucha para que aumenten las ayudas al Tercer Mundo. Y cuando en mi país hay un atentado contra extranjeros, salgo a la calle a protestar.

Tras escuchar con una mueca burlona las palabras de la alemana, Ifigenio Zapata dijo: Esas son maricadas de ricos. En vez de ayudar al Tercer Mundo, o como lo quieras llamar, ¿por qué no peleas en tu tierra para cambiar ahí las vainas? ¿Por qué no vas a Suiza a echarles plomo a todos esos hijueputas banqueros que reciben sin hacer preguntas la plata que se roban todos los bandidos de acá? ¿Por qué no le formas a tu gobierno un peo, pero un peo de verdad y no de discursitos pendejos, para que deje de vender armas y para que deje de andar por ahí jodiendo a todo el mundo? Ahí es donde te quiero ver.

Helga Steinert sintió irritación por el razonamiento de Ifigenio Zapata, y le dijo: Puedes pensar lo que te dé la gana, imbécil, pero por lo menos hago algo y no me quedo cruzada de brazos. ¿Y tú que haces?

E Ifigenio Zapata dijo: ¿Yo? Viendo a ver cómo hago para enterrarte la verga. ¿Te parece poco?

Y dijo Helga Steinert: Siempre sales con el mismo chiste cuando te quedas sin argumentos. Ese Cantillo, al que llamas politiquero, estuvo en la manifestación de los servicios públicos de hace seis meses. Y también estuvo Bonifacio, que para ti no es más que un pendejo. ¿Y tú? ¿Participaste en la marcha?

E Ifigenio Zapata dijo: Bueno, ya, ganaste. Ellos son los buenos y yo el hijueputa;

y poniendo la boca de piñón, dijo con los ojos cerrados: Ven, dale un besito a este hijueputa.

Helga Steinert vaciló entre darle una bofetada y partirse de la risa; y como ocurría casi siempre, optó por lo último. Dijo: Eres un caso perdido. No sé cómo me he enamorado de ti.

La profecía del café

Una semana antes de concluir su trabajo, Helga Steinert sostuvo un fuerte altercado con Francisca Ramos a causa de un huevo que la alemana rompió por accidente en la cocina.

Tras soportar con estoicismo el correspondiente sermón de su anfitriona, quien le preguntó a los gritos si se creía que estaba en Europa como para andar tirando la comida, Helga Steinert fue en silencio a la mesa, levantó una taza en que la madre de Ifigenio acababa de beber café y, con una expresión siniestra en la cara, dijo: Yo también soy bruja;

y escrutando el poso acumulado en el fondo de la taza, dijo: Mañana usted va a recibir una noticia muy feliz que la va a hacer desgraciada;

y después de pronunciar la profecía se dio media vuelta y entró en su habitación. Francisca Ramos miró sorprendida a su hijo, en espera de algún comentario esclarecedor sobre el vaticinio de la alemana, pero su hijo le devolvió una mirada más sorprendida aún.

Al día siguiente, Helga Steinert fue a buscar a Ifigenio Zapata a la cantina donde estaba retocando un viejo mural y lo invitó a almorzar en un restaurante chino del centro de la ciudad. Mientras esperaban la comida, dijo la alemana con expresión de suma gravedad: Tengo algo importante que decirte.

Ifigenio dijo: A ver qué pasa ahora.

Y Helga respondió: Estoy embarazada.

Ifigenio quedó desconcertado, sin poder pronunciar palabra. Cuando recuperó el aliento, dijo: ¿Y qué vas a hacer?

Y ella contestó: Tenerlo.

Y dijo él: ¿Y yo no tengo nada que decir?

Y ella dijo: Digas lo que digas, voy a tenerlo.

Y dijo él: Bueno, pero lo que no sé es cómo va a ser la vaina. Tú por allá y yo por aquí.

Y ella dijo: De eso quería también hablarte. ¿No te gustaría venirte conmigo a Alemania? Podrías estudiar en una academia de arte. Te mereces una oportunidad.

Y dijo él: ¿Pero qué hago con mi vieja? Tú sabes que yo ayudo en la casa.

Y ella respondió: Tranquilo, le mandamos plata desde allá. No se va a quedar en el aire.

Y dijo él: ¿Y cómo voy a hacer para entrar en Alemania? Se necesita mucho papeleo, y no cualquiera entra.

Y ella contestó: Eso se resuelve muy fácil.

Y dijo él: ¿Cómo?

Y ella dijo: Casándonos.

Horas más tarde, cuando el crepúsculo se cernía sobre los tejados de Chibolo, Ifigenio Zapata comunicó a su madre, sin mirarla a los ojos, su intención de casarse con la alemana. Al escucharlo, Francisca Ramos sintió que el universo se derrumbaba a pedazos sobre su cabeza.

Tres días después, Helga Steinert e Ifigenio Zapata contrajeron nupcias en la chabola del padre Arregui, un cura estrafalario que con sus diatribas contra los ricos y sus mensajes de autogestión estaba despertando en Chibolo un fervor popular nunca antes visto en el barrio. A la boda acudieron los amigos de Helga y los amigos y parientes de Ifigenio; sólo faltó Francisca Ramos, la madre del novio, que para no asistir a la ceremonia se inventó una angina de pecho tan verosímil que casi la mata de verdad. Una semana más tarde, los recién casados partieron a Alemania.

La tesis

El día antes de exponer ante el jurado su tesis doctoral, Helga Steinert entregó a Ifigenio Zapata un resumen del trabajo para conocer su opinión. Tumbado en calzoncillos sobre la cama, Ifigenio empezó a leer el documento con toda la concentración de que era capaz una persona cuyo máximo interés por la lectura nunca había pasado de las páginas de sucesos de los periódicos. Leyó que Chibolo era un núcleo urbano informal no espontáneo; que el 60 por ciento de sus habitantes procedía de asentamientos agrarios, mientras que el 40 por ciento restante había llegado desde barriadas previamente establecidas y se les denominaba emigrantes intraurbanos; que el 38 por ciento de los hogares eran monoparentales; que las relaciones familiares correspondían al prototipo Crane; que el consumo calórico diario por persona no llegaba al 40 por ciento del de un ciudadano promedio de la Organización para la Cooperación y el Desarrollo; que el 87 por ciento de los ocupados trabajaba en el sector informal; que el índice de mortalidad infantil era de 48 por mil en niños menores de cuatro años; que la tasa de analfabetismo entre los adultos superaba el 63 por ciento; que siete de cada diez casas tenían el suelo de barro. Abrumado por la retahíla de cifras y vocablos técnicos, Ifigenio Zapata dejó a un lado los papeles, y dijo: Tanto haber vivido en el barrio para salir con esta maricada. Para hacer esto no hubieras tenido que moverte de Alemania.

A lo que dijo Helga Steinert: No seas imbécil. Esto no es una novela de vaqueros. Es un informe científico. Por si no lo sabes, los informes deben llevar datos;

y recogió con furia el documento de la cama.

Ifigenio Zapata dijo para apaciguar los ánimos: Bueno, si es así, es así. No vamos a pelear ahora por eso.

La tesis fue laureada por el tribunal académico y abrió a

Helga Steinert el camino para conseguir un alto cargo en el prestigioso Instituto de Investigaciones Sociológicas sobre el Tercer Mundo. Con una parte de su sueldo sufragó a Ifigenio los estudios en un taller de pintura y le entregó una suma mensual de dinero para que la enviara a su madre.

El deterioro y el final

Pero la relación matrimonial se deterioró con el paso del tiempo, como se marchita la cayena cuando la trasplantan en tierra extraña. Alejado de la atmósfera delirante de Chibolo y La Tres, Ifigenio Zapata perdió el poder de fascinación que ejercía sobre Helga Steinert; y esta, entregada de cuerpo y alma a sus investigaciones sociológicas, empezó a ver a su marido como un holgazán insoportable que sólo pensaba en ir a discotecas y conquistar muchachitas. Ifigenio, por su parte, no resistió verse en condiciones de inferioridad, casado con una mujer muy distinta a la que había conocido en La Tres y rodeado de izquierdistas de salón que gruñían al hablar y lo miraban de reojo como a una atracción de circo.

Los enfrentamientos entre la pareja, cada vez más frecuentes, llegaron a su paroxismo tras el nacimiento del primogénito. Pero aún habían de transcurrir dos años antes del estallido final. Este se produjo una tarde de invierno en que Helga volvió extenuada del trabajo y encontró al niño cubierto de mierda hasta el cuello. Helga miró con odio a Ifigenio, que estaba tumbado en la cama frente al televisor, comiendo palomitas de maíz, y le dijo: Ahora mismo coges tus cosas y te largas. Te depositaré en tu cuenta una mensualidad hasta que encuentres trabajo, y espero que lo hagas algún día, porque no pienso mantenerte toda la vida.

A lo que dijo Ifigenio Zapata: ¿Y el niño qué?

Y Helga Steinert respondió: Fernando se queda conmigo. Y si no estás de acuerdo vamos a los tribunales, para que todo el país sepa qué clase de persona eres.

Ifigenio Zapata recogió entonces sus motetes, dio un beso a su hijo y salió a buscar hospedaje.

Por la noche, después de albergarse en el Hotel Galicia, un modesto hostal propiedad de un viejo inmigrante español, entró en un bar cercano para poner en orden sus atribuladas ideas y, entre sorbos de cerveza, tomó la decisión de permanecer algún tiempo más en el país. De ese modo concluiría sus estudios de pintura y se concedería un margen de tiempo para buscar la reconciliación con Helga. En la madrugada, cuando abandonó el bar, se sentía tranquilo, incluso alegre, por los efectos del alcohol. Mientras caminaba hacia el hostal, tiritando de frío bajo su abrigo de pana, iba pensando en que, después de todo, era un privilegiado por el hecho de vivir en Europa y estar casando con una mujer como Helga. Quizá era muy celosa, pero, ¿qué mujer no lo era? En el fondo podía tratarse de un problema de pasiones insatisfechas. Si copularan más a menudo, como en los primeros tiempos de la relación, tal vez Helga estaría de mejor humor y pasaría por alto muchos de sus defectos. En todo ello iba reflexionando Ifigenio Zapata cuando, de pronto, tropezó en una esquina con una pandilla de jóvenes que llevaban botas de tipo militar, pantalones de cuero y cabezas rapadas. Uno de ellos dijo al ver a Ifigenio: Oh, un amigo turco, Qué alegría. ¿Cómo estás amigo turco?;

y lo golpeó en las rodillas con una cadena de hierro.

Ifigenio cayó al suelo por la rotundidad del impacto. Abrazándose las piernas, dijo con voz suplicante en su pésimo alemán: Yo no soy turco. Soy latinoamericano;

y mientras se esforzaba por aclarar su origen, pensando que serviría de atenuante, le cayó encima una brutal tunda de palos, varillas y cadenas que le provocó la pérdida del sentido. Por eso no llegó a tener conciencia del instante definitivo de su muerte.

Al enterarse del crimen unas horas más tarde, Helga Steinert sufrió una depresión profunda y se puso a repetir como una lora desconsolada que ella era la única culpable del fatal desenlace. A media mañana, acompañada de su padre, acudió al depósito forense para reconocer el cadáver, que permanecía desde la madrugada en la cámara de refrigeración. Cuando vio la cara hinchada de Ifigenio, con el pánico aún reflejado en su rictus, cayó en un estado de conmoción del que sólo pudo salir tras someterse a un intenso tratamiento psicológico.

Ifigenio Zapata, el pintor de Chibolo, fue enterrado en el cementerio municipal de Colonia, en donde reposan sus restos hasta el sol de hoy.

Helga lleva a su hijo a Bellavista

Un año después de la tragedia, incapaz de soportar el sentimiento de culpabilidad, Helga Steinert llevó a su hijo a Bellavista para que lo conociera Francisca Ramos, en un intento por obtener el perdón póstumo de Ifigenio mediante la reconciliación con su madre. Cuando llegó a Chibolo, Helga se sorprendió al comprobar que casi nada había cambiado durante su ausencia. La gente continuaba formando largas filas frente a los camiones cisterna del agua, las casas seguían conectadas ilegalmente a los postes de energía eléctrica de la Circunvalación, los gallinazos revoloteaban como siempre en el aire. Mientras caminaba por la calles de tierra hacia la casa de Francisca Ramos, la alemana tuvo la extraña impresión de que el tiempo se había detenido en ese pedazo del mundo. La sensación se acrecentó cuando unas mujeres la saludaron con toda la naturalidad del mundo, como si se hubiesen visto el día anterior.

La casa de Francisca Ramos seguía exactamente igual a como la había dejado, con sus paredes de bloque y su techo de zinc. Al llegar junto a la puerta, Helga colocó delante de sí a su hijo en un acto instintivo de supervivencia, y golpeó suavemente con los nudillos. En el interior de la casa resonaron de inmediato unas pisadas de chancletas, que se dirigieron hacia la entrada. Cuando apareció en el umbral la madre de Ifigenio, vestida con un ancho batón y con la cabeza cubierta de rulos, dijo la alemana, temblando de emoción: Vengo a presentarle al nieto.

Francisca Ramos miró un instante al niño, que tenía los mismos ojos saltones de su padre, y a continuación le dijo a la alemana: Si vienes a dejármelo, déjamelo. Si no, llévatelo de una vez, para no cogerle cariño.

A lo que dijo Helga, con desesperación: ¿Por qué me trata así? ¿Qué le he hecho yo? ¿Qué más tengo que hacer para que me acepte?

Francisca Ramos entró en la barraca sin responder. Desde el día en que vio por primera vez a la alemana, había decidido que su barrio nunca sería el barrio de esa extraña y que jamás compartiría con ella sus santos y creencias. Helga Steinert permaneció un rato frente a la puerta cerrada, rogando en silencio que se volviera a abrir; pero al constatar la inutilidad de su espera se marchó con el niño en brazos, llorando amargamente bajo el sol. En un último intento por hacer entrar en razón a la madre de Ifigenio, fue a la iglesia del padre Arregui para pedirle su mediación; pero sus esperanzas se rompieron en añicos cuando un vecino le informó que en el barrio ya no vivía ningún cura. Hundida en el dolor, Helga regresó a Alemania con su hijo Fernando, y desde entonces no ha vuelto a Bellavista.

La Casa del Pueblo

El hombre de las abarcas

Pocos días después de la manifestación por los servicios públicos, apareció en Chibolo un hombre de pantalón verde, camisa blanca y abarcas de San Jacinto, cargando una vieja maleta en una mano y una bolsa de plástico en la otra. Era de mediana estatura y complexión más bien frágil, pero sus ojos relampagueaban con un brillo intenso que transmitía a todo el cuerpo un aspecto intimidante. Indiferente a las miradas de curiosidad que concitaba a su paso, el personaje caminó en silencio por las calles enfangadas hasta llegar a la chabola que tenía pintado en la puerta el número 74. Tras confirmar el número en una libreta amarillenta, abrió el candado y entró.

La vivienda carecía de habitaciones; era un espacio único, que comunicaba por la puerta trasera con un minúsculo patio dominado por un papayo. El recién llegado constató la presencia de una pequeña cocina eléctrica, una hamaca y una mesita de madera con dos taburetes, tal como se lo había asegurado la persona que le vendió la casa. Por la tarde, después de almorzar un plato de frijoles y dormir una breve siesta, el hombre claveteó en la pared exterior de la chabola una rudimentaria cruz elaborada con ramitas de matarratón y, ante la mirada atenta de un grupo de niños que se había arremolinado frente a la vivienda, escribió con pintura blanca debajo de la cruz: "Casa del Pueblo". Al concluir la tarea reunió a su alrededor a los chiquillos y los instruyó para que pregonaran por las calles la celebración de la misa vespertina.

Cuando brilló la primera estrella en el cielo, una muchedumbre ansiosa se hallaba reunida frente a la casa de la cruz de matarratón para atender el primer oficio religioso en la historia de Chibolo. El inquilino de la Casa del Pueblo no tardó en aparecer por la puerta, vestido con una camisa blanca sin planchar y un pantalón azul turquí que llevaba ajustado a la cintura con una cabuya. Con su desgreñada barba parecía más un guerrillero que un miembro de la jerarquía clerical. Desde una pequeña tarima improvisada con cajas de gaseosa, pidió silencio con la mano, y los murmullos se apagaron al instante. Entonces habló el extraño personaje, y por su acento se supo que era de Caledonia, provincia de gente emprendedora y tenaz.

Dijo: Esta mañana, cuando llegué a Chibolo y vi a la gente comprando agua de los camiones cisterna, pensé: ¿Por qué ocurren estas cosas? Y no sentí rabia contra los traficantes de agua, sino contra los borregos que acuden a comprarla y permiten que florezca ese negocio miserable. Después caminé por el barrizal que ustedes llaman calles, y no sentí ira contra los políticos corruptos que roban el presupuesto de la pavimentación, sino contra las personas que soportan andar como cerdos en el lodo. En mi camino hasta esta casa no vi ninguna escuela, y no culpé a la Secretaría de Educación por desatender sus obligaciones, sino a los hombres y mujeres envilecidos que ya no se preocupan ni siquiera por el futuro de sus propios hijos. Y también vi basura desperdigada por todas partes y enjambres de moscas revoloteando entre los desperdicios, pero no culpé a la gente de la empresa de aseo, sino a los seres que se resignan a vivir entre la mierda si el papá gobierno no se ocupa de limpiarles el barrio.

La concurrencia quedó estupefacta. No estaba habituada a escuchar sermones tan belicosos y, mucho menos, a que un guía espiritual utilizara palabras obscenas en su prédica.

Tras una breve pausa, dijo el cura: Pero tranquilos. No los voy a agobiar con regaños.

Entre la multitud se alzó una voz, que dijo: No nos agobia, padre. Siga diciéndonos la verdad en la cara, aunque nos duela;

y a esa voz se sumaron muchas otras que exclamaron lo mismo.

Entonces el cura continuó hablando, y dijo: Les decía que no los voy a agobiar con regaños. No soy persona de andar soltando reprimendas. Y tampoco esperen de mí voces de consuelo para soportar las penalidades con resignación. Se acabó la resignación. A partir de este momento, empieza la era de la autogestión de Chibolo. Vamos a hacer por nosotros mismos lo que podamos hacer con nuestras propias manos, sin pedir limosna a nadie. Y también, por supuesto, vamos a exigir a los oligarcas y a los politiqueros corruptos que nos entreguen lo que nos corresponde por justicia. Y lo exigiremos por la fuerza si hace falta.

A lo que dijo una mujer flaca que cargaba a un bebé: Perdone que me meta, padre, pero eso de usar la fuerza no suena muy cristiano. Nuestro Señor dijo que si te pegan en una mejilla, pongas la otra.

Y dijo el cura: Es cierto. Pero no dijo qué hacer si también te pegan en la otra. Ahí hay un vacío en los Evangelios y cada uno interpreta como quiere. Yo personalmente considero que uno no se puede pasar la vida recibiendo bofetadas.

Mientras el cura hablaba, los feligreses asentían con la cabeza, cautivados por unos curiosos razonamientos que nunca antes habían escuchado. Entonces el sacerdote explicó el significado de la autogestión. La comparó con un árbol frondoso que nace de una semilla llamada educación, crece con un abono llamado perseverancia y florece en un clima llamado autorrespeto. En medio del silencio reverencial del público, relató algunas experiencias felices de autogestión llevadas a cabo en otros barrios y pueblos de la república y, al final de la prédica, convocó a aquellas personas con estudios secundarios para que se presentaran al día siguiente en la Casa del Pueblo, media hora antes de la misa, con el fin de emprender sin dilaciones el primer programa de autogestión en Chibolo. Dijo: Eso es todo por hoy. Los espero mañana a las siete. Ahora vayan con Dios.

Desde esa noche se habló con admiración del padre Arregui en Chibolo.

Los catorce maestros

Al día siguiente se presentaron en la Casa del Pueblo catorce muchachos dispuestos a secundar los ambiciosos proyectos del cura de Caledonia. Entre ellos se encontraban Bonifacio Mendieta, el pelirrojo de Rotinet, que no había finalizado sus estudios secundarios, pero estaba poseído por el afán de colaboración, y David Granados y Ernesto Rocha, los bachilleres de Pendales. A medida que fueron llegando, el padre Arregui los invitó a pasar al interior de la chabola y les entregó pedazos de cartón para que se sentaran en el suelo de tierra. Al cabo de un rato, como no acudía ningún voluntario más, el cura dio por concluido el proceso de reclutamiento. Dijo: Por lo menos somos más que los apóstoles;

y los recién llegados rieron con orgullo.

Entonces el padre Arregui procedió a exponer sus ideas, mientras ponía a hervir agua para el café. Empezarían con un programa de alfabetización básica para niños y adultos. A continuación, cuando el programa ya estuviera en marcha, presentarían ante la Secretaría de Educación provincial una solicitud formal para que abriera un colegio público en el barrio. Al mismo tiempo, gestionarían ante la fundación holandesa Groonevelt, que ya había apoyado al padre Arregui en otros proyectos de autogestión, ayuda financiera para instalar un taller de formación profesional. Cuando terminó de esbozar sus planes, el cura extrajo de su maleta un librillo titulado La Alegría de Saber, y dijo: ¿Alguno puede sacarle unas veinte fotocopias a esto?;

y Ernesto Rocha, que trabajaba de recadero para un viejo abogado de causas populares, levantó la mano, seguro de que su patrón no pondría objeciones.

Dijo entonces el padre Arregui: Este libro es un método muy sencillo para enseñar a leer y escribir. Estúdienlo bien en los próximos días, para que tengan las cosas claras cuando empecemos las clases.

Entonces Bonifacio Mendieta dijo: Pero, padre, ¿de dónde vamos a sacar los pupitres?

Y dijo el padre Arregui: Yo preguntaría más bien de dónde vamos a sacar la madera y los clavos, porque los pupitres los podemos hacer nosotros mismos. Ya buscaremos la forma de conseguir la madera y los clavos.

Preguntó entonces Ernesto Rocha: ¿Y dónde vamos a alfabetizar, si no hay escuela?

Y el padre Arregui dijo: Comenzaremos aquí, en la Casa del Pueblo. O afuera, en la calle, si hace falta. Y si los alumnos son muchos más de lo que espero, pediremos a las familias que se roten para prestar sus viviendas. El espacio no es problema. Cuando hay deseo de aprender, se aprende en el borde de una paredilla.

Dijo entonces Helman Olaciregui, otro de los voluntarios: ¿Y el material escolar? ¿Los cuadernos? ¿Los lápices?

El padre Arregui respondió: Eso lo vamos a resolver mañana mismo. Quiero que dos de ustedes me acompañen, para que vayan aprendiendo la diferencia entre pedir y mendigar;

y Bonifacio Mendieta y Helman Olaciregui se ofrecieron como voluntarios.

Después de la misa, los catorce maestros acudieron a La Tres para intercambiar impresiones sobre la aventura pedagógica que se disponían a emprender, y entre sorbos de cerveza hablaron con admiración del padre Arregui y manifestaron un entusiasmo grande por trabajar junto a él.

La primera lección del padre Arregui

A la mañana siguiente, antes de que las primeras moscas revolotearan en el aire, el padre Arregui y sus dos acompañantes tomaron el bus en la vía de Circunvalación y se dirigieron a Casa Pereda, el mayor fabricante de material escolar en Bellavista. Al llegar a la fábrica, el padre Arregui pidió hablar con el gerente. La secretaria observó con desdén al recién llegado, desde sus cabellos sin peinar hasta sus polvorientas abarcas de San Jacinto; después miró a sus dos acompañantes, que no lograban disimular la pobreza con sus ropajes domingueros, y tras la rápida inspección dijo con sequedad: ¿Como para qué sería?

El padre Arregui respondió: Dígale a su jefe que soy cura y que vengo a proponerle un negocio del que no se va a arrepentir.

Al cabo de un rato el gerente los hizo pasar a su despacho. Cuando vio aparecer las tres figuras bajo el dintel, tuvo una terrible premonición y acercó la mano a la gaveta del escritorio donde guardaba una pistola cargada. Al observar el estado nervioso de su anfitrión, dijo el padre Arregui: Tranquilo, señor Pereda, que no venimos a secuestrarlo. Sólo venimos a proponerle una campaña de publicidad.

El gerente miró a su interlocutor de arriba abajo, con la convicción de que le estaba tomando el pelo, y dijo: ¿Y qué sabe un cura de publicidad, si se puede saber?

A lo que dijo el padre Arregui: Présteme atención y lo verá;

y sin pedir permiso tomó del escritorio una hoja de papel y un lápiz, y dibujó una gran cantidad de puntos en un extremo del folio y unos pocos círculos en el extremo opuesto. Con tono didáctico explicó que los puntos multitudinarios simbolizaban a los habitantes de las barriadas populares, mientras que los círculos representaban a los poderosos de la ciudad. Mientras trazaba un embrollo de líneas en la superficie del papel como apoyo gráfico a su exposición, dijo: Los pobres están cada vez más jodidos y los ricos quieren ganar cada vez más. Ahí está el problema. El día menos pensado, los pobres se van a emputar de verdad y les van a cortar los huevos a los oligarcas por no soltar prenda. Para que eso no pase hay que redistribuir la riqueza, no sé si me entiende. Por decirlo de otra manera, pienso que, para empezar, debería aportar a Chibolo quinientos juegos de cuadernos y útiles escolares.

El gerente se reclinó entonces en el respaldar del sillón y

dijo con una mezcla de cautela y desprecio: Ya entiendo. Usted ha venido a chantajearme.

A lo que dijo el cura: Llámelo como quiera. Yo lo único que le pido son útiles escolares para gente que lo necesita. A cambio puedo conseguir que los periodistas vengan el día de la entrega para que su empresa reciba publicidad gratis y de paso usted quede como filántropo. Lo uno por lo otro. Así nadie regala nada y todos sacan provecho.

El gerente de la Casa Pereda miró con desconcierto a su interlocutor. Aunque lo seguía considerando un vil chantajista, pensó que la oferta no resultaba del todo descabellada y aceptó el trato. Cuatro días después se presentó en Chibolo una camioneta con útiles escolares. En una vistosa ceremonia que contó con la presencia de un nutrido grupo de periodistas, el gerente de la Casa Pereda obsequió el material a los primeros vecinos de Chibolo apuntados para el plan de alfabetización. Mientras los fotógrafos registraban el acontecimiento, dijo el padre Arregui a su flamante equipo de maestros: Primera lección. Hay cosas que podemos conseguir de los cabrones de arriba ofreciéndoles a cambio beneficio. De ese modo no pedimos limosna, sino que hacemos trato, y no nos sentimos como la mierda;

y los muchachos se miraron entre sí, maravillados por la astucia del cura y sorprendidos al mismo tiempo por su vocabulario procaz.

Días después el padre Arregui acudió con Bonifacio Mendieta y Helman Olaciregui a la empresa El Carpintero, con el fin de conseguir madera y clavos para fabricar pupitres. Esta vez resultó más sencilla la tarea de persuasión, porque el gerente de la empresa había leído el aluvión de elogiosos artículos periodísticos sobre la donación realizada por Casa Pereda. El sábado siguiente se presentó en Chibolo un camión cargado con listones de madera, serruchos, martillos y cajas de clavos, que el eufórico gerente de El Carpintero entregó al padre Arregui ante los periodistas. Construir los pupitres no significó ningún problema; contagiados por el entusiasmo del cura, decenas de voluntarios se presentaron en la Casa del Pueblo para colaborar en la tarea.

Dos semanas más tarde, cuando los catorce maestros ya se habían familiarizado con el sistema didáctico del manual La Alegría de Saber, empezó el primer programa de alfabetización en Chibolo. Los adultos, repartidos por grupos en diferentes barracas, recibieron clases una hora cada noche, de lunes a viernes, mientras que los niños estudiaron en la calle frente a la Casa del Pueblo los fines de semana. Los alumnos eran pocos en proporción al número de habitantes del barrio, y ello causó desazón entre los maestros. Pero el padre Arregui, que tenía experiencia en esos menesteres, les dijo: La educación es como la varicela. Empieza con uno, luego se le pega a otro, y luego a otro, hasta que todo el mundo se contagia. Y a diferencia de la varicela, al que le da, nunca se le quita.

Los niños asistieron con alegría a los cursos de alfabetización, porque los asumían como una forma novedosa de diversión, distinta a jugar al escondite o tirar piedras a los gallinazos. Y algunos encontraron en la Casa del Pueblo un refugio donde podían sentirse a salvo, al menos durante unas horas, del infierno cotidiano del hogar.

El estupro

Un sábado se presentó en la Casa del Pueblo, para asistir a clase, una niña que tenía un ojo hinchado y las piernas surcadas de marcas de cinturón. Al verla, el padre Arregui la llamó a un lado y le preguntó su nombre. La niña dijo: Delcys.

El cura le dijo: ¿Qué te ha pasado?

Y la niña se echó a llorar, temblando de miedo.

Y dijo el cura, abrazándola: ¿Te lo hizo alguien mayor?

Y la niña asintió con la cabecita. Entonces dijo el cura: Si me cuentas qué pasó, te lo juró que no volverá a pasar.

Y la niña dijo que su padre la había golpeado.

El cura le preguntó: ¿y por qué te pego?

Y dijo la niña: Porque quería hacerme cosas y yo no me dejaba;

y abrazó llorando al cura, y se aferró con fuerza a su cuerpo como si no quisiera separarse nunca de él.

Al escuchar las palabras de la niña, el padre Arregui intuyó el drama que encerraban. Durante sus años largos de sacerdocio en aldeas remotas y barriadas marginales había conocido numerosos casos de estupro, y las víctimas siempre utilizaban la misma fórmula retórica al relatar sus pesadillas.

Levantando la cabeza de la niña por la barbilla, dijo: ¿Hay alguien ahora en tu casa?

Y la niña respondió: Está mi papá dormido. Mi mamá está lavando en una casa.

Después de dejar a la niña en clase, el padre Arregui pidió a Bonifacio Mendieta y Ernesto Rocha que lo acompañaran a realizar un trabajo. Los dos maestros se sobresaltaron al mirar el rostro transfigurado del cura y lo siguieron sin hacer preguntas. Al cabo de un rato arribaron a una chabola de puerta azul. El padre Arregui dijo: Aquí es. Espérenme, y no se metan a menos que yo lo pida;

y se adelantó para golpear a la puerta.

Instantes después apareció en el umbral un hombre sin camisa, con cara de recién levantado, y dijo: ¿Qué pasa?;

y al abrir la boca exhaló un nauseabundo tufo de alcohol.

Dijo el padre Arregui: ¿Es usted el papá de Delcys?

El hombre respondió: ¿Y eso a ti qué te importa?

Entonces el padre Arregui le dijo: Pues sí que me importa, grandísimo hijueputa. Ahora mismo coges tus cosas y te largas de este barrio. Y si no lo haces en seguida, todos se van a enterar de lo que has estado haciendo a tu hija y te aseguro que vas a terminar con la boca llena de hormigas.

El hombre guardó silencio para digerir las palabras del cura, y al cabo de un rato, durante el cual no paró de frotarse los ojos, dijo: ¿Pues sabes lo que te digo? Que te vas a la mierda. A mí no me puedes acusar de algo que no has visto.

Al escuchar estas palabras, el padre Arregui dijo elevando el tono de voz: No te voy a dar pruebas, pedazo de malparido, porque tendría que poner a Delcys de testigo, y la niña ya ha sufrido bastante. Si no te vas ahora, voy a empezar a contar lo que has hecho.

El hombre, al ver que se había arremolinado una multitud de curiosos atraída por el escándalo del padre Arregui, recogió sus pertenencias en una sábana y abandonó la casa. Mientras se alejaba, dijo al cura: Esto no termina aquí, hijueputa. Ya nos veremos.

A lo que dijo el padre Arregui: Apenas salgas del barrio voy a contar a toda esta gente por qué te hemos echado, malparido. Porque si lo cuento ahora, te matan. Y después vuelve, si te atreves.

Por la tarde, cuando la madre de Delcys volvió del trabajo, el padre Arregui le explicó lo ocurrido. Al enterarse de que su marido, además de maltratarla a ella, abusaba de su pequeña hija, la mujer lloró amargamente abrazada al cura, mientras este la consolaba acariciándole el cabello.

Esa misma noche, en la misa, el padre Arregui disertó ante los feligreses sobre el estupro. En el sermón utilizó un lenguaje sutil para no escandalizar, pero suficientemente claro para que todos, incluso los niños, supieran de qué estaba hablando. Durante los días siguientes, numerosos menores acudieron a la Casa del Pueblo para denunciar abusos por parte de tíos, primos, vecinos y hasta padres carnales; y en todos los casos en que hubo indicios inequívocos de perversión, el padre Arregui, escoltado por sus catorce maestros, expulsó del barrio a los acusados. Durante el tiempo en que el cura estuvo en Chibolo, desterró a cuarenta pederastas bajo la amenaza de divulgar sus depravaciones.

La brutalidad no se cebaba sólo con los niños. También las mujeres conocieron el sufrimiento y el horror, porque muchos hombres tenían por costumbre descargar en sus parejas, a veces hasta el extremo de matarlas, el virulento rencor que albergaban contra el mundo.

Viernes de rumba

Una mañana de sábado llegó a la Casa del Pueblo un camión destartalado, soltando aceite a su paso y barritando como un elefante viejo. Tras unas maniobras aparatosas se detuvo junto a los niños que estudiaban en la calle. Sus dos ocupantes descendieron con parsimonia y, ante la mirada curiosa de la concurrencia, bajaron de la parte trasera del vehículo un pesado equipo de sonido y un parlante del tamaño de un escaparate. Asomado a la puerta, el padre Arregui indicó con una seña que introdujeran el armatoste en la barraca. Bonifacio Mendieta, que se encontraba en el patio, acudió a la puerta al oír la algarabía y, al contemplar el picó, dijo: ¿Qué, padre? ¿Piensa montar una cantina?

Y el padre respondió: Sí, pero una donde no se discrimine a la mitad de la población.

Bonifacio Mendieta comprendió seis días después las enigmáticas palabras del padre Arregui. En la misa del viernes, el cura pronunció un colérico sermón contra los hombres que maltrataban a las mujeres. Los llamó canallas y cobardes, y los amenazó con represalias si persistían en su conducta. Al concluir la larga reprimenda, anunció que a partir de esa misma noche se celebraría una fiesta todos los viernes frente a la Casa del Pueblo para que los hombres aprendieran de una puñetera vez que sus mujeres tenían el mismo derecho de pasar una velada escuchando salsa y contándose entre sorbos de cerveza sus vicisitudes. La Casa del Pueblo aportaría la música y, cuando el presupuesto lo permitiera, picadas de queso y butifarra. Los asistentes debían llevar taburetes y bebidas. Dirigiéndose a las parejas con hijos pequeños, que eran mayoría en Chibolo, dijo el padre Arregui que esta noche, para la inauguración de los Viernes de Rumba, los varones permanecerían en sus casas con el fin de que sus mujeres pudieran salir. De ahí en adelante se rotarían para divertirse afuera, a menos que pudieran salir juntos.

Al escuchar las palabras del padre Arregui, las mujeres

que atendían la misa prorrumpieron en aplausos de júbilo, mientras que los hombres quedaron sumidos en el desconcierto; cuando pudieron reaccionar, unos se sumaron a los aplausos, otros soltaron risitas bobas y algunos dictaminaron que el cura se estaba inmiscuyendo en asuntos que no le atañían. Entre estos últimos se encontraba un albañil de nombre Amílcar Guerra, que dijo: Con todos mis respetos, padre, yo creo que esto de que si el hombre sale o entra, y si la mujer entra o sale, es un asunto de la pareja y de nadie más.

A lo que dijo el padre Arregui, mirando al albañil con ojos relampagueantes de furia: Lo mismo decían los esclavistas cuando alguien hablaba de dar libertad a los negros. Decían que nadie tenía por qué meterse en sus cosas.

El experimento no produjo los resultados inmediatos previstos por el padre Arregui. Incluso las mujeres que contaban con el beneplácito de sus maridos para asistir solas a los Viernes de Rumba se abstuvieron de ir, porque temían ser objeto de difamaciones. Pero el padre Arregui consiguió al menos que muchos matrimonios salieran a divertirse juntos, llevando con ellos a sus hijos cuando no encontraban a quién encomendarle su cuidado.

Las tres aspiraciones

El grupo de profesionales liberales que frecuentaba desde hacía algunos años a La Tres no tardó en enterarse de la existencia del Padre Arregui. Al cabo de un tiempo acudieron a la Casa del Pueblo para interesarse por el experimento de la autogestión, y quedaron tan subyugados por la personalidad del cura que se ofrecieron para colaborar en sus proyectos. De ese modo empezaron a trabajar con el padre Arregui los sociólogos Fernando Marchena, Carmelo Marín y Carmen Fernández, así como la planificadora urbana, la antropóloga y la periodista fumadora de pipa que todos los viernes peregrinaban por La Tres.

Lo primero que propusieron los sociólogos fue la elaboración de un informe sobre el consumo de agua, la dotación sanitaria, la cobertura de la electrificación, la situación de las viviendas, las estructuras de parentesco, los hábitos alimenticios, las circunstancias laborales, la capacidad de ahorro familiar y toda una larga lista de indicadores sociales y económicos, con el fin de conocer de un modo científico la realidad del barrio. El padre Arregui dio su beneplácito, aunque sin grandes muestras de entusiasmo, porque él consideraba que en una situación tan apremiante como la de Chibolo los esfuerzos no debían centrarse en la elaboración de informes académicos, sino en la ejecución de acciones rápidas dictadas por el sentido común.

La intervención de los sociólogos no hizo más que confirmar con cuatro meses de retraso y una montaña de papeles lo que el padre Arregui ya sabía por simple instinto de párroco tugurial: que las tres principales aspiraciones de los habitantes del barrio consistían en mejorar la vivienda, recibir agua más barata y proporcionar educación a sus hijos. En el último apartado ya estaba trabajando el padre Arregui, aunque de manera aún muy incipiente, mediante el programa de alfabetización. Respecto a la vivienda, emprendería un plan de autoconstrucción similar al que había desarrollado con éxito en el barrio Malafama, provincia de San José, donde estuvo destinado antes de llegar a Chibolo. El problema de agua aparecía como el más complicado, porque el suministro del líquido no dependía tanto de la iniciativa de los moradores del barrio como de su capacidad de presión para exigir al gobierno la prestación del servicio. Y el momento de medir fuerzas con el poder aún no había llegado. El padre Arregui sabía que, para movilizar a todo el barrio tras una causa común, necesitaba infundir entusiasmo a muchos más habitantes de los que ya escuchaban sus prédicas; y eso sólo lo conseguiría trabajando con tesón y propinando algún que otro golpe de efecto que sacara de su letargo a Chibolo.

Los Llorones

Uno de esos golpes lo asestó con motivo del carnaval. Advertido de que se trataba de la fiesta más popular de Bellavista, el padre Arregui propuso crear una comparsa en Chibolo para que participara en el desfile de la Batalla de Flores junto a las comparsas de otros barrios. La noticia se propagó de boca en boca por todo el arrabal. Al día siguiente se presentaron en la Casa del Pueblo más de un centenar de candidatos deseosos de formar parte del espectáculo. Entre ellos se encontraba el músico Johnny Zúñiga, que en su Campeche natal había tocado la flauta de millo en el Combo Azul. Después de entrevistar a todos los voluntarios, el padre Arregui consideró que Zúñiga era la persona idónea para dirigir la comparsa, porque, además de poseer ingenio, tocaba en una conocida banda llamada Los Reyes del Sabor. A diferencia de comparsas como Los Congos o El Torito, que ensayaban por lo menos cuatro meses al año desde hacía más de medio siglo, los Llorones de Chibolo se vieron obligados a montar su espectáculo en menos de un mes. Todas las noches, lloviera o relampagueara, ensayaron con admirable disciplina frente a La Casa del Pueblo, ante la mirada atenta del padre Arregui y de cientos de curiosos cuyas opiniones fueron tenidas en cuenta para diseñar el montaje definitivo de la obra.

El esfuerzo obtuvo su recompensa el día de la Batalla de Flores. Apostado a ambos lados de las calles por donde discurría el desfile, el público aclamó a Los Llorones de Chibolo con un frenesí nunca antes visto en un carnaval. Los Llorones eran 103, pero parecían miles por la algarabía que armaban a su paso. Disfrazados con sombreros de paja y gafas oscuras, avanzaban gimiendo a moco tendido por supuestas desgracias ocurridas a personajes ilustres de la ciudad. En la retaguardia marchaba un grupo músico, encabezado por Johnny Zúñiga, que armaba un estrépito de tamboras, flautas y maracas para festejar cada chacota. Al pasar frente a la tribuna de las autoridades, la comparsa redujo la velocidad de la marcha, y uno de los llorones gritó con voz doliente, aludiendo a un caso de pavimentación ficticia que acababa de ser develado por un periódico: Ay, Virgen santa, pobrecito el alcalde Garay, que se ha puesto enfermito y pavimenta calles donde no las hay;

y el resto de los gemidores respondió en bullicioso coro: Pobrecito el alcalde, qué enfermedad tendrá;

y los músicos dirigidos por Johnny Zúñiga remataron la guasa con un alegre cumbión.

Entonces otro plañidero gritó, refiriéndose al caso reciente de dos jóvenes de Chibolo que habían sido acribillados junto a la vía de la Circunvalación: Ay, ay, ay. Pobre coronel Mendoza. Dicen las malas lenguas que él los mandó matar;

y los demás llorones respondieron, frotándose los ojos con

pañuelos blancos: Pobrecito el coronel Mendoza, él que es un alma de Jehová;

y de nuevo retumbó un cumbión.

A continuación, un tercer plañidero reveló en medio de un amargo llanto lo que hasta ese momento era un secreto a voces en la ciudad: Pobrecito, monseñor Mahecha, que de la catedral le robaron la custodia;

y el resto de llorones coreó: Y quien diga que él mismo la robó, es porque lo odia.

La insolente actuación de los Llorones no provocó la menor gracia a las autoridades, pero conquistó el corazón de los bellavisteros. Desbordado por la presión popular, al jurado no le quedó más remedio que conceder el premio de comparsas a Los Llorones de Chibolo.

A partir de ese carnaval, la fama del padre Arregui se acrecentó entre los habitantes del barrio. Muchos que no le habían prestado atención hasta entonces dijeron con respeto: El curita tiene los huevos en su sitio;

y empezaron a escucharlo.

Aumenta el entusiasmo por la autogestión

El padre Arregui aprovechó su fama para imprimir un nuevo impulso a la doctrina de la autogestión. Con un grupo de 94 familias puso en marcha el programa de autoconstrucción. Les enseñó a ahorrar, pese a sus exiguos ingresos económicos. Después las aleccionó para que compraran en grupo los materiales con el fin de conseguir descuentos en las fábricas. Por último, les proporcionó los conocimientos básicos de albañilería, saneamiento y electricidad para que pudieran mejorar con sus propias manos las viviendas.

También emprendió el cura un animoso programa de aseo, cuya primera fase consistía en la instalación de una cesta en cada manzana para que los habitantes del barrio se habituaran a no arrojar basura en las calles. Cuando anunció el plan a los catorce maestros, dijo Bonifacio Mendieta: Podemos negociar las cestas con alguna empresa, como hicimos con los útiles escolares.

Pero el padre Arregui respondió: No. Las empresas están reacias. Las cosas ya no son como antes.

En efecto, las circunstancias habían cambiado. A raíz de la actuación de Los Llorones en el último carnaval, los dirigentes cívicos, empresariales y políticos de la ciudad empezaban a desconfiar del padre Arregui y a temer el excesivo protagonismo que estaba adquiriendo en los arrabales. El cura decidió por lo tanto promover el plan de aseo entre los mismos habitantes del barrio. Apoyado en su prestigio y su verbo torrencial, logró convencer a todos los cabezas de familia de que aportaran una modesta suma de dinero con el fin de comprar las cestas en Usiacurí, donde eran más baratas, y pagar a Manguera Cañate, dueño de un destartalado camión, por el acarreo de la basura hasta el vertedero municipal cada quince días. Después de comprar las cestas y distribuirlas por el barrio, el padre Arregui formó con un centenar de niños menores de doce años el Batallón de los Angelitos, cuya misión consistía en vigilar que la gente arrojara la basura en las canastillas. A todo aquel que violara la norma debían someterlo al escarnio público, revoloteando a su alrededor y gruñendo como cerdos, hasta que el infractor recogiera del suelo el desperdicio y lo depositara en el lugar apropiado. La estrategia funcionó; al cabo de unas semanas, el barrio empezó a verse mucho más limpio, y poco a poco desaparecieron del cielo los gallinazos.

El fervor por el padre Arregui crecía con ímpetu, lo mismo que el entusiasmo por la autogestión. Persuadidas por la contumacia de los hechos, muchas más familias se apuntaron para el programa de vivienda, y legiones de nuevos alumnos de todas las edades irrumpieron como un torrente desbordado en los cursos de alfabetización.

Los rumores sobre el padre Arregui

La fama del padre Arregui no tardó en provocar alarma entre los dirigentes de la ciudad, para quienes el cura de Chibolo se estaba excediendo en sus funciones sacerdotales. En los barrios elegantes circuló el rumor de que el padre Arregui era simpatizante de la Teología de la Liberación y estaba preparando una revuelta popular en las barriadas marginales. Un comentarista político se preguntó con malicia si el polémico cura había sido ordenado por el Vaticano o por Fidel Castro. Las críticas se multiplicaron en número y virulencia a raíz de una entrevista radiofónica en la que un periodista preguntó al padre Arregui si era cierto que abrazaba la doctrina de la Teología de la Liberación, y él respondió: La liberación no necesita teología, sino huevos.

Desde ese momento, el cura ya no fue acusado sólo de comunista; sus detractores también lo llamaron psicópata, degenerado y basuquero, en un intento por añadir a su peligrosidad política agravantes de tipo patológico. Pero los ataques de los patricios y de los editorialistas de periódicos sólo sirvieron para aumentar el prestigio del padre Arregui entre los pobres, como no se veía desde los tiempos de Félix Gabriel

Chocontá. Fueron tantos los fieles y curiosos que se congregaron en las inmediaciones de la Casa del Pueblo para atender las vibrantes misas del cura, que este tuvo que ayudarse de un potente equipo de megafonía para que sus prédicas alcanzaran a toda la concurrencia. La gente escuchaba con fascinación los sermones y hablaba de ellos en las casas, los bares y las fábricas como si discutiera sobre un partido decisivo de fútbol. Nunca se había visto semejante arrobamiento colectivo en un barrio tugurial de Bellavista. El padre Arregui disertaba sobre cualquier tema que cupiera en la mente humana. Habló sobre el delito, sobre la dignidad, sobre el amor, sobre el sexo, sobre el aborto, sobre la política exterior de Estados Unidos, sobre la injusticia social, sobre la figura de Cristo, sobre la gastroenteritis, sobre el Vaticano, sobre el machismo, sobre la anticoncepción, sobre la guerra de Bosnia, sobre la moda, sobre la alimentación, y todos sus sermones provocaron asombro y revuelo. Pero ninguno impresionó tanto como el que pronunció sobre la droga.

El sermón sobre la droga

Este fue el célebre sermón que pronunció el padre Arregui sobre la droga, tal como lo recogió el cronista Guillermo Salcedo:

Hermanos y hermanas. Muchas personas llevan meses pidiéndome que hable sobre las drogas. Casi todas esas personas son madres o padres que tienen hijos atrapados por el basuco y por eso tienen un interés muy especial en el tema. Hasta ahora venía sacándoles el cuerpo, porque tenía miedo de provocar malentendidos o herir sensibilidades en un asunto tan delicado. Pero ya nos conocemos mejor y creo que ha llegado el momento de la franqueza. Voy a empezar con una pregunta muy sencilla. ¿Qué significa exactamente hablar de drogas? Cada vez que hay un debate sobre drogas, la discusión se centra en la cocaína y el basuco. Hace quince años era la marihuana ¿se acuerdan? Pero desde que los gringos son los primeros productores de la yerba, ya no se habla de ella con tanta insistencia. De pronto, ha desaparecido de la lista negra. Ya no es tan mala como antes. Si vamos a hablar de drogas, lo primero que debo decirles es que me niego a hablar sólo de cocaína y basuco. Yo no entro en ese juego de los países poderosos, que siempre son los que deciden qué es lo bueno y qué es lo malo. Si vamos a hablar de drogas, hablemos también de toda esa mierda que nos mandan los laboratorios suizos y que se venden libremente en las farmacias, o el sofisticado whisky que fabrican en Escocia, o el cigarrillo, que tienen el descaro de venderlo con la advertencia que es perjudicial para la salud. O, para no irnos tan lejos, hablemos del aguardiente que fabrica nuestra licorera provincial. La inmensa mayoría de crímenes en Bellavista se producen al calor de los tragos. Miles de hogares pobres se ven más empobrecidos porque el jefe de la familia se gasta el dinero el alcohol. Pero, curiosamente, en los debates sobre las drogas el alcohol siempre se deja por fuera, como si fuese un tema diferente. ¿Saben cómo se llama eso? Hipocresía. No tiene otro nombre. Drogas siempre han existido y siempre existirán. Presten atención este párrafo que les voy a leer. Es la experiencia de una persona que tuvo un viaje alucinógeno. Dice así: "Vi que venía un viento tempestuoso, y una gran nube, con un fuego envolvente, y alrededor de él un resplandor, y en medio del fuego que parecía como bronce refulgente, y en medio de ella la figura de cuatro seres vivientes. Cada uno tenía cuatro caras y cuatro alas. Y los pies de ellos eran derechos, y la planta de sus pies como planta de pie de becerro. Y el aspecto de sus caras era cara de hombre, y cara de león al lado derecho de los cuatro, y cara de buey a la izquierda de los cuatro; asimismo había en los cuatro cara de águila". Muchos de ustedes habrán oído hablar de la persona que tuvo esa alucinación. Se trata del profeta Ezequiel, que vivió hace más de dos mil años. Es una lástima que la Biblia, que cuenta tantos detalles de las cosas, no diga qué brebajes consumían Ezequiel y Jeremías, o qué sustancia se había metido en el cuerpo el rey Saúl cuando profetizó desnudo en Naiot. Drogas siempre las ha habido y siempre las habrá. El que se quiera drogar buscará cualquier sustancia para hacerlo. Si no tiene basuco, buscará hongos, goma, gasolina, perico, marihuana, valium, diazepán, ritalina, raticida, brebajes de cualquier clase, aguardiente, whisky. Siempre encontrará algo. Cualquier cosa. Y como siempre van a existir las drogas, yo soy partidario de que se legalicen todas. Absolutamente todas. La inmensa mayoría de las drogas ya son legales. No veo por qué no se pueden agregar a la lista la cocaína y la amapola. Con la legalización se matan cuatro pájaros de un tiro. Primero, se acaba con las mafias que tanta violencia han provocado en nuestro país. Segundo, se reduce el riesgo de intoxicación, porque aquellos que quieran consumir drogas podrán hacerlo con unos productos de mejor calidad y no con esas basuras adulteradas que venden en la calle. Muchas muertes por droga se podrían evitar si el producto estuviera controlado, como se controla el whisky y el aguardiente. A propósito de muertes, ¿por qué no se prohíbe el comercio de armas, que es lo que más mata en este mundo? De eso ni se habla, porque las armas son el gran negocio de los países ricos. Tercero, al no existir drogas ilegales, desaparecerá la tentación por lo prohibido, que es muchas veces lo que lleva a los jóvenes a inclinarse por una droga y no por otras. Por último, caerán los precios, con lo que los adictos tendrán menos necesidad de atracar o matar para conseguir el dinero que cuesta la mercancía. Alguien podrá replicar que si se legaliza la cocaína habría muchos más consumidores de esa droga. Es posible, pero tal vez se reduciría el número de alcohólicos. Sobre este tema existen muchos estudios con opiniones encontradas, y no voy a entrar en él, porque esto cae en terreno de la especulación. Hermanos, hermanas, sería yo un hipócrita si saliera con discursos contra la droga, siendo yo un consumidor. Sí. No me miren con esas caras de espanto. Yo me tomo mis copitas de aguardiente. Me gusta hacerlo cuando me siento bien y estoy con amigos. Y el aguardiente, no nos engañemos, es una droga. Pero no soy un alcohólico. En cambio hay muchos que sí son alcohólicos ¿Se han preguntado por qué entre los bebedores de aguardiente hay unos que son alcohólicos y otros que no lo son? Ese es el fondo del asunto. La droga no es buena ni mala. No puede ser lo uno ni lo otro, porque carece de voluntad. La droga es un riesgo, como muchos otros riesgos en la vida, empezando por el mismo hecho de existir. ¿Y cómo se reducen los riesgos? Primero que todo, con información. Que la gente conozca el significado de cada droga antes de metérsela en el cuerpo. Y segundo, con autoestima. Creando un entorno afectivo sólido, como el que estamos tratando de crear en Chibolo. Luchando con dignidad contra la injusticia social y las frustraciones, que son los mayores enemigos de nuestro pueblo, mucho más terribles que el basuco. A las drogas se llega por varios caminos: por curiosidad, por simple placer o para evadir los problemas de la vida cotidiana. Me daré por bien servido si, por lo menos, logramos acabar con el tercer camino, que es el que más conduce a la drogadicción. ¿Y qué puedo decirles a los padres y madres que tienen hijos colgados a la cocaína o al basuco? Que desde la próxima semana trabajaremos juntos para sacar a los hijos del hueco. Y que, mientras tanto, seguiremos construyendo entre todos un barrio mejor. Hermanos, hermanas, yo no ofrezco acabar con las drogas. Ni prohibirlas. Eso es una estupidez. Yo sólo ofrezco alternativas para reducir los riesgos de caer en la drogadicción. Que Dios los acompañe.

El padre Arregui es detenido

El sermón sobre la droga desató un gran revuelo en la ciudad. Algunos columnistas prestigiosos acusaron al padre Arregui de ser un infiltrado de los narcotraficantes para captar nuevos clientes en los barrios marginales. Las asociaciones de lucha contra la droga lo denunciaron por inducción al consumo de estupefacientes. El arzobispo de Bellavista lo acusó de manipular con oscuros propósitos los principios fundamentales del cristianismo. Tres días después, medio centenar de policías armados con ametralladoras irrumpieron en Chibolo para detener al padre Arregui bajo la acusación de apología del delito, con el argumento de que el consumo de ciertas drogas que había mencionado en el sermón estaba penado por la ley. El cura no opuso resistencia a los agentes, que lo condujeron esposado hasta los calabozos policiales y lo encerraron a la espera de una decisión judicial.

Al enterarse del arresto, el gobernador Múnera llamó por teléfono al comandante de la policía y le ordenó que liberara de inmediato al detenido. Dijo: Lo único que nos faltaba es convertir a ese demente en mártir.

El padre Arregui recobró la libertad a primera hora de la mañana del día siguiente. Y cuando regresó a Chibolo, y advirtió el recibimiento multitudinario que le dispensaron los habitantes del barrio, dictaminó que había llegado el momento de declarar la guerra del agua.

El paseo del agua

Dos semanas más tarde, tras unos minuciosos preparativos, cinco mil habitantes de Chibolo encabezados por el padre Arregui y los catorce maestros emprendieron el célebre paseo del agua. La movilización se inició bien temprano en la mañana, cuando el sol era apenas una veta anaranjada en el cielo azul turquí. En una larga y disciplinada fila, la multitud tomo la vía de Circunvalación con dirección a occidente, y avanzó durante varias horas entre la sucesión de barriadas tuguriales que se levantaba a ambos lados de la carretera. Aunque el padre Arregui había recomendado que no participaran menores de edad en la marcha, numerosos niños que aún no habían alcanzado la pubertad se colaron entre el gentío.

Al mediodía aparecieron en el horizonte unos edificios lujosos coronados con gigantescas antenas parabólicas, en cuyos ventanales reverberaban los potentes rayos del sol. El cura ordenó entonces un alto para repetir por última vez las instrucciones a la muchedumbre que lo seguía. Subido a un promontorio de tierra, dijo: Ya lo saben. Lo de hoy es sólo un aviso a estos ricos cabrones. Para que nos vayan conociendo y nos vayan cogiendo miedo. Nada de locuras. No hay que dar argumentos para que intervenga la policía. Espero que nadie meta la pata. Con uno que la embarre, nos embarra a todos.

Veinte minutos después, los cinco mil manifestantes irrumpieron en el barrio La Pradera y comenzaron a andar en silencio por las aceras con papeles pegados a las camisas en los que se leían sólo dos palabras: "Tenemos sed". La presencia de la turbamulta provocó una ola de pánico entre los residentes del barrio, que se encerraron en sus casas a esperar de un momento a otro el estallido de la revolución. Pero pasaba el tiempo y la temida sublevación popular no se producía. Los manifestantes se limitaban a caminar lentamente por las aceras, en el más absoluto de los silencios, sin pisar los bellos antejardines de las casas ni bajarse a las calles asfaltadas. Cuando habían recorrido unas veinte manzanas, los interceptó un destacamento del ejército. Mirando al padre Arregui, que encabezaba la marcha, dijo el teniente que estaba al mando del grupo: A ver, el permiso de manifestación;

con la certeza de que dicho permiso no existía y podría por lo tanto suprimir la marcha.

Pero el cura respondió: Esto no es una manifestación.

El teniente, tomado por sorpresa, dijo: ¿Ah, no? ¿Entonces qué es?

Y el cura contestó: Un paseo. ¿No ve que vamos tranquilos por la acera? Es sólo un paseíto.

A lo que dijo el teniente: ¿Y qué, es que no tienen otra parte para pasear?

Y el cura respondió: Sí, pero no es tan bonita como esta. A la gente le gusta pasear por partes bonitas. ¿O es que usted pasea en sitios feos?

Desconcertado por una argumentación dialéctica que no figuraba en los manuales castrenses, el teniente llamó a su superior de la Tercera Brigada para pedir instrucciones. Y el comandante, sin saber qué contestar, se comunicó con su jefe de la Quinta División. Este, sumido también en la confusión, se puso en contacto con la comandancia suprema del Ejército, en la capital de la república, y de ahí llamaron al Ministerio de Defensa. Al cabo de una hora regresó por el mismo conducto el dictamen de la asesoría jurídica del Ministerio, según el cual, salvo en estado de sitio, no existía ninguna disposición legal que limitara el derecho de pasear, a menos que el paseo constituyera una amenaza evidente para el orden público. Cuando escuchó la respuesta en el equipo de radiotransmisión, el teniente permitió a los intrusos proseguir su caminata, pero ordenó a los soldados que vigilaran de cerca lo que él seguía considerando, a pesar de las apariencias, una manifestación. Los residentes de los barrios elegantes de Bellavista tomaron ese día conciencia de su vulnerabilidad mientras observaban a través de los visillos el paseo de los pobres frente a sus casas.

Temeroso que el ejemplo de la protesta cundiera en otros barrios, el alcalde se comprometió a destinar una partida presupuestaria para subvencionar a los aguateros, con el fin de que estos redujeran el precio del agua en los barrios tuguriales.

El senador Fadul visita al padre Arregui

Poco después empezó la campaña para las elecciones generales, las cuartas que se celebraban desde la fundación de Chibolo, y los dirigentes políticos volvieron al barrio como cada cuatro años en busca de votos. Una tarde calurosa se presentaron en la Casa del Pueblo dos personas que hasta ese momento nunca habían acudido al templo. El padre Arregui reconoció de inmediato a una de ellas, porque el senador Fadul aparecía con frecuencia en los periódicos. A la otra tardó un poco más en identificarla, ya que sólo la había visto en un par de ocasiones fugaces. Se trataba de Moisés Cantillo, el presidente de la junta comunal del barrio. El padre Arregui invitó a pasar a sus visitantes al interior de la chabola, y les señaló dos taburetes para que se sentaran. Tumbándose en la hamaca, les dijo: ¿En qué puedo servirles?

El senador Fadul respondió con una cálida sonrisa: Usted y yo tenemos algo en común, padre, y es que estamos comprometidos de corazón con este barrio. Desde el mismo momento de la invasión he venido trabajando para que Chibolo salga adelante.

El padre Arregui lo interrumpió, diciéndole: ¿Y qué es lo que ha hecho por el barrio, si se puede saber?

Y dijo el senador Fadul, simulando no haberse molestado con la impertinencia: He ayudado a mucha gente a mejorar sus viviendas. He conseguido becas de estudio para los jóvenes, y puestos de trabajo. También se han pavimentado algunas calles.

El padre Arregui dijo: Cuarenta votos por año de beca. Ese es el precio en estas elecciones, ¿no?

Y dijo el senador Fadul: Ya veo por dónde va, padre. ¿Usted cree que a mí me gusta hacer esas cosas? Pero debe entender que yo no he inventado la forma de hacer política en esta república. Yo l o que hago es seguir las reglas del juego que inventó la oligarquía, y dentro de esos márgenes hago lo máximo posible en beneficio del pueblo.

Moisés Cantillo refrendó las palabras del senador, diciendo: Mucha gente ha mejorado en el barrio gracias al senador Fadul.

Antes de que el presidente de la junta comunal se deshiciera en elogios a su jefe, dijo el padre Arregui: Ustedes me perdonarán, pero tengo mucho trabajo. Si han venido por algo en concreto, les ruego me lo digan de una vez.

Entonces el senador Fadul abandonó sus artes zalameras de persuasión, que tan buenos resultados le habían producido en otras ocasiones, y ofreció al cura, sin más rodeos, una alianza política en Chibolo. Dijo: Lo único que tiene que hacer usted es sugerirle a la gente que vote por mi movimiento. Después, todo correrá por mi cuenta;

y paseando su mirada por la chabola, dijo: Podíamos empezar construyendo una iglesia como Dios manda.

Al escuchar la propuesta del senador, el padre Arregui se bajó de la hamaca y caminó lentamente hacia la puerta con un extraño fulgor en los ojos. Dijo: Quiero dejarle bien clara una cosa, senador. Su camino y el mío no tienen ni un punto de convergencia. Y agradezca que se lo diga decentemente. Ahora quiero que se marchen, porque vamos a empezar clases;

y abrió la puerta a sus visitantes para que salieran.

Enfurecido por la actitud arrogante del cura, dijo el senador Fadul mientras abandonaba la Casa del Pueblo: Quiero que sepa, padre, que este es mi barrio. Y no intente quitármelo. Se lo digo por las buenas, con todo el respeto que me merece como representante de la Iglesia.

Al escuchar estas palabras, el padre Arregui sufrió uno de sus proverbiales arrebatos de ira y se puso a gritar como un energúmeno al senador Fadul, llamándolo cabrón, bandido, estafador, malparido y muchas otras palabras que desfilaron por su enardecido cerebro. Temeroso de que el bochinche exacerbara a los habitantes del barrio, el senador Fadul se marchó a toda prisa con la firme intención de hacer pagar al cura la afrenta. El padre Arregui decidió tras ese encuentro andar armado.

El padre Arregui pide el voto para Makú

Poco antes de las elecciones, el cura de Caledonia pronunció un encendido sermón sobe la democracia, que fue seguido con atención por miles de habitantes del barrio. Dijo: Esta vez nadie va a vender su voto, por más que necesite dinero. Y nadie se va a quedar como zángano en la casa, porque el abstencionismo es una forma de vender el voto. O peor aun, de regalarlo. Esta vez vamos a votar todos como seres libres de verdad, no como animales domesticados.

Pero entonces se alzó una voz en la multitud, que dijo: ¿Y por quién carajo vamos a votar, si todos los políticos son una partida de bandidos?

El padre Arregui quedó aturdido ante tan elemental pregunta. Después de reflexionar unos instantes y comprobar que, en efecto, no se le venía a la cabeza el nombre de un solo candidato digno de confianza, dijo: Pues votemos por Makú.

Al pronunciar esta palabra se produjo un silencio profundo de incredulidad, y muchos asistentes pensaron que el cura se había vuelto loco de remate. Makú era un chimpancé de ojos verdes, la principal atracción del zoológico de Bellavista. Su rostro juguetón aparecía en camisetas, bolsos y afiches. Nadie dudaba que fuera más popular que muchos políticos, pero su fama no lo eximía de ser un simple chimpancé sin derecho constitucional de elegir o ser elegido. Consciente de la estupefacción que habían provocado sus palabras, dijo el padre Arregui: Un voto en blanco es un voto de protesta. Un voto por Makú es a la vez un voto de protesta y de burla, y por eso tiene más fuerza.

La propuesta estrafalaria del padre Arregui corrió de boca en boca por todo Chibolo, y se extendió a otros barrios tuguriales, y saltó al resto de municipios, corregimientos y caseríos de la provincia de Barrantes. El día de las elecciones Makú obtuvo tal cantidad de votos que, de haber sido un candidato formal, habría conseguido dos senadores en el Congreso de la república, catorce diputados en la Asamblea provincial y mayoría absoluta en el Consejo de Bellavista. Los votos por el chimpancé fueron declarados nulos, como establecía la ley, pero los dirigentes políticos de Barrantes sufrieron un escarnio monumental que traspasó las fronteras de la república, porque la noticia de que un primate había arrasado en unos comicios fue divulgada por las agencias informativas de medio mundo.

El Viernes de Rumba siguiente a las elecciones, mientras cientos de personas festejaban frente a la Casa del Pueblo el triunfo arrollador de Makú, se levantó una voz en medio del bullicio y propuso votar por el padre Arregui en la primera elección popular para alcalde, que se celebraría tres meses más tarde. Dijo la voz: Viva el padre Arregui, alcalde de Bellavista;

y en el aire fresco de la noche tronaron vítores al cura de Caledonia

El padre Arregui presenta su candidatura

Al comienzo, el padre Arregui tomó a broma la posibilidad de convertirse en alcalde. Pero con el paso de los días pensó que, después de todo, la idea no era tan descabellada, sobre todo si se repasaba la lista de quienes ya habían desempeñado ese cargo, y decidió presentarse como candidato. Al trascender la noticia, los patricios arremetieron con virulencia contra el cura, acusándolo de aprovechar su influencia religiosa para la consecución de fines políticos. El arzobispo de Bellavista, en una homilía transmitida en directo por todos los medios de comunicación, lo descalificó públicamente como emisario de la palabra de Dios. Los periódicos advirtieron en sus editoriales sobre el riesgo que entrañaba para el sistema democrático la irrupción de candidatos al margen de los partidos tradicionales. Pero el padre Arregui, lejos de amilanarse, emprendió la campaña electoral con el vigor de un toro de casta que acaba de salir al ruedo. Acompañado de los catorce maestros, recorrió las barriadas tuguriales predicando el mensaje de que el tiempo de las humillaciones había tocado a su fin. Su presencia desataba el delirio colectivo. Los padres cargaban a sus hijos en hombros para que en el futuro pudieran contar a sus descendientes que habían visto con sus propios ojos al hombre que cambió el destino de Bellavista. En los arrabales empezaron a circular libros piratas con los sermones del cura de Caledonia. Llegó a tales extremos el frenesí, que una tarde, mientras estaban en La Tres tomando aguardiente, Bonifacio Mendieta creyó oportuno planear una situación que nadie se había detenido a considerar hasta ese momento. Dijo: ¿Y si ganamos?

Sus palabras fueron seguidas de un silencio sepulcral. El padre Arregui cayó en la cuenta de que no tenía ni la más remota idea de cómo funcionaba un ayuntamiento y de que aún no había diseñado en su mente un equipo de gobierno con la mínima experiencia en el ejercicio de la administración pública. Después de meditar largo rato, dijo: Si ganamos, manejaremos la ciudad como se lleva una casa, cuidando el centavo y repartiendo las cosas con justicia. Eso. Como se lleva una casa, sin tanta maricada;

y a continuación nombró un gabinete provisional que incluía a Bonifacio Mendieta como secretario privado, a David Granados como supervisor de las finanzas públicas, al músico Johnny Zúñiga como responsable de cultura popular, así como a algunos de los profesionales liberales que acudían los viernes a La Tres y a dos antiguos guerrilleros del Frente Catorce de Mayo, movimiento que por esos días había abandonado la lucha armada.

La visita

Cuando faltaban pocos días para las elecciones, y los sondeos pronosticaban una victoria aplastante del padre Arregui, se presentó en la Casa del Pueblo un hombre preguntando por el cura. Bonifacio Mendieta, que se encontraba a la puerta, le preguntó qué se le ofrecía, pero el hombre respondió que se trataba de un asunto personal. Bonifacio salió entonces al patio a llamar al padre Arregui, que se encontraba en ese momento regando las flores de las maceteras. Le dijo: Lo buscan.

El cura dijo: Quién.

Y dijo Bonifacio Mendieta: Un tipo. La verdad es que no me gusta su cara.

El padre Arregui depositó la regadera en un rincón del patio, se limpió las manos con una bayeta y salió a atender al visitante sin recoger previamente el revólver que había dejado sobre un taburete. Antes de que pudiera formular pregunta alguna, el hombre sacó un arma de la cintura y lo acribilló a tiros mientras gritaba como un demonio: Vete al infierno, maricón de mierda.

Tras cometer el asesinato, el hombre intentó huir, pero fue detenido por la multitud cuando estaba a punto de alcanzar la vía de Circunvalación. Algunos lo golpearon con sevicia y pretendieron lincharlo hasta la muerte, pero los maestros consiguieron persuadir a la turbamulta de que era más útil mantenerlo con vida, para que confesara los móviles de su acción. Horas más tarde, al presentar declaración judicial, manifestó que había matado al cura en venganza porque este había sodomizado durante meses a su hijo menor de edad. Al mismo tiempo circuló la versión de que el padre Arregui andaba metido en negocios sucios y había muerto como consecuencia de un ajuste de cuentas. También se dijo que mantenía un pacto secreto con el senador Vergara para repartirse la ciudad y que los catorce maestros habían decidido vengarse de su guía espiritual al descubrir la trama. Los chiboleros no se creyeron ni el testimonio del homicida ni los rumores y salieron en tromba hacia el centro de la ciudad para desahogar su ira por el crimen; pero el ejército los interceptó en la vía de Circunvalación y los contuvo disparando balas de goma. A la mañana siguiente los chiboleros volvieron a la carga, y en esa ocasión no estuvieron solos, sino que se les sumaron los habitantes de todas las barriadas del sur. Decenas de miles de personas tomaron la vía de Circunvalación con el ánimo de arrasar la ciudad y exterminar uno por uno a todos los políticos, a los que culpaban de la muerte de padre Arregui. Esta vez el ejército actuó con más contundencia y en el operativo de contención abatió a cuatro manifestantes.

Por la tarde, en un ambiente colmado de ira, casi medio millón de personas asistieron al entierro del cura de Caledonia, que se celebró en el cementerio municipal bajo la vigilancia del ejército y la policía. Al concluir el oficio fúnebre, una turba exaltada tomó por asalto la calle Murillo y apedreó tiendas y vehículos. Los enfrentamientos se sucedieron durante siete días con sus noches y provocaron más de una veintena de muertos, hasta que, en la tarde del día octavo, el presidente de la república intervino personalmente para aplacar los ánimos y prometió que la fiscalía general investigaría el asesinato del padre Arregui hasta sus últimas consecuencias. Pero la investigación pronto se empantanó en una maraña de tecnicismos jurídicos, y los medios de comunicación dejaron de ocuparse del caso, y los habitantes de las barriadas retornaron paulatinamente a sus menesteres cotidianos de supervivencia. Un año después, el juez sentenció que el homicida había actuado en solitario para vengar unas supuestas vejaciones a su hijo que no habían sido probadas, y condenó al acusado a veinte años de cárcel. Al día siguiente de divulgarse el fallo, el condenado apareció ahorcado en su celda. La policía dictaminó que se había tratado de un suicidio.

Durante el tiempo que ejerció su ministerio en Chibolo, el padre Arregui compuso medio centenar de vallenatos, pronunció 870 sermones, dejó innumerables frases inscritas en el refranero popular y escribió el poema "Amor de amores", cuyo verdadero significado sigue desatando polémica y provocando habladurías.

Amor de amores

Letra del padre Arregui, hijo de Bernabé y Rosa María:

I
Qué hombre, Virgen Santa, qué hombre.
Mirad, amigas, a ese hombre.
Portento de perfección, no hay en él desperdicio.
Su cuerpo es robusto y macizo
como el tronco de la ceiba que cubre
con su fronda el patio de La Tres.
Nunca he visto de cerca esa ceiba recia,
nunca la han palpado mis manos inquietas.
Me he resignado a admirarla desde lo lejos,
por los resquicios de la empalizada que hurta
la cantina a las miradas indiscretas.
¡Pero esta noche no hay cercas ni vallas!
Decidme, amigas,
¿habéis visto alguna vez un varón semejante?
Sus ojos relumbran como los del gavilán pollero
que otea a su presa desde la distancia.
Cae sobre mí, ave rapaz. Mi carne
es más tierna que la de los ratones de monte
y espera ansiosa el contacto de tus garras.
Mírame, te lo suplico. Dirige hacia mí tus ojos
soberbios y fulgurantes. No te extravíes entre el gentío
sin antes mirarme. Tan sólo eso te pido:
que en este patio de perfumadas cayenas
aciertes a distinguir mi singular fragancia.
Amigas, os lo ruego, haced algo.
No permitáis que se escabulla

como una iguana en la maleza. Contadle
que estoy loca por él, decidle
que si no viene me muero.
Tranquilízate, niña, no te precipites,
que la ansiedad tiñe la espera
de fácil carmesí,
y trata de serenarte,
porque en este preciso instante
el varón que deseas se ha fijado en ti.
Qué hembra tan hermosa. Mirad, amigos,
el rostro de esa hembra.
Sus labios son rojos y pulposos
como los tomates de Malambo que se venden
junto al Caño al irrumpir el alba.
Las fosas de su nariz se dilatan y contraen
como los ollares de las burras de Repelón
cuando anhelan ser montadas.
Tiene por ojos piedras finas,
gemas de Muzo, las mejores:
por ellas se matan los hombres.
Su melena de noche revuelta
le estalla contra los hombros en guedejas infinitas,
y más abajo, contra el cielo de lycra
se yerguen dos cerros de Conuco
rebosantes de leche pura que espera ser libada.
¡Canta, Calixto Ochoa, canta!
¡Canta el paseo que tú sabes!
¡Canta, y que al conjuro de tu voz
estalle el frenesí y se desfoguen las arrecheras!

II

¿Quieres bailar?
Bueno.
Yo tenía mi lirio rojo
bien adornao
con una rosita blanca
muy aparente.
¿Y tú qué, vives por aquí?
Sí, ¿Y tú?
También.
Pero se metió el verano
y lo ha marchitao
por eso vivo llorando
mi mala suerte.
¿Cómo te llamas?
Erodith. ¿Y tú?
Helman.
Se marchitó mi lirio rojo
y fue por culpa del verano,
por eso estoy desconsolado
al ver que me dejó tan solo.
¿Y qué, viniste sola, o qué?
Estoy con mi hermana y unas amigas,
esas que comparten la mesa conmigo.
Tan bonito, blanco y rubio
como nació,
adornado con rositas
y jazmincitos.
Mi amado deja caer su brazo izquierdo,

y su mano, entrelazada a la mía,
arrastra mi brazo en la caída;
con el otro brazo me ciñe la cintura:
quiere fundirse conmigo.
Quiere que mis senos se aplasten contra su pecho,
que mi vientre frote su vientre,
que mis muslos se adhieran a los suyos,
y tal es mi ferviente deseo;
mas aún es demasiado pronto,
apenas nos conocemos.
Pero se metió el verano
y lo marchitó
por eso vivo llorando
al verme solito.
Te dedico la canción. Oye la letra.
Se marchitó mi lindo lirio
y mi blanca rosa.
Qué linda. Parece de Diomedes Díaz.
Tendré que soportar martirio
y terribles cosas.
Parece, pero es de Calixto Ochoa.
Se marchitó mi lirio rojo
y fue por culpa del verano.
por eso estoy desconsolado
al ver que me dejó tan solo.
¿Bailamos la próxima?
Prefiero descansar un poco; si quieres
bailamos la siguiente.
Bueno, pero cuidado que te me pierdes.
Cuidado te pierdes tú.

III

Amigas, amigas mías,
algo extraño me sucede.
Un sentimiento poderoso se ha adueñado de mi cuerpo.
Es fuerte como los huracanes de marzo
que arrancan los árboles de raíz
y los elevan cual cometas por los aires.
Es torrencial como los aguaceros de octubre
que estremecen a Chibolo
y lo dejan cubierto de barro.
Es violento como Pedro Jesús Orozco,
que llegó de Pitalito con las manos limpias
y se convirtió en el más fiero sicario.
Pero a la vez es suave y dulce
como la caña que cultivaba mi abuelo en Pendales
antes de la catástrofe.
No sé qué me ocurre, amigas mías.
No comprendo qué me pasa.
Un sentimiento muy raro
me remueve las entrañas.

IV

¿Quién es ese que se acerca,
envuelto en una nube de polvo
sobre un caballo blanco?
¡Es el Libertador! ¡Es el Libertador!
Viene de emancipar cinco naciones;

llega radiante, cubierto de gloria.
Sonríe, sin importarle
que esta república ingrata
nunca honrará a los verdaderos héroes;
los patricios que hoy lo aclaman a su paso
mañana lo perseguirán y mancillarán su nombre.
Él sabe que morirá como un perro callejero,
porque así mueren y morirán siempre
los héroes en las patrias bobas;
pero el destino nada le importa ahora:
no existe fatalidad que pueda
arrebatarle este feliz instante.
¿Bailamos otra?
Bueno.
Tanto te quiero que pienso
sin saber lo que he pensado,
tanto te quiero y te pienso
sin saber lo que he pensado,
nos acariciamos y luego
sólo sé que yo te amo.
Es de Fredy Molina. Te la dedico.
Es un amor que nació profundo
limpio como se ve la Nevada.
Los ojos de mi amado arden
como crepitantes teas.
Sus manos recorren mi espalda
y no hallan resistencia.
Su boca se aproxima a la mía
y la encuentra dispuesta.
El desenlace está cerca.

Eres bella, Libertadora;
no hay otra como tú,
nadie iguala tu hermosura.
Separa tus dientes, blancos y armónicos
como el teclado de Juancho Rois,
y deja que mi lengua penetre en la cueva
donde guardas con celo tu espléndido panal.
Qué bien besas, Libertadora. Tus besos
son jugo de patilla que refresca
en el ardiente mediodía.
Los tuyos, mi amor, son ron de caña,
dulces y embriagantes.
Vamos al monte, amada mía,
detrás del cementerio;
no resisto la tempestad
que se ha desatado en mi pecho.
Invítame a sorber las delicias
de tu ombligo magnífico
como beben los campesinos fatigados
el agua fresca en el totumo,
y ofréceme después la pulposa fruta
que madura desafiante bajo su cáscara de dacrón.
Todo lo que me pidas te lo daré,
amado mío, y tú me darás
todo cuanto yo te pida;
mi apetito es tan voraz como el tuyo
y se sacia con el mismo alimento.
Pero es ya muy tarde: el picó
empieza a difundir boleros.
¿Qué le diré a mi hermana?

¿Qué les diré a mis amigas?
Que te esperen. Diles que te esperen, y diles
que algún día terminará su espera
como la tuya hoy ha culminado.

V

Qué hembra, Dios mío, qué hembra.
Eres toda perfección. No hay en ti desperdicio.
Como los colonos que invaden los predios baldíos,
así irrumpiré yo en tu territorio virgen
y lo poblaré.
Ven a mí, amado mío,
entra con la fuerza torrencial
con que ocupan la tierra los desposeídos.
Siembra en mi parcela tu papayo
para que puedas alegar antigüedad
si alguno pretende desahuciarte.
Edifica en mi cuerpo viviendas de bloque y argamasa
con tus manos diestras de albañil,
y purifícame con tus caricias
para que los gallinazos repugnantes y las apestosas moscas
no hallen albergue en mi geografía.
Ven, amor de mis amores, clava con ímpetu tu papayo
hasta que sólo queden sus frutos rebosantes
por encima de la tierra.

VI (Epílogo)

Te presento a Melanys, mi hermana menor;
aún es una parcelita,
pero, ¿qué haremos con ella
cuando la codicien los colonos?
Construiremos sobre ella una mansión
semejante a la del senador Fadul,
majestuosa, acristalada,
con aire acondicionado central,
y la ornaremos con una piscina de baldosines azules,
rodeada de mesas y vistosos parasoles.
Poblaremos sus jardines con bestias exóticas,
como las que vagan por la hacienda de William Giraldo,
en las planicies de Rotinet.
Se convertirá en la tierra más envidiada;
los constructores rivalizarán por ella,
los especuladores le besarán la mano.
¿Para qué tanto?
Yo soy una parcela de barro gallego,
sin palacios ni haciendas,
y en ella prendió tu papayo.

"Los aleluyas"

Naufragio

   Los habitantes de Chibolo no lograron sobreponerse a la muerte intempestiva del padre Arregui. Con el paso de los meses, los programas de vivienda, alfabetización y aseo quedaron reducidos al esfuerzo pertinaz de un puñado de familias o se desvanecieron en el olvido, como desaparece el humo en el aire. La comparsa Los Llorones, que durante dos años consecutivos había obtenido el premio del carnaval, no volvió a desfilar por las calles de Bellavista. Todos los intentos de los catorce maestros por mantener viva la incipiente obra del padre Arregui resultaron infructuosos. Bonifacio Mendieta y sus compañeros peregrinaron de casa en casa pregonando con desesperación los viejos argumentos de que los hombres pasan y las instituciones quedan y de que no hay nadie imprescindible, pero muy pronto se convencieron de que existen seres marcados por la providencia y que el cura de Caledonia era uno de ellos. Atraídos por el fragor del naufragio, los políticos cayeron como gallinazos sobre Chibolo para disputarse los veinte mil votantes que les había arrebatado durante dos años el párroco intruso. El barrio volvió a ser un mercado abierto donde se negociaron becas, medicamentos, puestos de trabajo y otras especies a cambio de votos, como lo había sido antes de la llegada del padre Arregui.

   El día de la elección de alcalde, miles de habitantes de Chibolo acudieron al Paseo de las Palmas para subastar sus sufragios al mejor postor, y miles permanecieron en sus casas, indiferentes a una democracia en la que sólo habían llegado a creer durante la estancia fugaz del cura de Caledonia. Los comicios fueron ganados por el candidato del Movimiento de Integración Reformadora. Tras divulgarse los resultados oficiales, el senador Fadul organizó una fenomenal parranda en un restaurante del centro de la ciudad y, en medio de la juerga, felicitó con emotivas palabras a Serafín Barros, el nuevo presidente de la junta comunal de Chibolo, por haber iniciado la reconquista del barrio que se había dejado arrebatar su antecesor, Moisés Cantillo, por un cura de pueblo.

Fue tan grande el abatimiento de los habitantes de Chibolo por la muerte del padre Arregui, que los traficantes de agua subieron otra vez el precio del agua sin encontrar resistencia, y el Dodge Dart azul de la policía secreta ya no se limitó a merodear por los alrededores del barrio, sino que empezó a internarse en sus callejuelas en busca de víctimas. Al cabo de unos meses, las cestas de basura desaparecieron, las calles se convirtieron en un pestilente muladar, y la vivienda donde funcionaba la Casa del Pueblo fue ocupada por una familia que había conseguido cuarenta votos para el candidato del Movimiento de Integración Reformadora a la alcaldía.

La suerte de Moisés Cantillo

Una noche, poco después de la elección de alcalde, Moisés Cantillo salió borracho de La Tres. Desde primera hora de la tarde había estado en la cantina con su amigo Alcides de la Hoz, bebiendo aguardiente y contándole en un amargo monólogo cómo había ido a parar al Movimiento de Integración Reformadora, cómo el senador Fadul había jugado con él durante casi tres lustros haciéndole creer que estaban luchando por la misma causa, cómo lo había persuadido de que aceptara sus regalos con el argumento de que una cosa era ser corrupto y otra muy distinta ser pendejo, y cómo lo había tirado a un lado como una piltrafa después de las elecciones en que arrasó el chimpancé Makú. Con la lengua trabada por el alcohol y el resentimiento, Moisés Cantillo confesó a su amigo que el senador no sólo le había retirado el estipendio que devengaba como celador de un colegio público inexistente, sino que también había despojado a su hijo Neil de su empleo de inspector en la Prefectura de Precios y Medidas. El único ingreso con que contaba en esos momentos la familia era el de su mujer, Danubia García, que había encontrado trabajo de cocinera en un restaurante popular del centro de la ciudad.

Antes de abandonar la cantina, el Mono Cantillo dijo a Alcides de la Hoz: Espéreme aquí, compadre, que voy a hacer lo que Buenaventura Garcés no hizo cuando le pasó lo mismo que a mí;

y Alcides de la Hoz, que también estaba embriagado, lo dejó ir sin preguntarle qué no había hecho en su momento Buenaventura Garcés, el guerrillero reformador que fue asesinado como un perro al final de la década del Fratricidio cuando los patricios reformadores y nacionales llegaron a un acuerdo para alternarse en el poder y él se volvió un estorbo para todos.

Moisés Cantillo se dirigió con paso tambaleante a la vía de Circunvalación, ajeno por completo a los potentes rayos y truenos que anunciaban el estallido inminente de una tormenta. Una vez en la carretera, se puso a caminar por el medio de la calzada en dirección al lujoso barrio La Pradera, donde vivía el senador Fadul, tropezando a cada paso a causa de la borrachera. Cuando cayó el aguacero, lejos de guarecerse bajo algún cobertizo, siguió impertérrito su camino, como un enajenado encerrado en sí mismo en el que ya no hace mella el mundo exterior.

Fue la última vez que lo vieron vivo. Al día siguiente apareció en el diario La Verdad una noticia escueta titulada "Borracho muere atropellado", que informaba sobre el suceso de la siguiente manera: "Un hombre fue arrollado anoche por un vehículo no identificado cuando caminaba por la vía de Circunvalación. El individuo, que responde al nombre de Moisés Cantillo, se encontraba en estado de embriaguez, según el informe forense. Cantillo residía en el popular barrio Chibolo con su esposa y tres hijos, y no tenía trabajo conocido".

Moisés Cantillo, el giraldero que condujo a los colonos de Barrantes hasta el predio donde hoy se levanta Chibolo y que presidió durante casi tres lustros la junta comunal del barrio, fue enterrado en el Cementerio Municipal en una modesta ceremonia a la que asistieron su familia y unos cuantos vecinos. Durante el funeral se escucharon amargas recriminaciones contra el senador Fadul, que ni siquiera se tomó la molestia de enviar a los deudos un mensaje de condolencia. Pero entre las voces hubo una que murmuró contra el Mono Cantillo, diciendo: Él también tuvo su parte de culpa, por dejarse caramelear y jugar un juego que no era el suyo. Él era mayor de edad; sabía lo que hacía.

La Penúltima Anunciación

Algún tiempo después de la muerte de Moisés Cantillo aparecieron en Chibolo dos hombres altos y rubios, vestidos de traje oscuro y corbata, que se presentaron por las calles como apóstoles de la Nueva Iglesia Samaritana de la Penúltima Anunciación. Hasta ese momento, lo más exótico en materia religiosa que habían conocido los pobladores de Chibolo era el padre Arregui, con su Casa del Pueblo, sus Viernes de Rumba, sus sermones incendiarios y su doctrina de autogestión. Pero esos dos individuos que hablaban conjugando todos los verbos en infinitivo, como los indios de las películas, y representaban a una iglesia de la que jamás habían escuchado hablar, rebasaban los límites de la realidad. Al verlos desde la terraza de La Ponderosa, un borracho dijo: Nojoda, se escaparon las marimondas;

porque los recién llegados eran muy blancos, como Mariana, la marimonda albina que fue hasta su muerte la mayor atracción del zoológico de Bellavista.

La aparición de los dos misioneros de la Nueva Iglesia Samaritana de la Penúltima Anunciación fue tan sólo el preludio de una avalancha de predicadores que arribaron a Chibolo atraídos por las inequívocas señales de descomposición. En cuestión de semanas brotaron como el sarampión a lo largo y ancho del barrio templos de todos los nombres imaginables, entre los que primaron por su influencia el Templo de la Novena Cruzada de Jerusalén, la Iglesia Pentecostalista del Exilio Babilónico y la Iglesia Apocalíptica de los Días Finales. Invulnerables al calor y a los comentarios mordaces de los mamadores de gallo, los misioneros deambularon por las calles polvorientas de Chibolo predicando la palabra de Jehová, y abordaron con su beatífica sonrisa de dientes perfectos a todo aquel que se les atravesara en el camino, e irrumpieron como una plaga en las casas y los bares para captar fieles, y llegó un momento en que la gente, incapaz de distinguir entre una Iglesia y otra, se adhirió a la que tuviera el nombre más estrambótico o la historia más inusitada. Los misioneros no dejaban de sonreír aunque estuvieran vaticinando el apocalipsis y remataban cada frase con un eufórico aleluya. Por eso fueron apodados "los aleluyas".

Una mañana de domingo se presentaron dos predicadores en la casa donde vivían Danubia García, viuda de Moisés Cantillo, y sus tres hijos. Asomada a la puerta con el pelo enrollado en cilindros de papel higiénico, Danubia García les preguntó qué deseaban, mientras los escrutaba de arriba abajo con una mezcla de curiosidad y desconfianza. El más alto de los misioneros dijo, desplegando una sonrisa angelical: Sólo querer hablar un minuto de la palabra de Dios;

y antes de que la dueña de casa decidiera si los invitaba o no a pasar, los dos extraños ya se habían acomodado en las mecedoras de fibra plástica de la pequeña sala, desde donde seguían sonriendo a la anfitriona. Danubia García se les quedó mirando estupefacta, miró a continuación el resquicio de la puerta, cuya cerradura seguía sosteniendo con la mano, los miró nuevamente, y volvió a observar la abertura de la puerta, y por más vueltas que le dio al asunto no logró comprender cómo y en qué momento se habían colado ese par de rubios en su casa. Con un gesto de confusión en la cara, cerró la puerta y se sentó en el sofá para escuchar a sus visitantes. Dijo el más alto: ¿No haber nadie más en casa? Mi querer hablar con todos, si ser posible.

Danubia García le respondió: Creo que está mi hijo mayor;

y levantó un poco la voz para llamar a Neil.

Casi de inmediato se descorrió la cortina que separaba la sala de las habitaciones y apareció un hombretón de ojos adormilados, descalzo, colocándose una camiseta. Cuando Neil se hubo acomodado junto a su madre en el sofá, dijo el hermano Pablo, como se hacía llamar el misionero que hasta entonces había llevado la palabra: Hermanos, ¿ustedes haberse encontrado alguna vez con Jehová?

Danubia García y su hijo se miraron sorprendidos por la singular pregunta, y encogiéndose de hombros respondieron que no.

Dijo entonces el misionero: No preocuparse. El hermano William Earl también se encontró con él muy tarde.

El otro rubio dijo: Aleluya.

Mirando al vacío, como si hubiera entrado de repente en un trance místico, el hermano Pablo contó que cien años atrás, en un villorio perdido en las llanuras inconmensurables de Nebraska, vivía un agricultor muy piadoso llamado William Earl Adrich, que estaba soportando una racha de terribles calamidades. Su mujer acababa de fallecer tras una larga enfermedad. Uno de sus hijos se había ahogado en el río Platte. Otro había muerto de tuberculosis. Sus cultivos de trigo se habían arruinado a causa de una implacable sequía. Por si hubieran sido pocos esos males, un día de tormenta cayó un potente rayo sobre su casa, y sólo tuvo tiempo para sacar a sus dos pequeños hijos antes de que la vivienda fuera consumida por las llamas. William Earl Adrich, que hasta ese momento había aceptado con resignación las adversidades, levantó entonces el rostro hacia el cielo y gritó con ira: Dios, ¿por qué me haces sufrir tanto? ¿Qué mal he hecho yo para que dirijas contra mí tu implacable cólera? Aquí me tienes,

Señor. Si aún te queda algo de piedad, pon fin a mis padecimientos y mátame de una vez.

Pero entonces sucedió un hecho portentoso. La lluvia amainó de repente, el aire se inflamó con una luz cegadora y en el cielo retumbó una voz grave, que dijo: William Earl. Escúchame. Soy yo, Jehová, tu Señor.

El agricultor, sobrecogido por la teofanía, cayó de rodillas en la tierra con los ojos llenos de lágrimas y haló a sus dos hijos por los brazos para que se postraran junto a él.

Dijo la voz: He puesto a prueba a personas pías en todos los rincones del mundo, pero sólo tú, William Earl Adrich, has resistido el dolor sin darme la espalda ni renegar de mí. Tu fe ha sido más grande que el rencor. Escucha ahora con atención lo que te voy a decir. Toma a tus hijos, márchate a Montana, y construye allí una iglesia nueva para honrar mi nombre. Tú serás a partir de este momento mi representante en la Tierra. Y todo aquel que te siga hallará la salvación.

El labriego hizo entonces lo que la voz le había ordenado, y ese mismo día se fue con sus hijos hacia el norte hasta llegar a Montana, donde fundó, en un pequeño pueblo llamado Glendive, la Iglesia Pentecostalista del Exilio Babilónico.

Danubia García y su hijo Neil escucharon en silencio reverencial la portentosa historia de William Earl Adrich. Al día siguiente empezaron a asistir como meros espectadores a los servicios religiosos que oficiaba el hermano Pablo en una de las chabolas del barrio. Y en cuestión de semanas, después de sopesar concienzudamente los pros y los contras de un cambio de confesión, se convirtieron en fervorosos adeptos de la Iglesia Pentecostalista del Exilio Babilónico.

Siguiendo el estricto código de comportamiento impuesto por el hermano Pablo, Neil Cantillo dejó de beber alcohol, de asistir a parrandas y de fumar, y no volvió a faltar, salvo por causas justificadas, al taller automotriz El Supersónico, donde había conseguido con mucho esfuerzo un empleo después de errar durante meses por la ciudad en busca de trabajo. A la caída de la tarde, en vez de ir con sus amigos de siempre a La Ponderosa para hablar de mujeres y fútbol, Neil empezó a asistir con devota puntualidad a los oficios religiosos, en los que la feligresía recitaba a coro largos trozos del Antiguo Testamento. Sus amigos, preocupados, intentaron en un momento dado rescatarlo de lo que consideraban un estado profundo de alucinación, pero dieron la causa por perdida cuando él les respondió con una sonrisa radiante: Estoy en la senda del Señor, aleluya. Jehová es mi pastor, nada me faltara, en lugares de delicados pastos me hará yacer, junto a aguas de reposo me pastoreará. Aleluya, hermanos. La paz sea con ustedes. Aleluya.

Los misioneros irrumpieron con ímpetu en Chibolo, como el río Largo cuando crece y revienta las barreras que intentan contener su furia. A diferencia del padre Arregui, los aleluyas no trabajaban por la salvación colectiva del barrio, sino por la redención personal de sus acólitos. Muchos hombres, entregados al éxtasis religioso, abandonaron las bebidas alcohólicas y se volvieron más eficaces en los trabajos y más pacíficos en los hogares. Los más jóvenes encontraron en las iglesias un lugar apacible de reunión. Miles de mujeres que antes habían aplaudido al padre Arregui cuando éste arremetía contra el consuelo y la resignación, redescubrieron ambos sentimientos en los nuevos centros confesionales. Todos obedecían con mansedumbre a los apóstoles que les habían mostrado la luz. Y cuando estos gritaban con voz atronadora que la fe no se reducía a la entonación de plegarias, sino que debía manifestarse también con el desprendimiento material, los fieles entregaban todo el dinero a su alcance para demostrar su piedad sin límites y hallar gracia ante los ojos del pastor. Los misioneros organizaron cursos de alfabetización, pero la iniciación en la lectura estaba más orientada a recitar el salterio que a discutir sobre los últimos casos de corrupción oficial o sobre la intervención del ejército norteamericano en Haití, como sucedía en la época del cura de Caledonia. Los nuevos guías espirituales inculcaron a sus fieles, con especial celo, el principio de dar a Dios lo que es de Dios y al César lo que es del César. A partir de una peculiar interpretación de los versículos bíblicos, dictaminaron que la falta de redes de suministro de agua era un asunto del César en el que los habitantes de Chibolo no debían inmiscuirse, y mientras no se solucionase en el nivel administrativo ese problema perteneciente a la estricta esfera de lo terrenal, los vecinos debían centrar sus esfuerzos en ser ahorrativos e higiénicos con el agua que compraban en los camiones cisterna.

Los aleluyas se multiplicaron con una celeridad prodigiosa. Sus rostros rubicundos y sonrientes surgían de improviso en cualquier esquina. Por todas partes tintineaban sus voces balsámicas predicando la grandeza del Señor o anunciando el próximo final del universo. Era tan poderosa la fuerza de seducción ejercida por las nuevas iglesias, que cientos de mamadores de gallo renegaron de su condición para entregarse al embeleso místico, sin que hasta el día de hoy se conozca una conversión en el sentido inverso. Danubia García, viuda del Mono Cantillo, y sus tres hijos se volvieron devotos aleluyas. La misma senda siguió Francisca Ramos, madre del pintor Ifigenio Zapata, que tras la muerte de su hijo empezó a desconfiar de la capacidad protectora de San Gregorio Hernández, hacedor de milagros. Cuarenta santacruceros que representaron el papel de indios en la película La Encomienda abrazaron el Tercer Templo de Jerusalén, que vaticina la destrucción del mundo en al año 2070. A esta iglesia también se adscribieron la madre de Pedro Jesús Orozco, que fue el más temible sicario en la historia de Bellavista, y Wilson Lara y su mujer, que seguían trabajando para la familia de Fuad Kadumi, el cirujano que resolvió el célebre caso de los pegaditos. Todos ellos encontraron en las nuevas iglesias una forma diferente de entender la vida, y en señal de agradecimiento se referían con veneración casi idolátrica a sus sacerdotes, como en su momento hablaron del padre Arregui.

Chibolo se convirtió en un inmenso campo de beatitud y abnegación, donde deambulaban miles de seres con ojos extraviados en el vacío esparciendo ruidosas loas al Altísimo. Los bares fueron cerrando uno a uno, porque el alcohol se interponía como una barrera en el camino hacia la salvación. Los picós dejaron de sonar, porque el baile era una creación del demonio para despertar la lascivia de los mortales. Los equipos de fútbol fueron desmantelados, porque el deporte distraía a los jóvenes de sus obligaciones religiosas. Se acabaron los robos, los crímenes, las parrandas, las verbenas, los uxoricidios, las mamaderas de gallo, los abusos de menores. No hubo ya ni bien ni mal en Chibolo; sólo un estado perpe-

tuo de enajenación que impregnaba cada partícula de aire.
Bonifacio Mendieta se marchó del barrio cuando no pudo
soportar un día más la presión evangelizante, que lo había
llevado en algunos momentos a dudar de su propia capacidad de reflexión. Acorralada en un rincón de Chibolo, La Tres
se mantenía incólume como el último bastión de resistencia
contra el éxtasis final. La santa morada del guaguancó se
enfrentaba en solitario, con su arsenal de música y potentes
altavoces, a los cientos de templos que pugnaban por imponer la mansedumbre como medio para la absolución divina.

La destrucción del templo de la salsa

Pero sucedió que una noche se presentó Guillermo
Altamar ante los últimos siete clientes de La Tres, y en lugar
de anunciar como siempre el espectáculo del perro sabihondo, tomó a Blanquicet entre sus brazos y dijo con una sonrisa resplandeciente: Hermanos, he recibido el mensaje del
Señor, ¡aleluya! Esperé con paciencia a Jehová, y se inclinó a
mí, y oyó mi clamor. Y me hizo salir del pozo de la desesperación, del lodo cenagoso. Puso mis pies sobre peña, ¡gloria
al Altísimo!, y enderezó mis pasos. Puso luego en mi boca
cántico nuevo, alabanza a nuestro Dios. Gloria al Señor, hermanos. ¡Aleluya, aleluya!

Uno de los parroquianos dijo: Se ha vuelto loco.

Pero el gordo Altamar, imbuido de fervor místico, no lo
escuchó y prosiguió su discurso, diciendo: A partir de mañana
este establecimiento será morada de la Iglesia Apocalíptica de
los Días Finales para que el Señor Nuestro Dios tenga un
nuevo lugar de oración, ¡aleluya! Porque él es el dueño de todo
cuanto existe, de la tierra y de los mares, ¡santa gloria!, y a su

342

sagrado nombre debemos elevar nuestras plegarias de día y de noche hasta que volvamos al polvo de donde hemos salido, ¡aleluya!

Otro de los parroquianos dijo: Ahora sí se jodió pindanga. Esto se acabó;

y se levantó de su silla y se marchó con paso tambaleante del establecimiento con el propósito de abandonar esa misma noche el barrio. Los demás clientes lo siguieron, dejando al gordo Altamar entregado a su torrencial monólogo. Instantes después se apagaron los últimos acordes musicales que aún resonaban en el templo de la salsa, y Chibolo se sumió en el arrobamiento absoluto, donde no brota la risa ni mana el llanto, donde todo es serena contemplación. Ya no quedó resquicio alguno para ejercer el bien o perpetrar el mal; la placidez suprema se entronizó en el barrio, y el aire se colmó de cánticos, y los pobres de espíritu hallaron la gracia y la paz.